JN029394

「巻き込まれ」に気づいて子どもを不安から解放しよう！

BREAKING FREE OF
CHILD ANXIETY AND OCD
A SCIENTIFICALLY PROVEN PROGRAM FOR PARENTS
ELI R. LEBOWITZ

イーライ・R・レボウィッツ 著

堀越勝／宇佐美政英 監訳

親のための子どもの不安治療プログラム

岩崎学術出版社

捨ててしまいましょう。つまり，子どもの問題は親が引き起こすものであり，子どもが不安を抱えているのは，おそらく親が何か間違ったことをした，あるいはすべきだったのにしなかったことが原因である，というものです。第3章では，この迷信を取り上げ，なぜそれが本当でないのかを説明します。子どもが最高の人生を送れるように，子どもが直面する困難を克服できるようにと願うことと，親である自分が子どもの困難を引き起こしたという考えは，まったく別モノなのです。次のように考えれば，この2つがまったく別モノであることは明らかでしょう。いったい，親は自分が原因で起こった子どもの問題についてだけ，子どもを助けようと思うのでしょうか。これは意味がとおりません！ 同じように，親が不安な子どもを助けることができるという事実（これは本当のことです）は，親が不安を引き起こしたということを意味しません。また，いったい親は，自分が引き起こした子どもの問題にだけ影響を与えることができるのでしょうか？ この物言いもまた意味がとおりません。ですからもし，あなたが子どもの不安を自分のせいにしているか，ほかの誰かがあなたのせいにしているか，あるいは，「あなたにはお子さんを助ける力がある」と提案して私があなたのせいにしていると考えているようでしたら，「あなたが子どもの不安の原因である」という迷信を捨て去ってしまいましょう。

　他の多くの治療法と同様に，SPACEは体系的なプログラムであり，各ステップは前のステップに基づく形で構築されています。このため，本書を使用する最良の方法は，本書を通しですべて読み，提示された順に提案に従っていくことです。みなさん，子どもの不安を一刻も早く解消したいという気持ちが強いと思いますので，先に進んだり，ステップを飛ばしたりしたくなるかもしれません。しかし，あなたとあなたのお子さんは，各ステップに順番に取り組むことで，最高の成功を収める可能性が高くなります。すべてのステップを完了するために時間をかけ，付属のワークシートを活用することは，あなたの目標を達成するための最良の方法なのです。

　一つひとつのステップには時間がかかりますが，ここで覚えておくと良いのが，子どもの不安の治療には時間と労力がかかるものだということです。SPACEは子どもの不安を軽減する効果的な方法であると研究で明らかになっていますが，その研究は，熟練したセラピストとの定例ミーティング

まえがき

「子どもが不安に悩まされています，先生助けてくれませんか？」

　これは，強い不安に対処している児童期や思春期の子どもの親から，非常によく聞かれる質問です。本書はその質問に，「あなたはお子さんを助けられます！」と答えています。あなたが不安や強迫観念の問題を抱える子どもの親でしたら，この本に書かれているステップに従っていただけることを願います。それにより，子どもの不安を大幅に軽減し，生活の質を向上させることができるはずです。

　本書で紹介するステップは，臨床試験で検証され，非常に有効であることが証明されている体系的な治療法です。その治療プログラムの名前はSPACE（スペース）で，Supportive Parenting for Anxious Childhood Emotionsの略です。SPACEについて多くの親がもっとも素晴らしいところだと感じている点と，SPACEを他の子ども向けの不安治療法と大きく違うものにしている点は，このプログラムが完全に親に焦点を当てており，親が子どもを助けるためのツール（道具）を提供している点です。ここでお約束しておきましょう。本書では，親が子どもに圧力をかけて，やりたくないことをさせるようなことは一切ありません。本書を通じてあなたが変えようとするのは，あなたがもっともコントロールできる人，つまりあなた自身の行動だけなのです。

　先に進む前に，子どもの問題について一般的に知られている迷信をまず，

できません。もしかすると，他人より敏感な不安のアラームシステムを持ち合わせている場合や，何らかの体験によって不安のアラームシステムに不具合が生じている場合があるかもしれません。結果的に「疑心暗鬼」，「石橋を叩いて渡る」，「羹に懲りてなますを吹く」などのことわざのように，心配しすぎ，気にしすぎ，強迫的になるなどの症状を生み出すことになります。こうなってしまうと，自分を守るはずの不安が，私たちをがんじがらめに縛りつけます。不安にコントロールされるようになってしまうのです。

　もし，ご自分の愛する子どもが不安でがんじがらめになっているとしたら，一刻も早く子どもをその縄目から解放してあげたいと親御さんが努力するのは至極当然のことです。結果的に，不安材料を取り除いてあげたり，先回りして肩代わりをしてあげたりするようになっても不思議はありません。しかし，残念なことに，その方法で子どもの強い不安が改善することはほとんどないということがわかっています。

　ではどうすれば，と悩む愛情深い親御さんやケアギバーに朗報です。この本を通して，ご自分の「巻き込まれ」に気づき，徐々にそれを減らすだけ。やり方は本書に示されている方法をステップ・バイ・ステップで実施するのみ。自然にそれができるようになっていきます。子どもたちの秘めたる力を信じて，今日から始めてみましょう。きっと結果に驚くと思います。

　最後に，本書には「巻き込まれaccommodation（子どもの不安の便宜のために親がしてしまっていること）」，「支援的な宣言supportive statement（「巻き込まれ」から卒業するために親から子どもに伝えるフレーズ）」，「保護的protecting（子どもが実際は危険でないのに保護してしまっている様子）」，「要求的demanding（子どもが不安を感じないことを期待する様子）」など，一般的な語句を用いながらもこの本独自の概念を表している言葉がいくつかあります。これらについては本文中でそれぞれ詳細に説明されていますので，しっかり理解しながら読み進めてください。

2022 年 6 月

堀越　勝

監訳者まえがき

　本書は不安を抱えた子どもを持つ親御さんたちに，子どもを援助する効果的な方法をお教えするマニュアル本です。米国エール大学子ども研究センターのレボウィッツ博士が開発し，科学的に効果が証明された「スペース」プログラム（SPACE：Supportive Parenting for Anxious Childhood Emotions の略）をお届けします。親御さんだけが，不安に悩む子どもを有効に援助するコツを心得れば，知らず知らずのうちに子どもの不安対策になるという介入法で，現在，米国では非常に高く評価されているものです。無理矢理に不安な子どもを変える必要はありません。子どもを早退させて医療機関に通う必要もないのです。

　不安な気持ちは元来悪いものではありません。それどころか，大小の危険から人間を守ってくれるのです。雨が降りそうな気配がある（不安），傘を持って外出，幸い濡れずに済んだ。車が飛び出て来るかもしれない路地（不安），とっさに減速したお陰で，危うく事故を免れた。落ちるかもしれないテスト（不安），いつもより勉強したら，めでたく合格できた。このように，不安感情はアラーム音の役目を果たしていて，通常は，不安のアラームに耳を傾けて適切に対処すれば，将来のトラブルを回避することができるのです。この先読みの力，推察力は人間に備わった最も優れた能力のひとつだと言われており，その能力ゆえに人間は安全だけでなく，多くの発明をして，豊かな生活を手に入れてきました。

　しかし，この推察力は時に私たちを苦しめます。必要もない些細なことに不安のアラームが鳴り響く，それも頻繁に。そうなると平穏に暮らすことが

目　次

に，12週間ほどの長さで毎週親が参加した臨床研究が中心となっています。他の治療法，たとえば子ども向けの認知行動療法（CBTについては第2章を参照）なども，毎週セラピストと定期的に会う必要があり，面接中も面接と面接の間も多くのワークが必要です。ですから，このような本を使って1人で取り組む際の注意点は，「ズルをしない」ということなのです。努力を惜しまず，時間を割くことで，成功する可能性を最大限に高めることができます。何にも邪魔されない週に1時間の，自分（と，一緒に取り組むパートナー）だけの「セッションタイム」（課題に取り組む時間）を設けて，この本に取り組み，自分の進歩について考えてみるのも一案です。

　もちろん，十分な時間と労力をかけても，本によるワークは，専門の臨床家による熟練した心理療法の，完璧な代わりになるものではありません。本書には，多くの親にとって，子どもの不安に有意義な影響を与えるのに十分なツールや提案を掲載しています。しかし，この本だけでは不十分だと感じたり，もっと助けが必要だと感じたりした場合は，子どもの不安について知識があり治療の経験のある精神保健の専門家と，一緒に取り組むことが最良の選択となります。

　そして最後に，感謝の言葉を述べさせてください。あなたが，お子さんのニーズに敏感で，お子さんを助けることに熱心である親御さんでおられることに感謝します。あなたは，自分の子どもを助けたいと思う親のために書かれた本を，今，手にしています。あなたの敏感さは，お子さんが不安に対処していることへの理解につながり，あなたの熱心さは，お子さんを助ける方法を探し出すことに，今，つながりました。だから，感謝申し上げます！

第1章

子どもの不安を理解する

不安とは何でしょうか？

不安とは，私たちが脅威や危険の可能性に気づき，その脅威や危険から身を守るためのシステムを表す言葉です。もっとも単純な生命体から複雑な動物や人間に至るまで，すべての生き物は，安全なものと有害かもしれないものを見分けるシステムを備えているのです。この区別ができるかどうかが，生きていくために重要なのです。ある動物は嗅覚で食べても安全かどうかを判断し，ある動物は周囲の音を聞いて安全な場所を離れるかどうかを判断します。

私たち人間も，大きな音に飛びのいたり，道を渡る時に左右を確認したり，ヨーグルトの容器の匂いを嗅いで食べるかどうか判断するなど，五感を駆使してトラブルを未然に防いでいます。また，人間は，実際には存在しない脅威や，五感で感知できない脅威にも反応することができます。このような，危険を想像し，それを回避する能力は，人間にとって非常に重要な財産です。危険を未然に防ぐことができるのは，想像力にかかっているのです。もし，現実の世界に脅威が存在しなかったなら，それは結局のところ，私たちの想像力の中にしか存在しないことになります。

何か悪いことや危険なことを想像すると，その想像上のシナリオは，悪いことが現実に起こっているのと同じように，不安システムを活性化させます。医者から電話がかかってきて，最近行った検査の結果が心配だから，できるだけ早く，できればその日のうちに診察室に来て，結果について話し合い，

再検査をしてほしいと言われたと想像してください。この様子を鮮明に想像してみましょう。医師の声からは懸念と緊急性が感じ取れます。あなたはどんな気分になりますか？　おそらく，怖くなったり，心配になったり，体がさっきより少し緊張しているように感じるかもしれません。おそらく，このような恐怖を想像するのをやめ，短く切り上げ，現実のものではないことを自分に思い出させたくなるでしょう。

　このように感じるのは完璧に普通の反応ですし，これは，想像力がいかにすばらしいものであるかを示す1例でもあります。ネガティブなことや危険なことを考えるのは，私たちの想像力のもっとも重要な働きのひとつです。もちろん，私たちは空想の時間を「こんなことが起こったらいいな」という楽しいことに費やしたいと思っていますし，それも想像力の重要な機能です。しかし，起こりうるすべての悪いことを考えることは，安全に過ごすために重要なことなのです。私たちの想像力は，楽しいことやうれしいことを考えるよりも，リスクや危険なことを考えるように進化してきたのかもしれません。

　別の例を見てみましょう。知人から，大金を早く手にできるので，彼の事業計画にお金を投資してほしいと頼まれたとします。あなたはこう考えるかもしれません。

- 少しのお金をたくさんのお金に変えることができたら，どんなに良いでしょう。
- 経済的な問題をきっぱりと解決できたら，どんなにすばらしいことでしょう。
- 友人や家族に，一生に一度の大儲けのチャンスをつかんだと言えたら，どんなに自慢な気分でしょう。

しかし，あなたは別の考えを抱くかもしれません。

- 疑い深くなり，せっかく稼いだお金を奇抜な計画で失うのではと想像するかもしれません。
- その場しのぎのアイデアに自分の収入を浪費してしまったと人に話す

のは，どんなに恥ずかしいことかと想像するかもしれません。

　もし，あなたが最初の種類の思考，つまり簡単に金持ちになれる楽しいシナリオしか持っていなかったら，おそらくできるかぎり多くの投資のチャンスに飛びつくでしょう。ネガティブな思考は，あまり楽しいものではありませんが，非常に重要なもので，破滅的な結果を招きかねない衝動的または無軌道な行動からあなたを守ることができます。

　想像上の脅威に事前に対応できるようになるには，代償が必要です。想像上の危険に対して不安を抱くようになると，非現実的であったり，ありえないような心配にも敏感になります。不安な心が常に抱いている「もしも～したらどうしよう」の問いかけは，かなり非現実的な「もしも～」を思いつくこともあります。作られたシナリオにリアルな不安で反応してしまうのですから，本来脅威を与えない物事に対し純然たる不安を感じることになります。幽霊や魔女のように，存在しないとわかっているものにも，恐怖を感じることがあるのです。

　賢明な判断をするためには，さまざまな可能性のあるシナリオを検討し，もっとも現実的で可能性の高いシナリオが，非常に可能性の低いものや突飛なものよりも重視されるような評価方法を考え出すことが必要です。また，多種多様な一連の行動によって起こりうるリスクと潜在的な利益との，バランスを取る必要があります。一攫千金も良いかもしれませんが，今持っているお金を失うリスクを正当化できるほど良いものでしょうか？　このような賢明な判断を下すには，人間が必ずしも得意ではない 2 つのスキル（技術）が必要となります。

- どのシナリオがより可能性が高く，どのシナリオがよりありえないかを見極める必要があります。
- 起こりうる結果がどの程度良いか悪いかについて，値（あたい）を見積もることができる必要があります。

　この 2 つは本当に難しいことで，特にその段階で入手可能な情報が限られている場合には，なおさらです。私たちは想像上のシナリオを扱っているの

ですから，現実の情報が常に十分得られるとは限らないことを忘れないでください。

この課題への取り組み方は，人によってさまざまです。たとえば，あなたは安全策を取るタイプですか？　それともリスク（予想したとおりにうまくいかない危険可能性）を取るタイプですか？　もし，安全策を取るのであれば，ポジティブなシナリオよりもネガティブなシナリオを重視することになります。リスクテイカーであれば，ポジティブな結果の可能性を信じやすいかもしれません。あるいは，ネガティブな結果よりポジティブな結果に高い値を見積もっているのかもしれません。

この本を読んでいるということは，あなたは児童期や思春期の子どもの親であり，子どもの不安のレベルについて何かしらの懸念を抱いておられるということでしょう。子どもの不安について，子どもが自分の頭の中で想像したシナリオにどう反応するかという観点で考えてみてください。

- ・子どもはいつも最悪のシナリオを思い浮かべているようではありませんか？
- ・子どもが，ポジティブな点よりもネガティブな点に焦点を当てることを「選択して」しまうのに，イライラしたことはありませんか？
- ・子どもが，物事がうまくいく可能性を過小評価し，うまくいかないと信じることを「選択して」いるように見えませんか？
- ・物事がうまくいき，子どもが恐れていたネガティブな出来事が起こらなかったとしても，この出来事から学んだり，またこのようになる可能性があると信じることを，子どもが「拒否して」いるように見えませんか？

「選択する」「拒否する」という言葉をカッコで囲んだのは，この言葉が使われるのはおそらく適切ではないからです。子どもは，自分が想像するネガティブなシナリオを信じるか，ポジティブなシナリオを信じるか，選べないのです。もちろん，大人にもそのような選択肢はありませんが，不安を抱える子どもの親になると，子どもが頑なに不安発言，行動，信念に固執しているように見えることがあります。もしあなたが，自分の子どもが不安を消

表 1.1. ポジティブとネガティブの出来事それぞれに値を見積もる例

	ポジティブ	ネガティブ
高い値	この旅は最高の旅になること間違いなし！	この旅はひどい悪夢になりそうだ！
低い値	この旅は良いものになる	この旅はおそらく退屈なものになるだろう

すことや心配の度合いを減らすことを選択できると思っているとしたら，それはあなたが怒りを感じ，子どもを叱ったり子どもにイライラすることにつながることでしょう。しかし，人間の脳の働きはさまざまなのです。本人が望むと望まざるとにかかわらず，他の子よりも不安になる子がいることを理解するのが重要です。子どもが安全でいられて，トラブルを避けるためには，不安になることは良いことです。しかし，実際は危険でないものを避けるために，より子どもを脆弱にさせるてしまうこともあります。

　リスクとリターンのバランスがとれた合理的な意思決定を行うために必要な，2つのスキルを思い返してみましょう。(1) さまざまな出来事の発生確率を推定する能力，(2) 発生した場合の結果の**良さの度合いと悪さの度合い**の値を見積もる能力です。表 1.1 は，私が言う「値の見積もり」の例をポジティブとネガティブの両方で示したものです。「(ある子どもが) 不安を持つ子どもである」と言う時，私たちは通常，これらの能力の使い方に一定の予測可能なパターンを示す子どもについて述べています。不安な子どもは通常，ネガティブな出来事が起こる可能性を過大評価し，ポジティブな出来事が起こる可能性を過小評価する傾向があります。また，不安な子どもは，ネガティブな事象を極めてネガティブなもの (高い値) と見積もります。それは不安の少ない人が合理的と思う程度以上の度合いなのです。一方，不安な子どもは，ポジティブな出来事をあまりポジティブでないもの (低い値) と見積もることが多く，良い結果になる可能性を自分の意思決定に反映させない傾向があります。このような思考パターンが最終的にもたらすものは何でしょうか。もし，ネガティブな出来事が起こる可能性が高く，非常に高い値である (悪さの度合いが高い) と思われ，ポジティブな出来事の起こる可能性が

低く，いずれにせよそれほどポジティブと思えないなら，不安な子どもがリスクを取ることから遠ざかり，より慎重な行動へと向かう傾向があっても不思議ではないでしょう。

　もうひとつ，この不安な子どもの予測可能なパターンをさらに強力にする要因があります。不安な子どもたちは，ネガティブな出来事を思いつくのがとても上手で，他の人にはまず起こらないような結果を想像することがよくあります。ある子どもがようやく1つか2つネガティブな結果を思い浮かべるくらいのところで，不安な子どもの想像力はたくさんのネガティブな結果を思い起こさせることでしょう。

　誕生日会をしようと思っている子どもが，その計画を実行に移そうかどうか悩んでいるとします。この子の頭の中には，肯定的なものも否定的なものも含めて，さまざまなシナリオが浮かんでくるでしょう。自分の家でみんなが楽しい時間を過ごすことで，もっと人気者になることを想像するかもしれません。友達から素敵なプレゼントをもらうことを想像するかもしれません。他の子どもたちと一緒に楽しみ，素晴らしい午後を過ごすことを思い描くかもしれません。一方で誕生日の子どもは，多くの子どもたちがパーティーを欠席することを選択するなど，否定的な可能性を考えるかもしれません。また，パーティーが低調に終わり，ゲストの友達が「楽しくなかった」と言うことを想像するかもしれません。パーティーで何か恥ずかしいことが起こり，屈辱的な気持ちになって学校に行くのが恥ずかしくなることを想像するかもしれません。あるいは，他の子どもたちが自分のことを話していて，何か意地悪なことや敵意のあることを言うのを想像するかもしれません。

　不安を持つ子どもにとって，物事がうまくいかず，そもそもパーティーをしたことを後悔してしまうという，さきほどの後半のシナリオは，かなり可能性が高く，説得力があると思われることでしょう。ネガティブな出来事（「ひどいことになる」，「大惨事」，「世界の終わり」）の値の高さが，ポジティブな出来事（「大丈夫」，「OK」）の低めの値を，圧倒してしまうのです。また，不安な子どもは，嵐や火事でパーティーが台無しになる，誰かがプールで溺れる，ケーキでみんなが食中毒を起こす，誕生日の子どもがみんなの前で吐くなど，不安の少ない子どもには思いつかないようなマイナスのシナリオを思いつくことがあります。

　もし，あなたの子どもが不安を感じているのなら，これらのネガティブな可能性をすべて無視したり，ポジティブな可能性だけを信じたりすることはできません。また，ネガティブな出来事を，それほど恐ろしいことではないと判断することもできません。不安の度合いが高い子どもが，そのリスクを負う価値がないと判断し，パーティーをまったく止めてしまうことは容易に想像がつきます。パーティーを開いてそのリスクを負うことは，不安な子どもにとっては，一攫千金を狙って全財産を投資するような無謀なことと同様に感じられるのです。

なぜ，不安と闘う子どもがいるのでしょう？

　不安を抱える子どもの親がよくする質問には，次のようなものがあります。

- ・なぜこのようなことが起こるのでしょうか？
- ・どうして他の子どもはこんな問題がないのでしょう？
- ・この子が真ん中の子だからでしょうか？
- ・私たちが何かしたのでしょうか？
- ・この子のDNAにあるのでしょうか？

　もしあなたの子どもが他の子以上に不安と闘っているように見えるなら，なぜなのか不思議に思うかもしれません。精神保健の研究でも，なぜ他の子より不安な子がいるのか，良い答えが出ていません。このような重要な質問に対して，まだしっかりとした答えがないのは意外に思われるかもしれません。しかし，次の2つのことを考えれば，実はそれほど驚くことではないことに気がつくはずです。

- ・第一に，心理学や精神医学——精神保健や精神的安定に焦点を当てた学問分野です——は，比較的新しい医学の分野です。不安に悩む子どもや大人は昔からいましたが，こうした問題を医学という広い分野の一部として科学的に研究し始めたのは，比較的最近のことなのです。

・第二に，人間の脳がいかに複雑で難解なものであるか，そしてそれを研究するためのツールがいかに限られているかを理解する必要があります。人間の脳は数百億の神経細胞から成り，シナプスの網でつながっていて，もっとも高度な機械よりもはるかに複雑な構造をしています。普段脳がどのように機能しているのか，もっとも初歩的なレベルでさえ理解することは，現在も進行中のとてつもなく困難な課題なのです。また，脳を研究するためのツールもきわめて限られています。

　脳の複雑さ，それを研究するための限られたツール，そして研究されてきた比較的短い期間を考慮すると，科学は，不安やその他の問題に関して多くの貴重な情報を提供してきたといえるでしょう。しかし，なぜある子どもは高いレベルの不安に苦しみ，別の子どもはそうでないのか，その明確な答えはまだ出ていないのです。そして，その答えはひとつではなさそうです。子どもの不安のレベルには，内的・生物学的要因，外的・環境的要因など，複数のものが関与している可能性があります。

　遺伝性のものと，ランダムに決定されるDNA（生物の特徴を決定する遺伝暗号）の特徴の組み合わせにより，不安の傾向がある子どもが生まれるようです。ひとつの遺伝子によって決定されると考えられていた，目の色のような単純な特徴でさえ，長い間科学者によって信じられていたよりもずっと複雑なものであることが判明しています。ですから，たったひとつの「不安の遺伝子」なんて，存在しないのです。

　出生前の胎内環境から始まり，出生後の子どもの環境に至るまでの，環境的要因も関与している可能性があります。ほとんどの場合，環境的要因は，もともとの生物学的および遺伝的要因に影響を及ぼしているのでしょう。

　子どもの不安を，一定の環境的要因によるものだと決めつけたくなることがあります。親もセラピストも，この罠にはまることがあります。たとえば，子どもが養子であったり，両親が離婚したり頻繁に言い争っていたり，子どもが学校でいじめられていたり，学業優秀であったり，持病があったり，体重超過であったり，愛する人を亡くしていた場合，これらが不安の問題の原因であると仮定するのは自然なことであると言えます。もちろん，これらの問題のせいで子どもが不安になっている場合もありますし，そのような要因

こそ子どもが不安に思っていることである場合もあります。しかし，そうした要因がなければ，子どもが不安になることはなかったかというと，必ずしもそうではありません。子どもは知らない，あるいは知ることができない理由で不安になることもあります。既知の要因が，説明がつかないものの説明をぶら下げるための「フック」になっている可能性も十分にあるのです。もちろん，子どもたちに健全で安定した環境を提供するために，できることは何でもすべきです。しかし，子どもの不安の問題が，その子の生活のある特徴の結果であると考えるのは間違っています。

　では，どうしたら良いのでしょうか？　不安を克服する効果的な方法には，子どもがなぜ不安を持つことになったかを知らなくても大丈夫なものがあります。医学の他の分野でも，医師がなぜそのような問題があるのかを正確に理解しているわけではなく，効果があるから使われている治療法がたくさんあるのです。本書では，主に，親であるあなた自身の行動を変えることによって子どもの不安を軽減させる方法に焦点を当てています。しかし次の章では，その他のアプローチについて説明することにしましょう。子どもにできるだけ多くの助けを与えるために，さまざまな選択肢を検討されることをおすすめするからです。

不安の問題はよくあることなのですか？

　不安の問題は，児童期や思春期の子どもにもっともよく見られる精神的な問題です。具体的には，就学前から思春期までの子どもの5％から10％が，現在，不安の問題を抱えていることが研究で示されています。その中間の7.5％（これは，ある大規模な研究で報告された値に非常に近いものです），つまり，25人の子どもがいる普通の教室では，**常に**2人の生徒が不安の問題を抱えていると予想されるのです。もしあなたのお子さんが不安の問題を抱えているとしたら，お子さんひとりだけではないのです！　また，今，何人の子どもが不安を抱えているかではなく，**将来**，何人の子どもが不安の問題を抱えるかと考えると，その数はずっと多くなります。データによると，3人に1人の子どもが，思春期が終わるまでのある時点で，不安の問題を抱

えることになります。

　これは非常に高い数字であり，次のような疑問が生じます。なぜ不安はこれほどまでに蔓延しているのでしょうか？　有病率は上昇しているのでしょうか？　そして，それに対して何をすべきなのでしょうか？　ソーシャルメディアへの依存や，成果や評価を求める傾向など，現代社会の生活のある側面が，子どもたちをより不安にさせる原因になっているのかもしれません。しかし，今不安を抱えている子どもたちのほとんどは，違う時代に生きていても不安と闘っていたはずです。それは単に，私たちが昔よりも子どもの不安に気づけるようになり，発見しやすくなっているだけなのかもしれません。

不安の「問題」か，不安「障害」か？

　本書では，不安を持つ子どもたちを「不安障害」ではなく，「不安の問題」を持つ，あるいは「不安が強い」子どもと表現しています。この選択にはいくつかの理由があるのですが，あなたが好きな用語に置き換えてもかまいません。そうしても，意味は変わりません。より臨床的な「不安障害」という言葉を避ける理由のひとつは，この本で説明されているツールや戦略を活用するためには，子どもが実際に「障害」を抱えている必要はないということです。あなたの子どもがほんの少し不安が強いにすぎず，正式な不安障害の判断基準に適合しない場合でも，本書で，不安をよりうまく扱い，不安をより減らすよう助けることができます。実際，不安のレベルが中程度（または「臨床閾値下」）の子どもを助けることは，正式な診断の対象となる不安のレベルに達しないようにするために，特に重要なことかもしれません。

　正式な診断や障害に注目しないもうひとつの理由は，これらの診断が実際にはかなり恣意的であり，子どもが不安障害であるかどうかの判断は最終的には主観的であるためです。不安障害の存在を判断するための血液検査やX線検査はないので，その判断は，子どもやその親が，不安が子どもの生活に有意に支障をきたしていると思っているかどうかにかかっているのです。本書をお読みになっている方は，おそらく不安が，お子さんの幸福感を低下させたり，お子さんが期待通りに機能できないことの重大な要因になっている

と感じておられることでしょう。その場合，本書に書かれている戦略は，正式な診断に関係なく，おそらくあなたにとって適切なものです。

　さらに，障害ではなく不安の「問題」に注目するもうひとつの理由は，不安障害は非常に「併存率」が非常に高いため，つまり，子どもがひとつの不安障害を持っている場合，他の不安障害も少なくともひとつは持っている可能性が高いためです。精神保健の専門家は，不安の主な「引き金」（例：あなたの子どもは猫がこわいのか，あるいは社会的状況を恐れているのか）に基づき，また不安が表現される主な方法（例：子どもは主に心配性なのか，または急に身体的に不安になるのか）に基づき，不安障害を特定の別々の診断に分類しています。これらの別々の分類は，ある一定の目的には有用です。しかし，完全に別のものではないかもしれないのです。猫と社会的状況両方に不安を感じる子どもは，単に不安が複数の状況で現れる，不安の強い子どもである可能性があるのです。

　最後になりますが，「障害」という用語が，混乱をもたらすことがあります。なぜならこの用語は，単に問題を**描写している**だけではなく，問題について**説明している**かのように見えるからです。子どもが「不安障害」だとわかるということは，子どもが体験している不安による支障のレベルが，臨床的な注目が必要なほど高いという意味であり，そして，障害について学ぶことは，あなたの子どもについて理解するのに役立ちます。たとえば，不安と関連づけられなかった特定の行動が，実は不安障害の症状であることを知ることができます。しかし，子どもが不安障害だとわかっても，それは子どもがなぜ不安なのかを解説してくれるものではありません。単に子どもが不安であると，承認しているだけなのです。

不安とはどのようなものですか？

不安はいろいろな形で現れます。たとえば，次のようなものです。

・子どもが夜，寝つけない。テンションが上がったままで戻らないように見える。

・子どもが新しいことに挑戦しようとしない。毎日同じことを繰り返すのを好む。
・子どもが何にでも過剰に反応する。
・子どもは，私たちがその日の予定を細かく決めておかないと，我慢できないようだ。
・子どもが決心することができない。決断することが嫌いである。
・子どもがいつも不機嫌そうに見える。
・子どもが，ほんの些細なことでパニックになる。
・子どもが，友達が欲しいと言うが，自分に近づこうとする人を無視する。
・子どもがいつも 10 歩先の未来について考えている。

　不安の様子は，子どもによって大きく異なります。子どもの機能を４つの領域に分けて考え，不安がそれぞれの領域にどのような影響を与えるかを考えることは有意義です。４つの領域とは，**身体，思考，行動，感情**です。子どもの不安は，これら４つの領域のすべてに，ある程度の影響を及ぼしていると思われますが，ある領域がもっともはっきりと影響を受ける子どももいれば，別の領域が影響を受ける子どももいます。たとえば，あなたは子どもの思考や行動の変化はよくわかっても，身体や感情の変化はあまり感じられないかもしれません。あるいは，あなたの子どもは身体にもっとも不安が表れ，他の領域はそれほどでもないということもあるでしょう。それぞれの領域について読み，子どもにどのように当てはまっているかを考えましょう。そして本書巻末の付録Ａにあるワークシート１（不安は子どもにどのような影響を与えていますか？）を使って，不安が子どもに与えている影響を記録してください。

身　体

　身体カテゴリーとは，子どもの身体的経験を構成するすべての事柄を指し，子どもが意識せずに身体で行うことも含みます。子どもが不安になると，身体機能がかなり変化することがあり，頻繁に不安になることが長期的な身体

の変化につながることがあります。不安な時，子どもの身体はどうなっているか，考えてみてください。筋肉が硬くなったり，張ったり，こわばったりしているでしょう。呼吸が速くなったり，浅くなったりするでしょう。不安な時に震えたり，ふらつきや吐き気などの感覚を覚える子もいます。胃の調子が悪くなって，たとえば，けいれんを起こしたり，痛んだり，むかむかしたりすることがあります。不安のために汗をかきやすくなったり，口が渇くことに気づく子もいます。その他にも，変な感じがする，嫌な気分がする，心臓がドキドキする，などさまざまな身体的感覚を訴えることがあります。また，子どもが気づかないうちに，身体に変化が起きていることもあります。そわそわしたり，ピクピクしたりするなどの変化もありますが，瞳孔の拡大や体温の変化など，まったく意識できない変化もあります。

　このような体の変化は，不安を感じている時には正常であり，人間が危険な状況に対処するために進化した短期的な「闘争・逃走反応」の一部を構成しています。身体は危険を感じると，戦うか逃げるかの準備をすることで，反応します。しかし，実際に危険が存在しないか，あるいは戦うか逃げるかが適切な行動でないために，子どもがそれらの行動をとれない場合，子どもはその感情にとらわれ，その経験は非常に不愉快なものになります。実際，子どもが常に不安な状態にある場合，闘争・逃走反応の繰り返しが負担となることがあります。頭痛，腰痛，腹痛など，より多くの痛みを訴えるようになるかもしれません。また，不安は睡眠や休息をとることを難しくします。リラックスできる時間を失うことで，気分や集中力，健康全般に悪影響を及ぼす可能性があります。

　健康な子どもについては，こうした短期的な身体的不安感は危険なものではないことを知っておくことが大切です。心臓がドキドキしたり，息切れがしたりするのは，子どもだけでなく大人であるあなたにとっても怖いことですが，それは，子どもが怖いと感じた時に，体が本来の働きをしているだけなのです。子どもの体は，ちょっと走ったり，ボールで遊んだり，兄弟と一緒に暴れたりする時と同じように，不安な時も一生懸命働いています。走ったり遊んだりする時は，なぜ体が興奮するのかが親も子どももわかっているので，それほど怖いものではありません。不安が原因の時も，同じように安全なのです。そして，走ったり暴れたりするのを止めた後と同じように，不

安な時期が過ぎると，子どもの体はゆっくりと落ち着き，心拍数や呼吸が深くなり，通常の活動状態に戻っていくのです。また，恐怖を感じると，子どもの体はすぐに過剰活動を始めますが，時間をかければ元に戻ります。特別なことをしなくても，体は自分で落ち着く方法を知っているのだということを知ると，とても心強くなります。たとえ子どもがその方法を知らなくても，たとえ親のあなたがそれをやってあげられなくても，時間さえかければ，体は勝手にそのようにしてくれるのです。

思　考

　私たちがどのように感じるかは，私たちが周囲の世界をどのように見て，考えるかに強く影響を与えます。この章の前半で，不安な子どもの思考が，不安の少ない子どもの思考とどのように違うかについて述べました。不安な子どもは，(1) ネガティブなシナリオを想像するのが得意な傾向があり，(2) そのネガティブな可能性に高い値を見積もる傾向があり，他の子が思うよりずっと悪いように捉えがちで，(3) ネガティブな出来事を，現実的な実現可能性以上に起こりそうなこととして認識する傾向があります。普段は不安のない人でも，不安を感じている時はネガティブな出来事の起こる可能性を過大評価する傾向があるそうです。興味深いことに，不安にさせるものだけが起こりやすく見えるのではなく，不安を感じている時は，**すべてのネガティブな出来事**が起こりやすく見えるのです。このことが，不安な子どもに心配事がつきまとう理由のひとつです。

　もうひとつ，不安な子どもの思考で気づくだろうことがあります。それは，子どもが他のことに注意を向けることができないほど，不安に集中してしまうということです。時には，まるで他のことを話したくないかのように見えるほどです。しかし，子どもの立場に立って考えてみると，簡単に理解することができます。人間の脳は，脅威を先に考え，それ以外のことを後に考えるように発達してきました。脅威を察知した時，その脅威に対処するまで他のことを保留にするのは理にかなったことなのです。あなたが同僚と電話で，仕事に関する重要な問題について話しながら，夕食を作っているところを想像してみてください。もし，あなたが熱い油を使う時，誤ってキッチンで小

さな火事を起こしてしまったらどうしますか？　おそらく電話を捨てて，火を消すことに集中するでしょう！　仕事に関する会話は重要ではありませんか？　もちろん重要ですが，それは今は待たなければなりません。あなたの脳は，今，何を優先させるか選択しなければなりません。そして，脳は言います，「安全第一！」。さて，あなたの子どもの頭の中がどんな感じか考えてみてください。もし子どもが，火事が起きていて消さなければならないと感じながら1日を過ごしているとしたら，他のことはすべて後回しになるでしょう。たとえば，教室で火事が起きているように脳が感じている時に，教師の話に集中しても意味がありません。実際に台所で火事が起きている時は，それを消すための行動をとれば，仕事についての電話など他のことを考えることに戻ることができます。しかし，子どもが不安を感じている時は，頭の中にしか火は存在しないので，消火のための行動は起こせないかもしれません。その結果，子どもはまるで視野狭窄を起こしたかのように，不安や悩みを考えることに集中し，身動きがとれなくなります。

　不安の影響を受けるのは，頭の中で一言一句考えている思考だけではありません。1秒1秒，いやそれ以上に速く，注意をどのように配分するかについても，不安の影響を受けています。心理学者は，不安を誘発するものに注意を向ける傾向を，「注意バイアス」と呼び，不安な子どもはこのなバイアスを持つ傾向があるとしています。私たちの脳は，私たちの周りの世界からの視覚，音，匂いで絶えずあふれています。そのため，人間の脳は，私たちの感覚が検出するすべてのものに等しく注意を払うことは不可能です。私たちはそれができないので，そのため私たちの脳は常に選択をしているのです。たとえば，あなたが重要なことに集中できるように，郵便物に目を通し，重要でないものを選別するアシスタントがいると想像してみてください。そのアシスタントは手紙や迷惑メールの山の中から，ほんの一部だけを選ぶことで，焦点を絞ることができるように支援します。

　あるいは，部屋に入るところを想像してみてください。他の人の姿が見えたり，強い臭いがしたりと，一定の物事に気がつくことでしょう。特に観察力のある人なら，壁の色や椅子の数，カーペットの模様に気づくかもしれません。しかし，**気づかないこと**もたくさんありますし，興味深いことに，**気づくこと**もランダムなわけではありません。たとえば，ある部屋に入ると，

ほとんどの人はそこに誰かがいるかいないかに気づきますが，窓が開いているか閉じているかを判断できる人はかなり少数派でしょう。もし部屋に武器があったら，脳が危険なものを意識するように仕向けるので，必ず気づくはずです。それはあたかも，アシスタントが郵便物を調べていて，怪しい手紙を見つけたようなものです。彼は間違いなく他の何よりもそれに対してあなたの注意を引きたいと思うことでしょう。

　子どもの脳も，何に注目し，何に注目しないかを常に選択しています。その選択もまた，ランダムではありません。もし子どもが強い不安を持っている子なら，おそらくはっきりしないものや安全だと思われるものよりも，不安にさせるものへ注意を向けるでしょう。そして，より多くのものが脅威的に見えるので，そのことで忙しくなり，他のものに注意を向ける余地が少なくなります。まるであなたの子どものアシスタントが，何の変哲もない手紙を殺害予告と誤解し，常に新しい危険を知らせに駆けつけて，他のことを中断させているようなものです。心理学の研究によると，不安を持つ子どもは，意識が情報を処理するよりもさらに速く，脅威に対する注意バイアスを示すことがわかっています。不安な子どもに，中立的な絵と怖い絵の2枚を0.5秒でも見せるとします。実際に意識して絵を情報処理するのに十分な時間ではありませんが，すぐに子どもの注意は怖い絵に行ってしまい，もう1枚に注意を向ける可能性は低くなってしまうということです。

　考えたくもないのに，頭の中に勝手に思考が浮かんだことはありませんか？　何かについての考えるのを止めようとしたけれど，どうしても考えてしまうという経験はありませんか？　意図していない，つまり私たちを代弁するものではない思考が，私たちに浮かぶことがあるのだと知ることは，不安な子どもの理解に役立ちます。不安な子どもは，本当は持ちたくない怖い考え，心配な考え，嫌な考えを持っているのかもしれません。もし，そのような考えがすべて，子どもの思考の深いレベルを表しているとしたら，子どもの脳は実に奇妙な場所であるように思われることでしょう。しかし，そのような思考を持つ子どもが特別おかしいわけではなく，私たちはみな，少し変わった脳を持っているのです。あなただって，自分の頭の中に浮かぶすべての思考を他人に見られるのは嫌でしょう。あなたにも多くの思考があり，あるものは合理的で理性的で整然としており，あるものは乱雑でやましいも

ので不条理でごちゃごちゃしていることでしょう。人間の脳はそういうものなのです！　あなたの子どもは，他の子どもと違う思考を持っているというより，他の子どもより不安な思考を持つことが多いのだというのが正しいのです。

私たちは思考を止めることができない

あなたは，自分の子どもに「そんなこと考えなくていいよ」「気にしなくていいよ」「こだわらないで」と言ったことがありますか？　たとえあなたが言ったことがなくても，他の誰かがあなたの子どもにそのようなアドバイスをしたことがあるのは，ほぼ間違いないことでしょう。そして，そのアドバイスがあまり役に立っていないことも，同様に確かなことです。もし，子どもが自分の意志で不安な気持ちを消せるのなら，おそらくとっくの昔にそうしているはずです。実際，**私たちは何を考えるかを選ぶことはできません。**私たちの脳は，できれば考えたくないようなことをたくさん考えてしまうもので，それをどうにかできる余地はほとんどないのです。実際，ある思考を止めようとすると，よりそれを考えやすくなります。脳とケンカして，無理やり考えないようにしたり，不快にさせる恐ろしい思考を追い払おうとしても，ほとんどの場合，逆効果になります。

ある子どもたちにとって，不安の問題の大部分は，不快または恐ろしい思考を押しのけようと際限なく立ち往生し，その考えがますます起こるようになることなのです。このようなことは，学校での成績や健康状態についての考えなど，通常の心配事でも起こりえます。子どもは，心配と，心配しないようにすることとの終わりのないサイクルに陥ってしまうかもしれません。これは強迫性障害にみられるような強迫観念でも起こります。強迫観念とは，頭に浮かべたくもない考えや感情が，とにかく次々と湧いてくることです。強迫観念のある子どもは，望ましくない考えを取り除こうと膨大な時間とエネルギーを費やしますが，それでもその考えがずっと続くか，さらに悪化しているようにさえ感じるのです。

行　動

　子どもの行動，つまり子どもがすること，しないこともすべて，不安の影響を受けています。私たちを安全に保ち，危害から遠ざけることが不安システムの仕事であることを忘れないでください。不安システムがこれを行う主な方法は，私たちに不安の引き金になるような物事を避けたいと思うようにさせることです。不安システムが私たちにそれと反対のことをしたいと思わせた場合，つまり不安を引き起こすものにアプローチしたいと思わせた場合，それは私たちを危害から遠ざけることについてはひどい仕事をしていると言えるでしょう！　あなたは，あなたの子どもが，ある物事を不安のためにしたがらないこと，またはあなたが思うほど簡単にできないことに気づいていることでしょう。たとえば，嵐を恐れる子どもは，空が曇っている時に外に出たがらないかもしれません。また，社会的状況を恐れている子どもは，教室の前で発表する予定の日に学校をズル休みしようとするかもしれません。それはまさに彼の不安システムが「危険──立ち入り禁止！」と言っているのです。

　不安の問題を抱える子どもたちは，時間の経過とともに，避けるものの輪を徐々に広げ，増やしていく傾向があります。これも不安システムの自然な傾向であり，多くの場面で見られるものです。たとえば，あるレストランチェーンでまずいものを食べたとしたら，他の支店には行かないようにするでしょう。また，ある蛇に遭遇して不快な思いをした場合，すべての種類の蛇を避けたいと思うようになるでしょう。このような回避の一般化（訳注：回避するものの範囲を広げてしまうこと）には，不幸な副作用があります。それは，時間が経つにつれて，子どもの不安が，子どもの日常生活の機能にますます深刻な影響を与えるだろうということです。より多くのことを避けるようになると，安心できる場所や状況はどんどん少なくなっていきます。

　回避には，さらに不幸な副作用があります。不安のために物事を避けると，その物事が実際に危険かどうかを知る機会がほとんどなくなります。たとえば，子どもが口頭発表を行う日に学校に行かない場合，発表が本当に子どもが想像しているとおりひどいものかどうかを知る機会は，なくなることになります。また，その恐怖に対処し，耐えられるかどうかを知る機会を得るこ

ともできません。

　不安や回避は，子どもが何かをしない原因にもなりますが，**する**原因にもなります。たとえば，嵐を怖がる子どもの例を見てみましょう。その恐怖のために，子どもは曇りの日に外に出られなくなります。しかし，その恐怖心が，1日に何度も天気予報をチェックしたり，大人に嵐が来るかどうか尋ねたりと，普通ならしないことをする原因にもなります。回避（曇りの日は外出しない）と同じように，子どもが不安のために行うことは，日常生活の妨げとなり，時間，エネルギー，注意を他のことから奪ってしまう可能性があるのです。回避と同様に，不安な子どもが不安のために行うことのリストは，時間の経過とともにどんどん長くなっていきます。

　不安が行動に及ぼす影響には，不安から来ていると認識するのが難しいものもあります。子どもが恐れている状況を避けたり，何度も天気を確認したりする場合，その行動が嵐に対する恐怖に関係していると認識するのは簡単です。しかし，他の行動の変化には，それほど明白ではないものもあります。日常の習慣の変化が，不安の影響である場合もあるのです。次のような例があります。

　　・不安な子どもは，寝つきが悪くなったり，夜中に頻繁に目が覚めたり，
　　　悪夢を訴えたりすることがありますが，最初は不安との関連がはっき
　　　りしないこともあります。
　　・食事や食欲の変化もまた，子どもの過度の不安から生じていることも
　　　あります。食欲が増加する場合も減少する場合もあります。
　　・不安は，子どもの気分にも影響を与え，気性が荒くなったり，親や兄
　　　弟とケンカをするようになったりすることがあります。

　このような変化が見られたら，それは不安と関係があるのかもしれません。そうではないかもしれませんが，そのような行動が，普段あなたの子どもに見られるものでなく，不安が高まっていることを示す他の指標もある場合は，こうした変化は不安に関連している可能性大といえます。

　行動の変化が恐怖や不安に直接関連している場合でも，最初のうちはその関連性を特定するのが難しいかもしれません。たとえば，分離不安のある子

どもは，夜中に1人で起きるのが怖いので，おねしょをするようになるかもしれません。また，ベッドや浴室で1人になるのが怖いため，就寝時やシャワー時に，いつもと違って反抗的になることもあります。子どもの行動に変化が見られたら，それが不安と関係している可能性を考えてみてください。ただ単に「いたずら」をしている，あるいは「言うことをきかない」だけだと決めつけないで，何が原因でこうしたことをするのが難しくなっているのか，子どもに聞いてみてください。

　不安な子どもによく見られるもうひとつの行動の変化は，親を際限なくイラ立たせる，しがみつきの増加です。この本では全編を通して，親が子どもの不安の問題に「巻き込まれ」ることがいかに多いか，また，不安な子どもが親の近くにいたいと思うことが，いかに自然なことであるかを述べています。親であるあなたの存在そのものに，子どもの不安を和らげる効果があるのですから，不安な子どもが親の近くにいる方法を数多く見つけるのは不思議ではありません。子どもは，あなたの手を握ったり，膝の上に座ったりするなど，可能な限り接触を維持しながら，あなたに物理的に近づきたいと思うことでしょう。あるいは，子どもは可能な限りあなたとおしゃべりしたり，無限に質問をしたり，一見些細な理由で他の部屋からあなたに電話をかけたりしたいと思うものです。たとえ同じ場所にいなくても，子どもは電話やメールなどであなたと連絡をとりたがるかもしれません。あなたの子どもが理由もなく注意をひきたがっている，またはあなたが期待するよりも子どもが成熟していないと思い込まないでください。この本では，子どもが自分でうまく対処できるように，また，子どもがあなたの助けを借りずに自分で不安をコントロールできるようにするためのツールを，たくさん学ぶことができます。不安が原因でいつもより親密さを求めている場合，子どもが単に甘えている，または赤ちゃんがえりしているというわけではないことを認めてあげるのが，公平というものです。

感　情

　不安は，子どもの感じ方にも影響を与えます。実際，不安はいくつかの異なる方法で感情に影響を与えます。これらの影響の中には，明らかにわかり

やすいものもあれば，より微妙で発見しにくいものもあります。不安ともっとも密接に関連し，不安から生じていることをもっとも容易に認識できる感情は，恐怖です。子どもが不安な時，本人が「怖い」と言うこともあれば，言わなくても表情に表れていることもあります。コントロールできない恐怖は，非常に不快な感情であり，子どもはできるだけ早くその感情を変えてしまいたいと思うものです。怖い映画を観たり，ジェットコースターに乗ったりなど，恐怖を感じることを楽しむ子どももいます。しかしそれは恐怖が，コントロールできないものでないからこそ，楽しめる感情なのです。あなたの子どもが怖い映画を観ようと選ぶ時，子どもは自分で選択をしていますし，子どもは「もう十分だ」と思ったら彼が状況をコントロールできることを知っています。そのような状況なら，不安の強い子どもでも，恐怖を感じることを楽しめるのでしょう。しかし，選択したものでない，コントロールできない恐怖を感じることは，まったく異なる経験であり，それを楽しめる人はほとんどいないものです。

　「闘争か逃走か」というフレーズはほとんどの人が知っていますが，多くの人が「闘争」が不安の要素でもあることを見落としています。子どもは恐怖でうずくまっている時だけが不安なのだと思い込むと，闘争行動を不安と関係ないのものと誤解してしまうことがあります。怒り，攻撃性，さらに激昂は，脅威に応じて戦闘行動を促進することができる感情です。あなたの子どもがよりいらいらしたり，怒ったり，不機嫌になったりした場合，またはより癇癪や怒りの爆発を起こしはじめた場合，これらの変化が何らかの先天的な粗暴傾向の表れではなく，不安に関係している可能性を考えてみてください。子どもの発達を研究している心理学者は，不安と怒りとの間に非常に強い関連性があることを発見しています。

　不安が大きいと，恐怖や怒りといった感情の発生頻度が高まるだけでなく，ポジティブな感情の減少にもつながります。不安を抱えている子どもは，リラックスしたり，落ち着いたり，自信を持ったりすることができません。また，幸せ，好奇心，興奮，親しみなどを感じる可能性も低くなります。子どもが不安な時，脳は防衛モードに入り，他の目標よりも自分の健康を守ることを優先します。寛大さや社交性が失われ，普段楽しんでいることにもあまり興味を示さなくなるでしょう。このような問題は，うつ病の症状と重なる

部分もあります。うつ病の子どもの多くが不安の問題を抱えており，不安を持つ子どもの多くがうつ病であることは驚くべきことではありません。

地雷原に生きる

不安の強い子どもを持つ親の多くは，自分の子どもを「堅い」「融通がきかない」「変化を嫌う」と表現します。不安を抱えた子どもになった経験を想像することで，なぜ子どもたちにそのような表現が当てはまるのかを理解することができます。

この本を通して，私は実例を紹介していきます。特定の子どもや家族について説明することもありますが，すぐ次に示すもののように，不安の経験がどのようなものか想像するのに役立つ物語や比喩を提示することもあります。

ちょっとだけ，自分が地雷原にいることを想像してみてください。脱出しなければならないのですが，どの一歩でも爆発する可能性があるとわかっているので，怖くてたまりません。地雷原からどのように脱出するか，考えてみてください。まず，できるだけ歩数を少なくしたいと思うはずです。一歩一歩が最後の一歩になるかもしれないのに，余計な一歩を踏み出す必要はありません。脱出することだけに集中し，余計な追加の一歩が必要になることはすべて無視するでしょう。もし，数メートル先にきれいな花が咲いていても，わざわざ見に行くことはしないでしょう。きれいな花を見るのは素敵なことですが，地雷で吹き飛ばされるリスクと比べたら，絶対に価値がないものですから。もうひとつ，すぐに気がつくことがあります。もし，引き返すなら，すでに足で踏んだことのある場所だけを踏んだほうが良いのです。すでに足を踏み入れたことのある場所は，新しい場所よりも限りなく安全なのです。**新しいということは，未体験であり，試されていないことであり，大惨事になる可能性がある**ということです。一方，同じステップを繰り返すということは，安全であり，信用できるということです。

あなたの子どもは，地雷に囲まれて生活しているのだと考えてください。子どもの不安は，自分の人生が地雷原のように危険で大惨事になる可能性に満ちていると子どもに感じさせています。もちろん，余計な一歩は踏み出したくはありません。できるだけ何もせず，危険な体験から距離をおくことは，当たり前のことなのです！　子どもが新しいことに挑戦しようとしない，い

つも同じようにいかないと気が済まないということで，あなたはフラストレーションを感じるかもしれませんが，しかし地雷原にいる子どもにとっては当然のことなのです。あなたの子どもは，ネガティブな体験になるリスクがあるため，多くの愉快で楽しい可能性もある体験をあきらめることをいとわないのです。

- ・パーティーは楽しそうだって？　もちろんそうでしょう。あの子も行くかって？　絶対行かないでしょう！　なぜなら，ひどい目にあうこともあるから。
- ・新しい，見慣れない食べ物がおいしそうだって？　たしかにおいしいのでしょう。あの子が食べるかなって？　絶対食べません！　なぜなら，ひどい味がすることもあるからです。

　いつもと違うことをしたり，危険を冒したりすることは，地雷原の真ん中にある花を見に行くようなものです——それだけの価値があるものとは思えないのです。

　あなたにとっては些細で重要でない変化でも，地雷原を進む子どもにとってはリスクの高い危険なものに見えるのです。もし，たとえば，あなたが普段と違う道を使って子どもを学校に送ったら，子どもは不安になったり，怒ったりするでしょう。あなたは，そんなのどうでもいいじゃない，と思うかもしれません。しかし，それこそが重要なポイントなのです！　子どもには，それが重要かどうかわかりません。そして，それを解明するリスクを負いたくないのです。子どもの**柔軟性**（想定外のことに対応する力）を高めることは，不安軽減のためになることのひとつです。しかし一方で，子どもが不安の地雷原を進んでいることを思い出すと，非合理的で不必要に見える硬直性や柔軟性に共感することができるようになるでしょう。

支配され続ける

　また，親が不安な子どもを表現する言葉として，「支配的」「威張り散らす」「世界が自分を中心に回っているかのように振る舞う」などがあります。もう一度，不安な子どもの視点から生活を見つめ直してみると，なぜそのよ

うに見えるのかを理解することができます。

　脱出ゲームに行ったことがありますか？　1時間以内に謎やパズルを解き，扉を開けて部屋から出るための鍵に一歩ずつ近づいていく，楽しいグループ活動です。もちろん，ゲームですからいつでも部屋を出ることができますし，1時間後にはすべてのパズルを解いても解かなくても部屋を出ることになります。このゲームは，ゲームとわかっているからこそ楽しいのです。本当に閉じ込められているわけではないとわかっているから，挑戦を楽しめるのです。もしあなたがミスをしたとしても，それはたいした問題ではありません。あなたのグループの1人がパズルにあまり熱心に取り組んでいなくても，それは彼が損しているだけです。

　今，あなたが脱出ゲームの部屋にいると想像してください。しかし，あなたのグループの1人は，それがゲームだと気づいていません。ゲームのインストラクターが，「あなた方が外に出たいのなら，1時間ですべてを解決してください」と言いましたが，その1人はインストラクターが演技をしていることを理解していません。あなたのチームメイトは，1時間以内にこのトリックに満ちたパズルをすべて解き，すべての謎を解明しなければ，全員がここに永遠に閉じ込められると信じ込んでいるのです！　これではもう，あまり楽しいとは思えませんね？　謎解きやパズルは同じものでも，実際の体験はまったく変わってきます。脱出を本気で考えているチームメイトは，一秒一秒を大切に，すべてのミスを恐ろしい挫折として捉えています。彼はどのように行動するでしょうか？　彼はおそらく，「他のみんなは十分真剣に受け止めていないんだ！」と，混乱し，怒り出すことでしょう。彼は，自分がコントロールを取って，みなが一生懸命取り組んでいることを確認する必要があると考えています。なぜなら，最善を尽くしていない人は，みんなの未来を危険にさらしているからです。

　すべてがうまくいくと確信が持てていれば，物事の成り行きに任せるのは簡単なことです。どう転んでもうまくいくのですから，コントロールする必要はないのです。しかし，危険が周囲にあり，物事がうまくいく可能性はたったひとつの方法にしかないと感じている場合は，自分の力ですべてを行い，周囲が正確に同様に進むようにすることでしょう！　家族の中に心配性の子どもがいることは，それがゲームであることを認識していないチームメイト

と脱出ルームで立ち往生しているのに，少し似ています。子どもは，他の人たちの無気力で不注意な態度に戸惑うことでしょう。他の人が物事に真剣に向き合っていないように見えると，怒るでしょう。そして，物事がうまくいくように，自分がコントロールしたいと思うのです！　心配性の子どもが威張ったり，支配的に見えるのは当然です。他の人たちがただ遊んでいる間に，子どもは自分の命をかけて戦っているのです。それは，あなたにとってはイラ立たしく腹が立つものかもしれませんが，子どもにとっては，激怒モノで，まったくもって困惑することなのです。あなたの子どもはおそらく，自分の支配的な行動があなたを困らせていることを知っています。しかし時間内に部屋から脱出したいのであれば，ほかには選択肢がないように感じているのでしょう！

この章で学んだこと

- ・不安とは何か
- ・不安と闘う子どもがいる理由
- ・不安の問題はどれほど一般的なものであるか
- ・本書が「(不安)障害」ではなく「(不安の)問題」という言葉を用いるのはなぜか
- ・不安は子どもの思考，身体，感情，行動にどのような影響を与えるか

第2章

子どもの不安——その種類と治療法

児童期や思春期の子どもにおける不安の主な種類は？

　子どもの不安の原因はさまざまですが，よくある不安とそうでないものがあり，その代表的なものはさまざまな障害として分類されます。このセクションでは，大きく不安障害として一般的に診断されるものについて学びます。しかし，理解すべき重要なことは，どのラベルをつけるかではなく，子どもの不安が減るようにどのように手助けをするかということなのです。子どもがこうした障害の基準を満たすかどうかにかかわらず，子どもが高いレベルの不安と闘っていても，より幸せで不安の少ない人生を送るための手段を講じることができます。ここから不安障害について読んでみると，これらの分類のうちひとつまたは複数が子どもに適合していることがわかるかもしれません。もし，あなたのお子さんが不安を持っているかどうかまだわからない場合や，正しい診断についてもっと知りたい場合は，精神保健の専門家に相談することで，疑問に対する答えが見つかることでしょう。

分離不安

　分離不安は，児童期の子どもにもっともよく見られる不安の問題で，もっと年長の子どもにも起こる可能性があります。分離不安のある子どもは，養育者から実際に分離する時，あるいは分離する可能性がある時でさえも，著しい苦痛を示すことになります。分離は長いものである必要はなく，短い分

離でも怖がる子どももいます。子どもは1人で寝るのを怖がり，あなたのベッドで寝たい，あるいはあなたに横で寝ていてもらいたい，と思うものです。子どもに分離不安がある場合，子どもは，あなたがいない時に自分に何か悪いことが起こるのではないか，またはあなたが離れている時にあなたに何か起こるのではないか，もしくはその両方を心配している可能性があります。場合によっては，子ども，特に幼児は，分離についての恐れを言葉で表現せず，不安を彼らの行動を通して表現することでしょう。分離不安のある子どもには，分離に関する悪夢がよく見られ，そのような夢を見ると就寝が難しくなったり，他の睡眠に関する問題につながったりすることがあります。

　子どもは，あなたと離れ離れになりそうだと思うと，興奮状態になることがあります。子どもは泣いたり，吐いたり，叫んだり，震えたり，怒ったりします。離ればなれになるのを避けるために，あなたにしがみつこうとすることもあります。長時間離れることになるため，学校への通学が困難になることもあり，分離不安が不登校を招く可能性があります。子どもは，あなたから離れることが不安な場合，あなたに予定について繰り返し質問したり，「絶対に離れない」という約束を求めたりします。また，一緒にいない時に，電話やテキストメッセージで連絡をとろうとすることもあります。

社交不安

　社交不安（社交恐怖とも呼ばれます）は，児童期や思春期によく見られ，男児よりも女児の方が早く発症する傾向があります。社交不安を持つほとんどの子どもは，さまざまな社会的状況を恐れ，判断や評価を伴うであろう状況に不安を感じますが，観客の前でパフォーマンスをするような特定の状況だけを恐れる子どももいます。

　あなたの子どもが社交不安を持っている場合，子どもは社会的状況，特に同級生が関与する状況を恐れたり避けたりするかもしれません。幼い子どもは単に状況に関わることに気が進まないことが多いのに対し，年長の子どもは他人から否定的に見られたり，恥ずかしい思いをしたりすることへの恐れを述べることが多いです。あなたの子どもは学校の他の子どもと話をしないかもしれません。またパーティーのような社交の集まりを避けたり，お客さ

んがあなたの家に来た時に隠れたりするかもしれません。他に，社交不安を持つ子どもたちが恐れたり避けたりすることが多いものとして，他人の前で食事をする，公衆トイレを使う，電話で話す，店員やウェイターなどなじみのない大人に話しかける，教室で質問したり答えたりする，などがあります。社交不安の症状が重い場合は，他者との接触がほとんどない，高レベルの自己隔離（ひきこもり）へとつながる可能性があります。あなたの子どもが社交不安をお持ちの場合，他の人と対話する時，アイコンタクトをとれなかったり，非常に小さな声で話したり，または身振りがぎこちないように見えるかもしれません。

　選択性緘黙は，社交不安とよく関連しており，他の場面では身体的にも精神的にも話すことに問題がないにもかかわらず，ある特定の場面では一切話さなくなってしまう子どもを表す言葉です。

全般性不安

　全般的不安は，幼い児童期の子どもよりも，思春期の子どもに多くみられるものです。しかし児童期の子どもにも全般的不安の症状がみられることがあります。全般性不安のある子どもは，さまざまなことについて常に心配し，その心配をコントロールできません。もし子どもに全般性不安があれば，学校の成績，自分や他人の健康，自分の社会的地位，家族の収入や安定性，戦争や疫病など時事的な出来事，あるいは自分のさまざまな分野での将来の成功といったことで，頭がいっぱいになるかもしれません。完璧主義が強く，小さなことや些細なミスや間違いを気にし，自分自身や自分の活動に対して過度に批判的な見方をすることもあります。そのような子どもは，自分が完璧にこなせるかどうか確信が持てない場合，活動を避けようとするでしょう。

　全般性不安の子どもは，しばしば疼痛，痛み，胃のむかつきなどの身体的な症状を持ち，気分は不機嫌になったり，イライラしたりします。また，全般性不安のある子どもは，集中力に悪い影響を受けていることがあります。もしあなたの子どもに全般性不安があれば，心配事に関して多くの質問をし，多くの安心を求め，あなたに自分のために決断してほしいと望むかもしれません。

恐怖症

　恐怖症は，児童期にも思春期にもよく見られる症状で，子どもの精神的な問題の中でもっともよく見られるもののひとつです。恐怖症の子どもたちは，特定の物事や状況に対して強く誇張された恐怖を感じ，恐怖を感じる物事に遭遇する見込みがあるだけでも，恐怖を感じることがあります。動物や昆虫，高いところ，悪天候，水，暗闇，エレベーターなどの狭い空間，飛行機，針や血液，医師や歯科医師，吐くこと，ピエロや着ぐるみ，大きな音，窒息など，どんなことでも恐怖症の対象となり得ます。

　子どもが恐怖症になった場合，恐怖を感じるものとの接触を避けようと必死になることがあります。もし，恐怖症の対象と接触したり，接触すると信じたりすると，パニック状態になり，心臓がドキドキしたり，震えたり，嘔吐したりすることがあります。また，恐怖に直面しなければならないことに腹を立てることもあります。たとえば，犬恐怖症のために，犬が登場する映画を見るのを拒否したり，「犬」という言葉を口に出すの避けたりするなど，恐怖症の対象との間接的な接触さえ避けることがよくあります。子どもは，恐怖症を回避するために，あなたに頼るかもしれません。子どもはその恐怖症に直面しないと約束することや，その恐怖症の対象が存在しないことを確認するよう，あなたに頼むこともあるでしょう。

パニックとパニック障害

　パニック発作は，児童期よりも思春期の子どもにかなり多く見られます。パニック発作は，激しい恐怖と身体の覚醒の短いエピソード（病相）で，通常 20 分以内に終わります。社交不安のある子どもが活動をする前にパニック発作を起こすなど，あらゆる不安障害がパニック発作を起こす引き金となりえます。しかし，パニック発作は，明確な理由やきっかけがなくても，不意に起こることがあります。パニック発作になると，心臓がドキドキして，震え，発汗，息切れ，胸の不快感や呼吸困難，吐き気，ほてりまたは寒気，体のしびれなどが起こります。パニック発作の間，子どもたちは自分が死んでしまうのではないか，自分の心をコントロールできなくなるのではないか

といった非常に恐ろしい考えを持ち，非現実感や自分自身からの切り離し感を経験することがあります。

　パニック障害とは，パニック発作を持つ子どもが，さらに発作が起こるのではないかと強く心配するようになり，さらなる発作を回避するために役立つと思われる行動をとることで起こります。発作を起こすことを恐れて運動をしなくなったり，不慣れな状況を避けるようになったりします。また，パニック障害の子どもの場合，親は外出先でつき添いを頼まれたり，水や息を吹き込む紙袋など特別なものの準備を求められることがあります。

広場恐怖症

　広場恐怖症も，児童期より思春期の子どもに多く，パニックのような症状が出ることを恐れて，さまざまな状況に対して恐怖や不安を抱くようになることで発症します。広場恐怖症の子どもは，パニック症状を経験することと，ある状況から逃げ出したり，助けを求めたりすることができなくなることを恐れます。また，仲間やクラスメートなど他人の前でパニック症状を起こすことが，恥ずかしいこと，屈辱的なことになるのではないかと心配することもあります。

　広場恐怖症の子どもは，学校に行くこと，バスに乗ること，映画やショーに行くこと，非常に開けた場所や非常に狭く閉ざされた場所にいることを避けようとします。また，人ごみを避けたり，1人で外出することを避けたりすることもあります。

強迫観念と強迫行為

　強迫性障害（OCD）の子どもは，頻繁に強迫観念を持ち，強迫行為を起こします。**強迫観念**とは，不快感や不安を引き起こすような考えや衝動，あるいは思いつきが，子どもの頭の中に次々と浮かんでくることで，子どもはそれに抵抗したり，コントロールしたりすることができません。**強迫行為**とは，子どもが何度も何度も繰り返す儀式化された行動のことで，通常，強迫観念を追い払うため，あるいは何らかのネガティブな出来事が起こるのを防ぐた

めに行われます。OCDの子どものほとんどは強迫観念と強迫行為の両方を持っていますが，どちらか一方だけということもありえます。OCDの子どもは，強迫観念が自分自身の心の中から出てきていることを知っています。子どもはまた，自分で強迫行為を止めることができないと感じている一方で，その強迫行為が現実では目的を果たすために役立たないという事実を知っているものです。OCDは，男の子にも女の子にもほぼ同じ程度に起こりますが，男の子の方に早く現れる傾向があり，思春期前のOCDの割合については男の子の方が女の子よりも高いです。

　OCDの子どもは，汚染や清潔，物事を行ったかどうかについての疑念，自分や他人が行うまたは行われることを恐れている攻撃的行動，死や怪我といったネガティブな出来事，宗教や神や悪魔，物をため込んでしまったりなくし物をすること，さまざまな種類の性的思考などについて，強迫的な思考を経験します。性的な思考は，年少の児童期よりも思春期の子どもに多くみられますが，思春期前の年少の子どもにも現れることがあります。子どもは，洗濯や掃除をする，物事を一定の順序で行う，電気を消したかお弁当を詰めたかなど，何かをしたかどうかを何度も確認するなど，さまざまな強迫的な反復行動を行うことがあります。また，不必要に考えや行動について説明したり，物を触ったり叩いたり，特殊な歩き方や動きをしたり，物を何度も数えたり，特定の数字を避けたりします。また，体の「バランスをとる」ため頭を右に向けたら左に向けるなど，体に対称性の感覚を作り出そうと試みることもあります。このような子どもは，善悪に対して過度に几帳面で，厳格に見えることが多いです。また，細菌や化学物質によるものでない，他の人間からの汚染を恐れることもあります。たとえば，自分が犯罪者になることを恐れるあまり，犯罪者の画像を見るのを避けることもあります。

　多くの場合，強迫観念と強迫行為の間には，非現実的ではありますが，論理的なつながりがあるように思われます。たとえば，物をなくすことに強迫観念を持つ子どもは，おもちゃ箱の中のレゴの数を繰り返し数えることがあります。しかし，他のケースでは，強迫観念と強迫行為の間に論理的なつながりがないように見えるものもあります。たとえば，自分の親が交通事故にあうのではという強迫観念から，子どもが自分のレゴを数えるような場合です。強迫行為を行わないことは，ほとんどの場合，子どもの不安を増大させ

ます。そして子どもはほんの短い時間だけしか，強迫行為を控えることができないと感じることがあります。

　もし子どもがOCDであれば，儀式的な反復行為を完了するために，あなたに助けを求めるかもしれません。たとえば，告白を聞いてほしい，服をもっと頻繁に洗濯してほしい，ある特定の場所では体を抱いて運んでほしい，左の頬にキスしたら右の頬にもキスしてほしいなどと頼むかもしれません。また，そのような子どもは，手を過剰に丁寧に洗わせる，特別な言葉を繰り返させるなど，ある一定の反復的儀式をあなたにも行わさせようとすることもあります。

病気不安

　病気不安のある子どもは，重篤な病気になる可能性にとらわれています。その不安は，まったく根拠がないか，実際のリスクに比べ非常に誇張されたものです。病気不安のある子どもは，自分の健康状態に不安を感じやすく，さまざまな検査や受診を繰り返して健康を確認しようとすることがあります。一方，病気不安のある子どもは，病気が見つかることを恐れたり，感染を恐れたりして，医者や病院に行くのを避けようとすることがあります。病気不安のある子どもは，自分の健康や病気についていろいろと質問したり，病気について調べることにあなたを引き込むことがあります。

回避的／制限的食物摂取

　回避的／制限的食物摂取は，それ自体は不安障害ではありませんが，一般に恐怖や不安と関連しています。回避的／制限的食物摂取のある子どもは，たとえば，乾燥した食物のみ，または柔らかいもののみ，あるいは特定の色または形の食物のみを食べるなど，感覚的特徴に基づいて食物を回避することがあります。または，窒息の恐れがあるためにピューレ状の食品のみを食べるなど，害を及ぼす可能性があると思われる食品を避ける場合もあります。回避的／制限的食物摂取の子どもたちは，体重を減らそうとはしていませんが，その制限によって，低体重，成長の遅れ，またはエネルギーの減少につ

ながる可能性があります。

　あなたの子どもが回避的／制限的食物摂取障害を持っている場合，たとえばある場所で食事をすることにならないよう遊びの予定を止めるなど，社会的状況において困難を感じることになるでしょう。また，家族での外食が難しくなったり，家庭で特別な調理が必要になったりと，家庭生活に影響を及ぼすこともあります。

不安は治療できるのでしょうか？

　児童期および思春期に生じるすべての感情的および精神的健康問題の中で，不安はもっとも治療可能なものです。第1章で説明したように，通常の健康な生活にも不安というものはまったくないわけではありませんし，不安の問題を治療したからといって，子どもが二度と不安にならなくなるわけではありません。治療をしても，あなたの子どもが，他の多くの子どもより，不安の傾向が強い可能性もあります。子どもが最初に不安の問題を抱えた原因である不安への感受性の強さは，おそらく今後も消えることはないでしょう。しかし，だからといって，子どもが永遠に大きな不安の問題を抱え続けなければならないわけではありません。不安の問題の治療に成功するということは，子どもたちが日常的な機能を果たすにあたって不安に大きく妨げられることがなくなり，より幸福で充実した生活を送ることができるようになることを意味します。

　家庭，学校，社会的な交流や人間関係，子どもの個人的な幸福感は，すべて不安の問題によって乱される可能性があり，子どもが不安の問題を克服すると，生活のさまざまな領域がすべて改善される可能性があります。たとえば，次のようなことです。

- ・ケンカが減ったり，子どもの不安を念頭に入れずに家族の計画が立てられるようになるなどで，家庭生活が改善するでしょう。
- ・学校への通学や，授業中の集中や授業参加，学業の成果の達成が楽になるため，学校生活が改善するでしょう。

・子どもが他の人と一緒に過ごすことに興味を持ち，社会的活動に参加することをためらわなくなることで，社会的交流や人間関係が改善するでしょう。
・不安の軽減，気分の改善，良い睡眠や健康的な食事など，健康的な生活習慣を経験することで，子どもの幸福感が向上するでしょう。
・不安が軽減された結果，子どもの身体的な健康状態が全体的に改善されるでしょう。

　臨床試験（さまざまな治療法の有効性を検証する科学的研究）は，不安の治療が有効であることを繰り返し示しています。臨床試験を通じて不安の治療を受けたほとんどの子どもは，治療終了時には大きな問題を抱えなくなっています。そして，さらに多くの子どもたちは，有意かつ重要な改善を示しています。治療を受けてよくなることができない，そしてまだ不安の問題を抱えている子どもでさえも，その問題が有意に小さくなることで恩恵を得ることができています。
　不安の問題を克服した子どもが，将来のある時点で再び高いレベルの不安と闘わなければならないことは，おおいにありえることです。また不安の問題を克服した後でも，不安が再発することがあります。これは落胆させられる事実ですが，その時あなたとあなたの子どもは，不安はうまく軽減できるものだという知識を持っています。そして，再び不安に対処することは，おそらく最初の時ほどひるませるものにはならないでしょう。
　子どもの不安の問題に関する研究はまた，不安の問題が自然に治るのを待つだけでは，通常うまくいかないことということを示しています。実際，不安の問題を抱えながら援助を得られない子どもは，悪化することが多いのです。ひとつには，不安を持つ子どもは，自分が不安になるようなことを避けることが多いからです。もし，あなたの子どもがそうであれば，不安に耐えること，対処することを学ぶ機会を失い，不安な状態なままでいる可能性が高いということです。
　効果的な治療によって不安の解消に成功する可能性が高いことと，子どもの不安が自然になくなる可能性が低いこと。この2つを合わせると，不安にできるだけ早く対処するのが良いことがあなたにもわかるでしょう。もちろ

ん，どんな子どもでも不安になることはあります。正常な不安もあれば発達の過程で当然に出会う不安もあります。たとえば次のようなことです。

・新しい学校に通い始めて最初の1週間は社交不安を示す子どもでも，もう1，2週間もすれば，不安はかなり軽減されたように見えるでしょう。
・暗闇を怖がる幼い子どもは，子どもとして正常で自然な傾向を示しているのでしょう。

　しかし，子どもの不安を心配している親のほとんどは，子どもの不安の高まりを，長きにわたって見てきた，一貫した傾向があるものとして観察していることでしょう。もし，あなたが子どもの不安にかなりの時間，たとえば1，2カ月以上前から気づいている場合は，子どもの不安を和らげるのに役立つ措置を講じることがおそらく賢明です。さらに，本書のステップやツールの多くは，たまにしか不安を感じない子どもや，不安がそれほどひどくない子どもにも有効です。この本を読んでワークするために，子どもを医者に連れて行ったり，何らかの特別な治療を受けたりする必要はありません。この本のツールを学ぶことで，子どもの不安に，支援的かつ生産的な方法で対応することができます。子どもが不安な時にどのように手助けをしたら良いかについて計画と理解を得られることは，あなたにとって単純に役立つことであると言えるでしょう。そして，これらのツールと知識を持つことで，頻度の少ないまたは軽度な不安が，より深刻な不安の問題へと発展する可能性を低くすることができるのです。

不安は専門家によってどのように治療されるのでしょうか？

　児童期と思春期の不安に対する治療法の多くは，厳格な臨床試験を通じて検証され，効果があることが示されています。この項では，そうした方法について概観し，あなたの子どもを助けるためにそれらをどのように使うこと

ができるかを学びます。しかしながら，これらすべての方法に共通していて，かつこの本で説明される方法と違うところは，効果的にその方法を行うために子どもの参加が必要だとしているところです。これに対して，臨床試験で精査され，同様に効果があるとされている本書で紹介する方法は，**お子さんに何もしてもらう必要がないのです**。本書で後述するすべてのステップがそれをやり遂げるために必要としているのは，親であるあなたの行動変更だけなのです。

　なぜこれが重要なのでしょうか？　子どもが治療過程に積極的に関与する必要のない，子どもの不安を軽減する手段があるということは，子どもが望んでいるかどうかにかかわらず，あなたはあなたの子どもを助けることができることを意味するのです！　この本で学習するツールと並行して，この章のここ以降の部分で説明されているツールも利用してみることをおすすめします。しかし，もし子どもがあなたと一緒にワークをするのを嫌がるようであれば，子どもの同意を必要としない，この本で紹介するツールに集中しても良いでしょう。子どもの不安が和らぐにつれて，子どもは他のツールをより積極的に利用するようになるかもしれません。しかし，子どもの気が進まないままであるなら，あなた自身が行うツールを通して子どもの不安を治療できることが，いかに便利なことかを実感することになるでしょう。

認知行動療法

　認知行動療法（CBT）は，児童期の不安に対する心理療法としてもっとも研究が進んでいるものです。膨大な臨床試験によって，多くの子どもたちの不安を軽減するために非常に有効であることが示されています。不安のためのCBTは，不安によって影響を受ける子どもの機能の領域に対応する，いくつかの目標に焦点を置いています。

不安な思考に挑戦する

　不安な思考を変えるための最初のステップは，その思考に気づくことです。子どもは，不安な思考に慣れてしまっていて，「これは不安なことを話しているんだ」ということに気づいていないかもしれません。子どもが怖いと感

じたり，緊張したり，心配になったりする不安な思考を特定したら，その思考について質問して，挑戦してみてください。たとえば，「そのことが実際に起こる可能性はどのくらいあるのだろう？」とか，「それが実際に起きたら，どのくらい悪いことなんだろう？」などです。子どもの答えが，予想以上に極端なものであることに驚くかもしれません。

　子どもの不安な思考を同定し，質問することで，それに挑戦できるようにさせたら，今度はより現実的な別の思考を考え出してみましょう。子どもと一緒に，不安な思考と，その横に別の思考を書き出してみましょう。そしてその練習をできるだけ続けてみましょう。この練習を一度や二度やったからといって，子どもの不安に大きな影響を与えられるとは思わないでください。子どもは長い間，不安な思考を練習し続けてきたのですから。

曝露の練習

　多くの専門家は，恐怖を感じる物や状況に触れることが，不安のためのCBTのもっとも有効な要素であるとみなしています。曝露は，回避を減らし，より多くの対処行動を育む鍵となります。しかし，曝露には，子どもが参加することに同意する必要があります。子どもの意志に反して曝露を強制するのは良い考えとは言えません。曝露の練習は，多くの場合，もっとも簡単なものからもっとも難しいものまでをランクづけした，さまざまな状況のリストである，「恐れの階層」を作成することから始まります。その曝露の階層を作ったら，子どもはさまざまなステップを踏んで練習を行うことができます。次のステップに進む前に，階層の各ステップを何度も繰り返すように促します。

リラックスする練習

　自分の体をコントロールし，リラックスさせることを子どもに学ばせることは，不安を軽減するための非常に強力なツールとなりえます。リラクゼーションの学習でもっともよく対象とされるのは，呼吸と筋肉という2つのシステムです。1～2分でもゆっくり深呼吸をすれば，不安はかなり軽減されます。呼吸のペースは，5秒吸って5秒吐くくらいが良いでしょう。このサイクルにはちょうど10秒かかります。つまり，ゆっくりと10回呼吸するだ

けでも，すでに2分近くになり，その時の子どもの不安を軽減するためには大きなステップになるのです。

　筋弛緩の練習は，不安のためのCBTでよく教えられるもうひとつの身体的スキルです。子どもに，ひとつの筋肉群に集中して，5秒程度非常に緊張した硬い状態に保ち，その後，開放して筋肉をリラックスさせるように教えます。ほとんどの子どもにとって，筋肉を締めつけることから始めた方が，筋肉をいきなりリラックスさせるよりも簡単なようです。

　CBTのほかのすべてのツールと同様に，子どもがやる気になってはじめて，リラクゼーションを教えたり実践したりすることができます。誰かに無理やりリラックスの練習をさせられても，あまりリラックスできませんね！　ですから，もし子どもがその気にならないのなら，とりあえず放っておいて，別の機会にもう一度試してみてください。

感情をコントロールする

　もし子どもが，恐怖以外の力強い感情を自分で感じることができるようになれば，おそらく恐怖を感じることはなくなるでしょう。そのための方法のひとつが，ユーモアです。もし子どもが自分自身を笑わせることができれば，ほぼ間違いなく恐怖を感じなくなるでしょう。あるいは，恐怖を感じている時に笑うことが難しければ，代わりに怒りを感じるようにすれば良いでしょう。煩わしい思考で苦しめ，「悪いことが起こるよ」と嘘をつく不安に対して，怒ることを教えてあげましょう。一度怒り始めると，子どもは恐れを感じなくなるはずです。

その他の認知行動療法に関する資料

　あなたの子どもにCBTのスキルを教えて，それを一緒に練習するのに使うことができる親のための優れた本が何冊もあります。この本の最後にある付録Bに，こうしたツールの詳細を学んだり，CBT提供に熟達した地域の専門家を見つけるのに役立つ，推薦書籍と資料の短いリストをまとめたので，参考にしてください。

不安の薬物療法

　CBTと並んで，子どもの不安のための治療法としてもっとも研究されているのが，薬物療法です。CBTと同様に，臨床試験は，不安のために薬物治療を受ける多くの子どもが良くなることを示しました。いくつかのエビデンスは，特に重度の不安の場合，心理学的治療と薬物療法の組み合わせが，どちらか一方だけよりもよく作用することを示唆しています。多くの子どもにとって良い戦略は，まず心理学的治療から始めて，治療がうまくいかない場合，または子どもの不安が治療に参加できないほど強い場合に，薬物療法を導入することであるというのが，ほとんどの専門家の一致した意見です（訳注：日本では適応外処方となる）。専門家はまた，子どもが薬物治療を役立つものと感じている場合でも，不安に対処するためのより多くのツールとスキルを学ぶことができるように，子どもが心理学的治療を受けることは良い考えであるとしています。

　薬物療法を開始，中止，または変更する決定は，常に，その子どもを個人的に評価している専門知識のある処方者と相談して行われるべきです。不安の治療にはさまざまな種類の薬物が使用され，それぞれに特定の名称とブランドがあります。多くの親がこれらのさまざまな選択肢を，混乱させるものと感じており，精神科治療薬の分類方法がその混乱に拍車をかけています。たとえば普通は，「抗不安薬」として知られる薬のグループが，不安な子どもにとって最良の選択であると考えられることと思います。しかし，実際には，これらの薬が良い選択であることはほとんどなく，不安を治療する際には「抗うつ薬」を処方することの方がはるかに一般的です。もし子どもの担当医が抗うつ薬を処方したなら，それはこの処方者が子どもの問題について混乱しているからではなく，これらの薬は不安の治療に使うのが一般的になる前にうつ病の治療に使われていたものであるからなのです。抗うつ薬のグループ内でも，複数の種類の薬があります。薬物療法については，どんな決定をする場合でも，不安の薬理学的治療に関する専門家に相談することが重要です。

　ほとんどの場合，不安のための薬物は，深刻な副作用を起こすことなく，子どもたちも十分に耐えることができるものです。しかし，子どもが薬を飲

んでいて副作用を訴えたり，何か気になることがあったりしたら，すぐに処方者に連絡して，子どもが経験していることを説明してください。処方者は，服用量や薬の変更が必要であるかどうかを判断します。

健康的な生活習慣

　最後に，本書の中心である子どもの不安を軽減する方法──**親であるあなたの行動を変えることを中心とした方法です**──へと移る前に，子どもの毎日の習慣や日課が子どもの不安を和らげるものになっているか，検討してみるのも良いでしょう。健康的な食事，質の高い睡眠，身体的な活動は不安を軽減するのに役立ちますが，不健康な習慣は不安のレベルを高めることにつながります。

　あなたの子どもは，規則正しく栄養のある食事をしていますか？　カフェインをたくさん摂取していませんか？　カフェインは，コーヒー，紅茶，コーラ飲料，チョコレートなどに含まれる刺激物で，子どもがリラックスできず，不安や焦りを感じる原因になります。また，寝つきが悪くなったり，休息がとれなくなったりすることもあります。子どものカフェイン摂取を制限するか，完全に取り除くようにしてください。特に就寝前には，ノンカフェインの飲み物を選び，チョコレートも控えめにするようにしましょう。

　子どもが夜遅くまで起きているようなら，これも不安の解消に役立っていないことでしょう。もちろん，不安によって夜更かししている可能性もありますが，できるだけ夜はぐっすり眠れるように手助けしてあげてください。日中の昼寝は夜間の睡眠を妨げるので，子どもが夜起きている場合は，日中の昼寝をさせないようにしましょう。

　最後に，子どもに，日中に体を動かすことを勧めてください。短時間の運動はどんなものでも，さまざまな健康面での良い効果をもたらすことはもちろん，不安を和らげる効果もあります。週に2，3回は何らかの運動をさせるようにしましょう。一緒に散歩やランニングをしたり，子どもが好きなスポーツに参加させるのも良いでしょう。

この章で学んだこと

- ・児童期および思春期の不安の主なタイプ
- ・不安は治療可能かどうか
- ・専門家は不安をどう治療するのか

第**3**章

子どもの不安が家庭を支配していませんか？

親が子どもの不安の問題を「引き起こす」のでしょうか？

　子どもの不安は，子どもだけの問題ではありません——親と子どもの問題です。しかしこれは，**親が子どもたちの不安の原因であるという意味ではありません**。感情的または行動的な問題を抱えている子どもの親は，そもそもの問題を引き起こしたと非難されることがよくあります。これは，はっきりと直接的に言われることもあれば，ほのめかされたり暗に示されたりすることもあります。学校の先生やセラピストからの質問の中で聞かれたり，他の親の様子などで見てとれたりしたことでしょう。親の特性と子どもの障害を関連づける研究結果を報告している，科学的な文献や研究論文を読んだこともあるかもしれません。しかし，明示的であろうと暗示的であろうと，こうした批難はほとんど常に間違っています。親であるあなたが子どもの感情や行動の問題の原因であるという考えは，(1) 人間の発達に関する間違った思い込み，(2) 時代遅れな心理学の理論，(3) 親の行動と子どもの障害の関連についての研究に対する誤解，(4) 家族の人間関係に関する誤った解釈，などに大きく起因しているのです。

　1.　人間の発達において，子どもは「白紙の状態」で生まれ，望ましいものであれ問題のあるものであれ，特徴は，いわゆる形成期までの経験から生まれるという仮定は，生まれたばかりの乳児ごとにすで

に存在する大きな違いを見落としています。赤ちゃんはみな同じで
はありません。気質や特徴，課題や強み，傾向や素質がそれぞれ異
なります。個々の子どもの遺伝的な構成に影響されるこれらの生来
の違いは，のちの人格の構成要素となるのです。しかし，もし「白
紙の状態」説を信じるのであれば，幼少期に多くの経験を積ませる
子育てこそ，子どもが抱えるすべての問題について責を負うべきも
のであると考えるのは自然なことでしょう。

2. 子どもの問題は（そして後年になって現れる問題までも）親の責任で
あるという考え方は，前世紀にもっとも影響力のあった心理学理論
の中核をなすものでした。精神科医，心理学者，その他の精神保健
の専門家達は，人間と人間の人生に対する理解を作り上げてきまし
た。精神保健の分野では，基本的に親（特に母親）がすべての精神
保健上の問題の根本原因であると公衆に伝えてきました。摂食障害，
統合失調症，自閉症——これらはほんの一例です——などは，裏づ
ける証拠なしに，逆に反証にはかなりのエビデンスがあるにもかか
わらず，問題のある子育てが原因であるとされてきたのです。不安
障害も親に原因があるに違いないと多くの人が思い込むのも，不思
議なことではありません。

3. 確かに，親の特徴と子どもの問題の関連を裏づける研究があるのは
事実です。子どもの不安障害の分野の研究の多くは，親の行動（過
保護や批判など）と親自身の不安レベルに焦点を当てています。不
安のレベルが高い子どもは，自分自身を不安症だと表現したり，不
安障害と診断されたことがある親を持つ傾向があります。また，不
安障害の既往歴のある親は，他の親に比べて，不安症状を経験する
子どもを少なくとも1人は持つ可能性が高いのです。これは，**親の
不安が子どもの不安を引き起こすことを意味するのでしょうか？**
いいえ，違います！　この2つの間に統計的な関連性があるという
ことだけです。2つの事柄が統計的に関連しているから，一方が他
方を引き起こしたと仮定するのは，よくある間違いです。一方が他
方の原因になることなく，2つの事柄が両方とも発生する理由はた
くさんあります。多くの場合，第三の要因，つまり必ずしも知られ

ていない何かが，両方の物事の原因である可能性があります。たとえば，親と子は，遺伝的要因のために同じレベルの不安を持っているという可能性があります。または，貧困などの環境的要因が，親と子の両方の不安につながる可能性があります。

4. さらに，子どもの不安の問題を親のせいとする合理的な根拠を排除する，最後の考慮すべき事柄があります。ほとんどの場合，強い不安を持つ子どもを持つ親には，不安を持たない子どももいます。子育てが不安の問題を引き起こす主な要因であるならば，他の子どもも不安の問題を抱えている可能性が高いと言えます。もちろん，親は子どもによって異なる行動をとり，ある子どもにはより保護的であったり，批判的であったりするかもしれませんが，それでも，もし子育てが子どもを不安にさせる理由であれば，兄弟間の不安レベルの類似性は非常に高いと考えられます。実際，親が，ある子どもと別の子どもとで異なる行動をとるのは，多くの場合，子どもの違いによって，親の異なる面が引き出されるからです。親が子どもの不安を形成するというのと同じくらい，子どもが親の行動を形成するということは，本当らしく思えます。

子どもの不安は，あなたとあなたの家族にどのような影響を与えるのでしょうか？

親が子どもの不安の問題の原因であるという考えを捨ててしまった上で，「子どもの不安は子どもと親の問題である」という言葉の意味を考えてみましょう。ごく簡単に言えば，この意味は，子どもの不安の問題は，親であるあなたや他の家族にも影響を与える可能性が高いということなのです。もちろん，子どもの他の多くの特性も，ある程度はあなたとあなたの家族に影響を与えます。たとえば，

・もし子どもの不登校が続くようであると，子どもを迎えに行ったり家にいる必要があるために，両親は仕事を失ってしまう可能性があります。

- 身体疾患を持つ子どもは，費用がかかる特殊な医療機器を必要とする場合があります。また，家庭生活に調整が必要になるかもしれません。
- あなたの子どもが野球が好きなら，あなたは子どもをチームに入れ，野球用具を買うことになるかもしれません。そして家族全員の誰もが試合を観戦できるように週末の計画を調整しなければならないかもしれません。

　もちろん，こうしたことについては子どもの不安にもあてはまるのですが，こと親や家族に与える影響という点では，不安は「特別」なものと言えます。

　子どもの不安が強い場合，あなたやご家族に深刻で広範囲の影響を与える可能性があります。子どもの不安があなたの生活を支配し，普通ならしないことをするようになったり，普段していることをしなくなったりすることがあるでしょう。レジャーの時でも職場にいる時でも，自分の時間が子どもの不安のために消費されていることに気がつくことでしょう。自分のスペースがないように思えるほど，パーソナルスペースが大幅に狭くなることもあります。そして，あなたをより不安にさせることから，あなたの子どもの不安レベルが「伝染性」のものであるかのようにさえ感じるかもしれません。あなたは，子どもからのすべての不安を吸収する「スポンジ」になったかのような気分にさえなることでしょう。

　子どもの不安が，他の問題よりも親としてのあなたに大きな影響を与える理由は，子どもが不安を感じている時，子どもがあなたに気分を良くしてくれるように頼るからです。たとえば，

- 子どもが不安を感じている時，子どもはあなたに「大丈夫だよ」と安心させてくれることを期待しているでしょう。これはごく自然なことで，当然といえば当然です。しかしそれは，あなたが瞬時に「安心の責任者」——子どもの気分が良くなるための答えを常に持っていることを期待され，いつでも安心を提供できる人——にならなくてはならないことを意味するのです。
- 子どもが1人でいることを恐れているなら，子どもは，より安全でより保護されていると感じられる，あなたの近くにいたいと思うことで

しょう。これも自然なことですが，子どもが怖がるから，あるいはあなたが近くにいないと怖いと思うだろうから，あなたが子どものそばにいつもいなくてはならなくなる，ということになりかねません。

・子どもが社交不安に苦しんでいて，自分自身で話すのに苦労をしている場合，子どもは，社会的状況をうまく切り抜けることや，代わりに話をすることについて，あなたに頼るようになるでしょう。またあなたは，自分が子どもの考えや希望を世間に伝えるための代弁者になってしまったと感じるかもしれません。

・子どもが成績を気にしすぎて，宿題のちょっとした間違いでも腹を立てるようだと，あなたは自分が宿題を何度もチェックしていることに気づき，まるで子どもの宿題ではなく自分の宿題をやっているかのように感じてしまうかもしれません。

　また，子どもが不安になったり怖がったりすることがわかっているので，ついやめてしまっていることがあることに気づくかもしれません。たとえば，次のようなことです。

・子どもが最近の出来事やニュースの悪い事件を心配しがちな場合は，子どもが近くにいる時に新聞を読むのをやめたり，子どもが家にいる時にテレビでニュースを流さないようにすることでしょう。

・子どもが昆虫を過剰に怖がることがわかっている場合，毛虫やハチに遭遇して怖い思いをするかもしれない外出やピクニックを計画することをやめてしまうでしょう。

・あなたの子どもが家族以外の人々と会うと動揺するのがわかっているので，あなたはおそらく交友関係を広げるのをやめたことでしょう。

・不安な子どもを持つ親の多くは，それが子どもに引き起こす不安ほどには価値がないと思うため，夜の外出をあきらめていることでしょう。

　これらは，子どもの不安が親のあなたに影響を与え，家族全体へも影響を与えるさまざまな様態のほんの一例です。本書の後半では，これらの変化を自分自身で特定する方法を学び，これらの行動を変えるツールが，子どもが

不安を感じなくなるためにどれほど重要であるかを学びます。しかし，なぜ不安な子どもは親に依存するのでしょうか？　なぜ，不安な子どもを持つほとんどの親が，少なくともいくつかは生活習慣を変えたと述べるのでしょうか？　その理由は，私たち人間という種族における不安の性質そのものに関係しています。

なぜ子どもは不安な時に親を頼るのでしょうか？
（ヒント：私たちに生まれながらにあるものです）

　不安の強い子どもを持つ親の多くには，子どもの不安が親自身の生活に何らかの影響を与えていると述べ，子どもの不安が親の生活を完全に支配してしまったかのように感じる人も少なくありません。子どもは，もともとの性質上，自分の不安症状に親を巻き込む傾向があるのです。そして，不安な子どもの親であるあなたも，当然に，子どもの不安症状に踏み込み，巻き込まれようとする傾向があるのです。このようなパターンは，不安な子どもを持つ家庭でほぼ共通して見られますが，その理由は，人間を含む哺乳類の不安の仕組みと関係しています。

　哺乳類であるかどうかにかかわらず，他の多くの種族と同様，人間の子どもは無防備に生まれてきます。完全に1人にされた赤ちゃんは生き残れません，そしてもちろん，子どもたちが生き残れる理由は，子どもが自分だけで**取り残されてはいないからです**。子どもたちには両親や他の養育者がいて，子どもが自分たちを生かし続ける責任を引き継ぐのに十分なほど成熟するまで，養い，保護します。赤ちゃんや幼い子どもが脅されたり恐くなったりした時に起こす自然な反応は，養育者の助けを借りることです。つまり，幼い人間の恐怖に対する自然な反応は，養育者に合図を送り，養育者が赤ちゃんのために行動できるようにするという**社会的反応**なのです。同様に，赤ちゃんは危険が過ぎた後に自分自身を落ち着かせることにあまり長けておらず，養育者が抱っこや揺さぶりなどのなだめる動作をしてようやく泣き止むのです。このような，不安や恐怖，ストレスを感じるとあなたに保護と安心を求めるという子どもの自然な傾向は，本来，子どもの脳に組み込まれているも

のです。私たちはみな，養育者に保護や調節を求めることで成人になった赤ちゃんの血筋を引いています。そして，子ども時代に養育者にこうしたことを頼るという自然な傾向も，受け継いでいるのです。

　また私たちは，私たちが危険にさらされていることに気づき，それを保護するために行動することができる程度に，意識と感覚が鋭い親を持っていました。この傾向は，親である私たちの脳にも組み込まれています。子どもが不安を感じている時，それに気づき，脅威が去るまで保護し，また落ち着くまでなだめようとするのは，私たちの自然な姿です。不安を感じている子どもを無視することは，不安を感じていても親に知らせないことが子どもの本能に反しているのと同様に，私たちの本能や傾向に反することなのです。

　こうしたことは，子どもの不安の問題にどのような意味を持つのでしょうか。もし，あなたの子どもが強い不安を感じている場合，たとえ危険が迫っていなくても，またその不安が見当違いであっても，親であるあなたにその不安を伝える可能性が高いのです。また，親として，子どもが安全で落ち着けるような行動をとる可能性も高いのです。たとえ，子どもの不安が現実的な裏づけがあるものでなく，実際にはまったく安全であるとわかっていても，親であるあなたは子どもが安心と感じるように手助けをしたいという気持ちになるものです。以前に述べた，想像上の脅威に対しても現実の脅威と同じように反応する，人間特有の能力についての議論を思い出してください。実際に危険が迫っていなくても，怖いと感じたり，不安になったりすることは十分にありえるのです。そして，あなたの子どもが恐ろしく思っている時，それが現実の脅威であろうと非現実の脅威であろうと，子どもは同じように反応します——親であるあなたに危険であるという信号を送り，脅えの感覚を消してくれるよう頼ろうとするのです。

　子ども，特に幼い子どもの親であるあなたは，ある種のスーパーパワー（超大な力）を持っています。それは，子どもと一緒にいて，落ち着いた態度で接するだけで，子どもが安全で安心できるようにする力です。これは驚くべき力であり，他では得られない満足感で親を満たしてくれるものです。しかし，子どもが不安に苦しみ，安心するためにあなたのスーパーパワーに頼り続けるようになると，それは贈り物というより重荷のように感じられるようになります。こうなった時は，短期的な視点ではなく，長期的な視点に

立つことで，少しゲームを変えてみるのも良いかもしれません。あなたの子どもが**今すぐ**不安を感じないように援助するのではなく，全般的に不安を減らすよう援助することが大切になってきます。この本に書かれているプロセスは，その長期的な目標を達成するための方法なのです。それは，子どもが**今すぐ**不安を感じないようするという短期的な目標をあきらめ，子どもが今，不安になるのを受け入れることを意味します。しかし，このプロセスに取り組んだ結果は，あなたの子どもの不安が全般的に減ることと，あなたと子どもがより良い関係となることへとつながるでしょう。

この章で学んだこと

- 親が子どもの不安の問題を引き起こすかどうか
- 子どもの不安はあなたとあなたの家族にどう影響を与えるか
- なぜ子どもは不安になると親に頼るのか

第4章

不安な子どもの子育てにありがちな落とし穴

保護的と要求的

　子どもの親になるということは，問題を抱えた子どもをどう助けるかという大局的な疑問から，毎日行う多くの小さな決断，さらには子どもに話しかける時に選ぶ言葉についてまで，限りない課題とジレンマ（2つの相反する事柄の板挟みになること）に直面することを意味します。子どもの不安は，これらすべての決断を，より複雑で困難なものにします。しかも，これらの課題にどのようにアプローチするのが最善なのか，はっきりした答えはありません。

　不安を抱える子どもの親は，しばしば子どもの不安が引き起こす落とし穴や罠について述べることがあります。この章では，そうした罠のいくつかとそれらを回避する方法について説明します。重要なのは，私はあなたが親として行ったであろう選択や間違いが，あなたの子どもが不安になった理由であると示唆しているのではないということです。この章では，不安を抱えている子どもを持つ時に起こりうる落とし穴をいくつか取り上げます。不安の問題の原因が何であるかにかかわらず，子どもが不安を抱えている時には，あなたがどう対応するかと，あなたがどのような態度をとるかが重要になります。

　これらの罠や落とし穴の多くは，「保護的」または「要求的」のどちらかに大別されます。これらは，信念や行動についての大きなカテゴリーであり，それぞれさまざまに異なる方法で表現されます。この章を読みながら，これ

らの思考や行動のうち，どれが自分を描いているように見えるかを考えるようにしてください。そのうちのどれかひとつが，あなたに似ていると感じたら，それを書き留めてください。そして，それがどのようにあなたに当てはまるか，あなたの生活から1つか2つの例を思い浮かべてみてください。本書の巻末にある付録Aのワークシート2（子育ての罠）を使ってメモを取り，後で参照することもできます。

　最初のカテゴリーは「保護」です。これは，子どもを危害や苦痛から守るという目標を中心に考えたり，行動したりすることです。もちろん，保護は重要です。もしあなたが，親としての仕事は子どもを危険から守ることだと考えているなら，私はあなたに同意します！　もしあなたの子どもが実際に危険にさらされているのなら，もちろん子どもを守ることは，親としてもっとも重要な役割になります。しかし，子どもが危険にさらされていないのであれば，保護する必要はありませんし，見当違いもいいところです。不安な子どもを持つ親は，よく考えてみると，本当は保護する必要がないのに，「保護者」になってしまっていることに気づきます。多くの場合，保護に集中すると，他の重要な目標が妨げられる可能性があります。その場合，保護は不要であるだけでなく，実際には障害にもなります。また，危険がないにもかかわらず子どもを保護する役割を担うことは，子どもに保護が必要であると伝えることになり，子どもに自分が安全でなく隙だらけであると感じさせることになります。

　2つ目は，「要求」というカテゴリーです。要求とは，子どもに不安を感じないように期待すること，あるいは，子どもは実際不安を感じているのに，そうでないかのように振る舞うのを期待することです。保護と同様，要求は子育てにおいて重要な位置を占めています。もし私たちが子どもに何も要求しなければ，子どもはどのようにお行儀を学び，どのようにして努力や忍耐を必要とする物事を成し遂げることができるのでしょうか？　しかし，保護と同じように，要求も誤って与えられたり，効果がなかったりすることがあります。もしあなたが，子どもが感じていることを感じないように要求しているのなら，その要求は実際に子どもの気持ちを変えることはないでしょう。また，子どもにとってどんなに大変なことであるかを認めないまま，子どもに不安でないかのように振る舞うことを要求しても，この要求は成功するこ

とはないでしょう。あるものについて親であるあなたが不安を感じないからといって，子どもにとっても不安を感じないものであるわけではありません。

　また，要求にはもうひとつ重大な限界があり，そのため子どもの不安に対処するにあたってはほとんど役に立たないことになります。私たちが何かを要求している時，それは他の誰かに，その何かを求めているということです。私たちは要求が満たされない時，しばしば不満や怒りで反応することになります。それは，要求を強制することができない無力感と，要求が守られないことによって傷つけられることによるものです。こうしたことは，対立や敵意につながるものです。本書で紹介する方法では，子どもに対して**どんな**要求もする必要はありません。もちろん，これは，子どもの不安を減らすためのステップにのみ適用されます。子どもの生活や役目のうち，他の部分に関連する要求は引き続き行われることになるでしょう。しかし，子どもが不安を感じなくなるのを手助けをすることにおいては，子どもに何かを要求する必要はないのです。ですから，この本で紹介されているステップに従うことで，あなたの怒りやフラストレーションが増すようなことはありません。いくつかの提案を実行すると，子どもがあなたに腹を立てるかもしれませんが，それは一時的な反応であり，いずれ過ぎ去るものです。その間，あなたは子どもが何かをしないことについて何も要求していないため，落ち着いて怒らずにいられるはずです。

あなたは「保護的」な親ですか？

　あなたの子どもの不安が高い場合，あなたは子どもが恐れている危害から子どもを保護することを強いられていると感じるかもしれません。たとえば，子どもが恥をかいたり当惑する恐れがあるとして社交的なイベントを脅威とみなす場合，あなたは子どもを社交の場から守るように行動しなければならないことがあるでしょう。また，子どもがテストにとても不安を感じていて，十分な成績が取れないのではないかと心配している場合，あなたは子どもにテストの準備をさせたり，できるだけ良い成績を取るため時間が取れるようにしたりするのではないでしょうか。もしこうしたことに思い当たる節があ

れば，ワークシート2（子育ての罠）を使って，それらを書き留めておきましょう。

　もうひとつの保護は，もっと一般的なものです。それは，不安そのものと不安が引き起こす悪い感情から，あなたが子どもを守ろうとする時に起こります。子どもを不安な気持ちから守りたいというのは，世界でもっとも自然なことです。いったい，自分の子どもが不安になったり，どんな種類であっても苦痛を受けることを望む親がいるでしょうか？　不安があなたの子どもにとって非常に不快なものであることはあなたにとってきわめて明白ですし，あなたができる限り子どもが不快感を避けるのを助けたいと望むのは，自然なことです。両方の種類の保護——子どもが恐れる危害からと，不安や苦痛から——は，子どもの不安に対する，親としての自然な反応です。しかし，これらは親と子の両方を陥れる罠でもあります。

　あなたが，子どもが恐れている危害から子どもを守っている時，あなたの行動は子どもの思考や信念とよく一致しているように見えます。しかし，そこに罠があります。もし子どもの恐怖心が見当違いであり，あなたが子どもに，いつかそのことに気づいて恐怖心をなくしてほしいと願っているなら，その恐怖心に沿った反応もまた見当違いであることになります。思い出してください，不安な子どもはさまざまな出来事が起こる正確な確率を割り当てるのが苦手で，そしてネガティブな出来事に高い度合いであると値を見積もる傾向にあり，ネガティブな出来事を実際よりさらにネガティブなものに思えるようにしてしまうのでしたよね。では，あなたの保護を通して，子どもは何を学んでいるのか考えてみましょう。イベントが恥ずかしさで終わる可能性があるために社会的状況を恐れている子どもの例では，その不安な子どもは，おそらく，実際よりも否定的な結果が起こりやすいとみている可能性があります。そして子どもは，おそらく，「恥ずかしさで終わる可能性」のことを，一時的な不快感としてではなく，壊滅的な災難として認識していることでしょう。もしあなたが親として，このような社会的状況から子どもを守ろうと行動しているならば，それはあなたもまた，ネガティブな出来事が起こる可能性が高いと考えていることになりませんか？　考えていないのであれば，なぜその可能性を防ぐ行動をしているのでしょうか？　そして，社会的状況で恥をかくことは本当にひどい災難であることであることを，認め

てしまっているように見えませんか？　でなければ，なぜ子どもがそのような リスクを負わないようにするのでしょうか？　テストがうまくいかない ことを心配している子どもにも同じことが言えます。もしあなたが親とし て，子どもと一緒にすべての教材を勉強したり復習するのに多くの時間を費 やしているなら，それはあなたが満点以外の成績は最悪だとも思っていること を示しているようにみえませんか？　あなたは本心では，ネガティブな結 果（恥をかく，テストで良い成績を取れない）は，実際にはそれほど起こり そうでない，あるいはそれほどたいしたことではないと思っているかもしれ ません。しかしあなたが子どもにそれを伝えたとしても，あなたの保護的な 態度は，逆のことを伝えてしまっているのです。

　あなたの子どもが，喘息や糖尿病などの慢性疾患と診断されたと想像して みてください。これは家族全員にとって初めてのことであり，この問題はす ぐには解決しないという事実にみながようやく慣れてきているところです。 これからどのようなことになるか，子どもにどんな形で理解してもらいたい ですか？　子どもが信じるであろうことをひとつだけ言うことができるとし たら，それは何でしょうか？　おそらく，「大丈夫だよ」とか，「たしかに大 変だけど，なんとかなるよ」とか，「問題があっても素晴らしい人生を送れ るよ」とかでしょう。その逆は決して言わないはずです！　あなたは間違い なく，あなたの子どもを座らせて，次のようなことを言うことはないでしょ う。「糖尿病を患うなんてなんと残念なことでしょう。あなたはこんな大変 なことに対処できる子どもではないのに」。もちろん，あなたはこんなこと は言いませんね！　あなたはあなたの子どもに，この子ならなんとかできる こと，この子が十分に強いこと，そして大変なことだとしても大丈夫である ということを知ってもらいたいと思うことでしょう。そしてそれは，不安を 持つ子どもに対して伝えたいことではありませんか？　「大変なことだけど， あなたは不安があっても大丈夫なくらい，強い子だよ！」。

　不安や苦痛から子どもを守ろうとすることは，たしかに合理的ですが，こ の種の保護は子どもの不安に対する信念を強化することがあるのです。別の 例を見てみましょう。深刻な病気になることを心配している子どもの例です。 親としてのあなたは，子どもが健康であり，深刻な病気を発症する可能性が 非常に低いことを知っていますが，この考えがあなたの子どもをどれほど悩

ませているかもわかっています。あなたはあなたの子どもの気分が良くなり心配が減るように，そうした不安かつ心配な思考を止めることを手助けしたいと思うかもしれません。おそらくあなたは子どもが病気になることはないだろうと繰り返し言って安心させ，子どもがずっと元気であると約束をするところまでいくでしょう。あるいは，子どもが情報に納得し，心配するのをやめることを期待して，子どもとさまざまな病気についての情報を集めることに時間を費やすかもしれません。あるいは，子どもが健康であると保証するため，子どもを医者に連れて行くことさえするでしょう。これらの行動はいずれも，子どもを病気から守ることを目的としたものではありません。子どもが心配したり不安になったりしないことを目的とした行動です。しかし，これも罠なのです。これらすべての行動は，不安になることは非常にネガティブなことであり，どんな対価を払ってでも避けるべきである，ということを子どもに示してしまいます。次にあなたの子どもが心配な考えを持った時，子どもはその心配もまたやめるべきものであり，終わりのないサイクルであなたに安心を求める続ける以外の道はないと，信じてしまうことでしょう。

　　アンナは家に泥棒が入るのを恐れていました。ベッドに横たわると，黒い服を着てマスクをした泥棒がベッドの上に迫ってくる光景が脳裏に浮かぶのです。部屋の周りの物の影に泥棒がいるのが見え，古い家のきしむ音の中に泥棒の声を聞きとります。たまにアンナは，夜中に目が覚めると，再び眠りに落ちるまで，長い時間恐怖に震えながらベッドに横たわることがありました。ある時などは，泥棒にさらわれる悪夢を見て，目が覚めた時，それが現実であると確信しているほどでした。

　　アンナの父親のブライソンは，何とかしなければと思いました。彼は店に行って新しい錠前を買ってきました——店で一番大きくて立派なものを——そして玄関のドアにつけました。彼はその錠前を取りつけ，アンナに示しました。アンナにも家が守られていることがわかりました。「アンナ，見なさい。お前に何も起こらないようにしたよ！」と彼は言いました。その夜，アンナは再び家に泥棒が入るという悪夢で目を覚ましました。母親は慰めようとしましたが，アンナは泣きじゃくり，落ち着くまで時間がかかりました。アンナは母親にこう言いました。「パパだって泥棒が来るって思ってるんだよ。大きな錠前をつけて家に入れないようにしたんだから！」。

次の意見の中に，あなたに当てはまるものがありますか？

- ・不安は有害であり，子どものこころに傷を負わせたり，ダメージを与えたりするものである。
- ・親としてのあなたの仕事は，子どもができるだけ快適に暮らせるようにすることである。
- ・あなたは，あなたの子どもがいつも良い気分でいられるようにしたい。
- ・あなたの子どもは，他の子どもよりも傷つきやすい。
- ・不安の問題があるため，他の人にはあなたの子どもに手加減をしてもらいたいと思う。
- ・子どもの進む道から障害や困難を取り除こうと思う。
- ・あなたの子どもはストレスに対処できない。
- ・あなたの子どもにはやさしく接しなければならない。

　もし，これらの意見（あるいは，これらの意見に似たもの）が，あなたに当てはまるようであれば，ワークシート2（子育ての罠）に，あなたの生活の中での1つか2つの例とともに書き出してみてください。

　上記のような意見は，子どもに対し保護的な親に典型的なものです。その中には，子どもが不安を感じなくなるよう手助けするのを妨げる，根本的な信念が隠されています。たとえば，「不安は有害である」「不安は傷を負わせる」という意見はやっかいです。私たちは，トラウマになる出来事のように，極端なレベルの不安にさらされることが，有害であることを知っています。心的外傷後ストレスは，実際に，生活に大きな支障をきたすもので，長期的な障害につながりかねないものです。しかし，心的外傷後ストレスは，子どもの日常生活における通常の出来事が原因で発生するわけではありません。通常の出来事で不安が生じることはありますが，しかしその不安は，危険なものではないのです。もしあなたが，不安はどんなものでも有害であると考えているのであれば，子どもが常に不安を感じないように手助けをすることは理にかなっています。しかしこれは，あなたもすでにご存知のように，不可能なことです。そして，子どもは時々不安になることによって，自分は不安に対処する能力があり，常に不安を避ける必要はないと信じるようになる

という利益を得られるのです。自分にダメージや苦痛を与える恐ろしいものがあり，それを避ける方法がないと知ったら，どんなに嫌な気持ちになるか考えてみてください。通常の不安は危険なものではなく，対処しなければならない時には対処が可能なものであると知ることは，子どもにとってはるかに良いことなのです。

　不安は有害であり，避けなければならないという考えと似たもうひとつの信念は，「私の仕事は子どもの生活をできるだけ快適にすることだ」という意見に反映されているものです。もちろん，ほとんどの親は子どもが快適であることを望んでいますが，それが本当に親のもっとも重要な仕事なのでしょうか？　子どもに社会で生きていくための準備をさせることは，快適でない人生の局面にも対処できる強さを身につけさせることでもあるのです。あなたは，自分の人生がいつも楽なものであろうと思っていますか？　自分自身が常に快適に過ごせるだろうと思っていますか？　おそらく，そうではないでしょう。もしそうだとしたら，あなたは常に安らぎや快適さを感じていられないという現実に，多くの時間フラストレーションを感じていることでしょう。もしあなたが自分の人生の難題に対処できているとしたら，それはおそらく，快適でない時間があることを受け入れ，物事を冷静に受け止めることができているからでしょう。不安を持つ子どもたちも，物事を，自分の不安でさえも，受け止めることができるようになります。最近私が聞いた名言が，そのことをうまく言い表しています。「親としての私たちの役割は，子どもが生きなければならない苦痛を減らすことではなく，苦痛を減らす方法を学ばせることであると考えるべきかもしれない」。

　不安を恐れないこと，不安を受け止めることを教えるのは，不安を持つ子どもに与えることのできる最大のプレゼントです。残念な事実ですが，今現在高い不安を持つ子どもは，人生の大半を通じて，平均よりも高いレベルの不安を経験する可能性が高いのです。だからといって，不安障害に悩まされたり，一生が不安のために台無しになるということではありません。しかしこのことは，不安が，子どもの人生の永続的または反復的な側面になるのであろうことを意味します。そのため，自分には不安に対処する能力がしっかりあるのを知っておくことが，より一層重要になるのです。

　さきほど箇条書きで掲げた他の意見にも，同様の信念が反映されています。

これらの信念は，もっともらしく聞こえますが，実際には，子どもの不安に対処する親を陥れる罠なのです。「子どもの行く手から障害や困難を取り除く」ことを親の仕事としたり，「この子は傷つきやすい」「ストレスに対処できない」という理由で，世界を「楽なものにしてあげる」ことは，子どもに，自分は弱く，いつもそばにいて道を開けてくれるあなたがいないとやっていけないというイメージを与えてしまう可能性があるのです。このような考え方は，あなたを，子どもの人生という地雷原の掃除屋にしてしまいます。あなたは子どもの行く道からできるだけ多くの障害をなくしておきたいと思うでしょうが，しかしそれは子どもに，世界は地雷だらけで，自分ではそれを取り除くことができないという感覚を残してしまうのです。

　子どもの進路から地雷を取り除こうとすることについては，もうひとつ別の，重要なリスクがあります。世界の大部分についてあなたはコントロールできないので，あなたが子どもを守れるのは，家庭内で起こることに限定されます。家の中では，子どもが不安を起こす引き金をできるだけ少なくするように努めることができますが，ドアの外の世界は，そこまで配慮してくれるものではありません。その結果，子どもは家の中だけが安全だと感じるようになります。多くの不安を持つ子どもたちは，ますます外の世界との接触を避けるようになるのです。親が子どもの不安を刺激しないような環境を整えようとすると，子どもには世の中がどんどん怖く見えてくるのです。現実の人間関係は，本当の人間と関わる必要のないバーチャルなネット上の「友達関係」に取って代わられるでしょう。学校に行くことはますます難しいものとなり，家庭学習に取って代わられることでしょう。家を出ることさえ，大変に感じられるようになることもあります。もっとも深刻なケースでは，ひきこもりと，家以外の場所での機能の完全な喪失をもたらすことになります。あなたの子どもがこういった兆候を示していなくても，保護のつもりで地雷を掃除して回ることは，将来子どもが孤立するリスクを高めるのです。

あなたは「要求的」な親ですか？

　先に述べたように，不安の強い子どもの親を陥れる罠の2番目のカテゴリ

ーは，あなたの子どもに不安を感じないように要求すること，または子ども
が不安でないかのように振る舞うことを要求することです。この本のステッ
プを進めていくと，あなたは，子どもが不安に対処しなければならない状況
を作ることになります。しかしそのためにあなたの行動や態度を変えること
は，子どもに行動や態度を変えるように要求することとは，大きく異なるこ
とです。第2章で説明したように，不安の治療は多くの場合，子どもの行動
や態度を変えることに焦点を当てています。しかし，その種の治療は，親が
子どもに変化を課すことではなく，子どもが治療への関わりを選ぶことに依
存したものです。親が子どもに，子どもの側には動機や意欲がないのにこれ
らの変化を引き受けることを期待する時——その時こそ，親が要求的になっ
ている時です。

　　　グラントは6歳で，水を恐れていました。彼はプールやビーチには行きま
せんでした。家族が友達と一緒に湖畔で過ごした時，彼はボートに乗ること
や水辺を歩くことを拒否しました。代わりに，彼は午後の多くを車の中で過
ごして，外に出ようとしませんでした。そして彼の両親は彼を見ておくために，
順番で車にとどまりました。

　　ある夏の日，母親のカルメンは，「もういい加減にこの問題を乗り越えよう」
と決意しました。キャンプからグラントを迎えに行った母は，そのまま近所
のプールに車を走らせました。車が家に向かっていないことに気づいたグラ
ントが，どこに行くのかと尋ねると，カルメンは「行けばわかるわよ」と言
いました。プールの近くに車を停めると，グラントはどこに行こうとしてい
るのかを理解し，非常に動揺しました。彼は車から降りることに抵抗しまし
たが，母親が強い指示とごほうびの約束とを組み合わせたことで，ようやく
プールの囲いの中に彼を入れることができました。しかし彼は，母親が持っ
てきた水着に着替えることを拒否しました。数分言い争った後，母親は「い
いわ！　じゃあ，そこに座って，私を見てなさい！」と言って，水着に着替
えて水に飛び込みました。カルメンは何周か泳いで，水から上がると，グラ
ントのところに戻ってきました。「ほーら，何もなかったでしょ？」。彼女は
言いました。「周りを見てごらん。みんな泳いで，水遊びをしているのよ。誰
も怖がっていないし，みんな楽しんでいる。あなたはこれを乗り越えて，さっ
さとやるだけでいいのよ」。

　　グラントは答えず，彼女の視線を避け，断固として地面を見つめていました。
カルメンは腹立たしく感じ，イライラし始めました。「グラント！　私はあな

たと話しているのよ，こっちを見なさい！」。彼が顔を上げると，彼女は続けました。「私が言うことが聞こえる？　赤ちゃんのような態度を取らないですぐに私の言ったことをしなさい。もし泳ぎ始めないなら，一生水が怖いままよ。そうなりたいの？　子ども用のプールから始めなさい。水は腰に届かないほどの深さよ。膝に届かない深さの水を怖いと感じることはできないわよ！何が起こると思っているの？　膝の深さの水で，私があなたのすぐ隣に立っているのに，溺れるとでも思っているの？」。

　グラントは泣きながら，それでも動こうとしませんでした。カルメンは，他の両親が彼女の息子とのやりとりを観察し始めたことに気づきました。彼女はそのまま続けるのが不愉快になり，イライラしながらグラントを抱き上げ，プールを後にしました。

　カルメンの，息子に対するイラ立ちと憤りは，よく理解できるものです。彼の恐怖心は明らかにおおげさなもので，彼自身の活動だけでなく，家族全員の活動に支障をきたすものになっています。友人と会っている時に，両親が車に同乗していなければならないなど，社交の集まりにも支障をきたすようになっています。カルメンはおそらく，グラントの回避行動が水への恐怖心を維持させていること，彼が水との接触を避け続ける限り，恐怖を克服することはできないだろうということを理解しています。母親は，もう十分だ，子どもがこの問題をきっぱりと克服する時期だと考えています。しかし，壁を打ち破り，グラントに恐怖心を克服させようとする彼女の努力は，両者にとってさらなるフラストレーションと失望をもたらす結果に終わりました。グラントはさらに水に近づこうとしなくなり，カルメンもすぐに再挑戦しようとは思わなくなったかもしれません。グラントを助けたいという気持ちが，カルメンに要求的な態度をとらせることにつながり，結局は逆効果になってしまったのです。

　次の記述の中に，あなたの言葉に近いものがありますか？

・あの子はちゃんとすればいいだけなんだ。
・あの子はかまってもらいたいだけなんだ。
・世の中は意気地なしのためにあるんじゃない。
・赤ちゃんみたいになるのはやめてちょうだい！

・私を見て。私は怖がってないでしょ？

・ぐだぐだ言わずにやりなさい。

・なぜこんなことをおおごとにしているんだい？

・恐怖に支配されちゃダメなんだ。

・誰もこんなふうにしてないよ。

・どうしてお姉ちゃんみたいにできないの？

　もし，これらの記述（あるいは，これらの記述に近いもの）が，あなたの言葉に近いと思えるなら，ワークシート2に，あなたの生活の中の1つか2つの例と一緒に，記入してください。

子どもに違った感じ方を要求する

　カルメンがグラントに「あなたは，膝に届かない深さの水を怖いと感じることはできない」と言った時，彼女はその言葉を文字通りの意味で言ったのではないでしょう。他の何か，空想上の存在しないものさえも恐れることができるのと同じように，膝の高さの水を恐れることは，もちろんありえることです。カルメンが本当に言いたかったのは，「膝の高さの水を怖がるなんて意味がないわよ」，「怖がる必要なんてありません」，あるいは「水を怖がるのをやめられるといいのだけど」といったところでしょう。しかし，カルメンが実際に息子に言ったことは，彼が感じていることを，彼が本当に感じられるとは信じられない，ということなのです。あなたは誰かに，「あなたが感じていることは，実際に感じていることと違います」と言われたことがありますか？　それは楽しい経験ではありませんし，誰もありがたがるものではありません。実際，誰かが私たちに，私たちがどう感じているかを伝えようとする時，その経験は押しつけがましくられ，私たちは通常，自分の気持ちの整合性を守るために，もとの感じ方に固執することになります。グラントに「あなたは怖いと感じない」と伝えたことが，たとえそれがカルメンの意図したものと完全に一致したものでなくても，彼の態度をより硬化させ，気持ちを閉ざさせた可能性があります。

　グラントが，母親は「あなたは恐れを感じるべきでない」と言いたいので

あって，実際は彼が恐れているのをわかっていると知っていたとしても，その経験は変わらず不快なものと言えます。グラントは単純に違った感じ方を選ぶことはできません。だから，「違うように感じるべきだ」と彼に伝えることは，本質的に「彼の感じ方は良くない」ということを彼に伝えてしまっているのです。「〜すべきだ」という言葉は，感情や思考には本当は当てはまらないものです。そういう感じ方をしていないのに，「誰々はこのように感じるべきだ」と言うのは，無意味です。こうした物言いが成し遂げることができるのは，その人に，本来あるべき気持ちを感じていないことに対して罪悪感や恥辱感を与えたり，自分の感じ方を否定されたと感じさせることだけです。

　子どもに違う感じ方を要求することは，微妙な形と極端な形の両方で起こりえます。微妙な要求の例としては，子どもが「怖い」と言った時に，親が「怖くないよ」と答えた場合です。その親は，子どもに違う感じ方を教えようとしているわけではありませんが，あることが「怖くない」と言い張ることで，子どもに「あなたの感じ方は間違っている」と伝えているのです。より正確かつ要求的な形でない言葉にすると，「これは**私には**怖く感じられないよ」，あるいは「これは危険じゃないよ」となるでしょう。物事には安全でありながら恐ろしいものもありますから，「何かが危険ではない」と言うことは，子どもに違った感じ方を要求することと同じではなく，単により客観的な情報を提供していることになります。そして，「**私には**怖く感じられない」と言うことは，親と子が異なる人間で，異なる感情を持つことができるという意味を含んでいます。

　子どもに違うような感じ方を要求することの極端な形は，親が怒ったりフラストレーションを感じたり，子どもに恐れについて悪い気分や恥ずかしい気持ちを感じさせることで，やる気にさせることができると信じている時に起こります。さきほどの例で，カルメンがグラントに対してどんどん腹を立てていくにつれて，彼女が彼に言うことが，ますます厳しく，批判的になっていったことに注目してください。まず，カルメンは，「周りを見てみなさい，他の子どもたちは怖がっていないでしょ」と言いますが，これは，彼がすでに知っていて，おそらく恥ずかしく思っていることです。それから「赤ちゃんみたいな態度はやめて」と言い，ついに我慢の限界に達すると，彼女

は彼が「膝の高さの水に溺れる」と本当に思っているか尋ねることによって，彼の恐れを嘲笑します。カルメンはグラントに対して意地悪または敵対的であろうとしているわけではありません。彼女は単に，彼の恐れを克服するのを手助けすることができないように感じ，彼が彼女と一緒に取り組むことに積極的でないため彼女の試みが失敗したことに，失望しているのです。

子どもに違った振る舞いを要求する

もうひとつ別の種類の要求に，親が子どもに，たとえ怖くても，怖くないかのように振る舞うことを要求する場合があります。カルメンはグラントに対して，「あなたはこれをやりなさい，赤ちゃんみたいになるのはやめてちょうだい」と言う時，彼女は，グラントがその瞬間にその場で恐怖を克服して，彼にとってはまだ恐ろしいものである何かに対処することを要求しているわけです。グラントに残されているのは，不可能な選択肢と思われるものだけです。非常に怖くてできそうにないと感じているのに水に入るか，あるいは母親に逆らって，彼女を怒らせ，逆上させるか。グラントが彼女の視線を避け，彼女に答えずに床を見つめることによって，状況を完全に回避しようとしたのも不思議ではありません。このような，母親からの支配的な要求に直面した時，彼に残された唯一の選択肢は，完全にそこでの関係から身を引くことだったのです。

でも，やってさえみれば，大丈夫だとわかるのでしょう？

これは確かにそうかもしれませんね！　初めてのことを怖がる子どもが，何度も励ましを受けて一度やってみたら，またすぐにやりたくなってしまった（そして何度も何度も……），というのはよくある話です。あなたは親として，あなたの子どもが一度やってみて，その恐怖を一度乗り越えたとしたら，子どもはまったくそれが怖くないことに気づくだろうと思っていることでしょう。このような思い込みが，あなたを熱くさせてしまうのです！　一度だけ恐怖に立ち向かわせさえすれば，問題はすぐ解決できるはずだと信じることは，子どもにそれを実行させることへあなたを駆り立てることになり

ます。しかし，ここでひとつだけ知っておいてほしいことがあります。子ども
が一度何かに挑戦して，怖くないと気づき，二度と問題にならないという
パターンは，慢性的で持続的な不安ではなく，普通の恐怖について起こる典
型的なパターンなのです。ジェットコースターに乗るのを怖がっていた子ど
もは，説得されてどうにか乗ってみると，降りた途端すぐまた乗るために，
乗車列のところまで走って戻るかもしれません。しかし，重度の高所恐怖症
で，ジェットコースターに乗るように説得された子どもが，そうなる可能性
ははるかに低いのです。

　重要なのは，子どもが乗った結果に満足するかどうかだけでなく，そもそ
も乗るように説得できるかどうかということなのです。不安の問題を抱える
子どもは，自分が感じていることの正当性を否定するような要求には勇気づ
けられると感じにくく，そうした要求には動かされることが少ないものなの
です。あなたがあなたの子どもに，恐れを無視するように圧力をかけること
は，子どもを内向させ，子どもができないという事実を強調することにつな
がります。不安な子どもは，あなたが子どもに選択肢があることを認め，そ
れをすることが子どもにとって大変なことであるのを受け止めてあげると，
新しいことに挑戦しやすくなるのです。

親のあなたはスーパーマン──でも，子どもの私は違うのよ！

　子どもに違う感じ方を求めることのもうひとつの形式は，子どもがどう感
じるべきかを示そうとすることです。これはたとえば，あなたが親として
「私を見てごらん。ほら，私は怖がってないでしょ」と言う時に起こります。
これは，「あなたも怖がるべきではないでしょ」ということをほのめかして
います。カルメンはグラントに，何周か泳いでいる間，席について自分を見
ているように言い，戻ってきて「ほら，何もなかったでしょ」と言いました。
問題は，子どもはあなたが怖がらないことであなたをすごいと思うかもしれ
ませんが，それで子どもの恐れが減るわけではないということです！　実際，
多くの不安を持つ子どもは，明らかに自分と同じ恐れを持たない親に，憧れ
を感じているのです。しかし，ある子どもが私に言ったように，「お父さん
はスーパーマンだよ。だけど，私が空を飛べるわけじゃないんだ！」という

ことなのです。親がスーパーマンであることを知ったところで，子どもが空を飛べるようになるわけではないのです。子どもは憧れを感じるかもしれませんし，その比較で自分は小さく弱いと感じるかもしれませんが，どちらにしても，子どもはこれまでと同じように，スーパーマンではないのです。あなたが子どもと同じように**恐れを感じている**こと，あなたがスーパーマンではないこと，そしてあなたも同じような困難に対処していることを子どもに示すことで，子どもは自分も対処できると信じるようになるのです。子どもの視点からみるとこうなります

> 親がスーパーマンではなく，自分と同じように恐れやストレスを抱えていて，それを乗り越えているとしたら，それは，家族にスーパーマンがいるほどカッコいいことではないかもしれません。しかし，「私も親のように対処することができるかもしれない」ということを意味するのです。そしてそれは，親が，私や私の感じ方をより理解する見込みがあるということでもあります。

この章で学んだこと

・子どもの不安に対しての保護と要求について
・あなたが保護的な親であるかどうか
・あなたが要求的な親であるかどうか

第5章

家族の「巻き込まれ」

　ジルは12歳。両親のどちらかが重い病気にならないか，いつも心配しています。1日に何度も両親の健康状態を聞いています。昨年，ジルの父親は，自分の心臓が健康であることを証明するために，冗談で彼女の前で腹筋を30回すると言い出しました。その日以来，ジルは父に「腹筋して」と毎日せがむようになり，それを断られたら泣きました。今度はジルは，お母さんにも「腹筋して」とせがむようになりました。

　マリクは10歳で，1人でベッドで寝るのを怖がります。時々物音が聞こえて，泥棒が入ったのではと心配になるのだと言います。マリクは母親のキアラに隣で寝てもらいたいのですが，キアラは家事で忙しいのです。キアラはマリクの部屋にホワイトノイズマシン（訳注：寝かしつけのための消音装置）を置いて，夜中に彼に音が聞こえないように工夫しました。今度は，マリクは母親の声が聞こえないので，母親が家を出て行ったのではないか，心配でたまらなくなりました。そこで，マリクが毎晩ベッドに横になると，母親が台所からわざとフライパンや皿を叩いて音を立てるようにしました。それでマリクは，母親が家の中にいることがわかるのです。しかし，残念なことに，キアラが発する騒音は，実際にはマリクが眠りに落ちるのを邪魔する原因になってしまっています。

　フィオナは9歳で，911のテロ事件でツインタワーが崩壊する映像を見て以来，強い不安を持つようになりました。最初の数日間は悪夢にうなされ，タワーが自分や家族に落ちてくるのではないかと心配するようになりました。彼女の両親は，最初はそれが普通の反応だと思い，彼女を安心させようとしました。しかし，ある日，高層ビルの近くに車を停めた時にフィオナが大変なかんしゃくを起こしたことから，両親は問題がより深刻であることに気づきました。フィオナは泣いて，車を建物から遠くに移動させることに親が同意す

るまで，彼女らしくないかんしゃくの発作を起こしたのです。それ以来，フィオナは，両親がタワー（今ではビル，煙突，携帯電話の電波塔を含むあらゆる高い構造物を指します）の近くで運転したり駐車したりしないと約束しない限り，車に乗るのを嫌がるようになりました。フィオナの家族は，自分たちの住んでいる地域のタワーを地図に記録しており，両親は車を運転する時にはそれらを避けるようにしています。

　これまでの章では，子どもが不安を感じた時，親に助けを求めるように，自然に仕組まれていることを見てきました。この章では，一転して，親であるあなたの視点からみた子どもの不安についてお話ししていきます。結局，子どもの側だけが親に良い気分にしてもらいたがっているのではありません。あなた自身も，子どもを助けたいと強く思っているはずです。不安の問題を抱えた子どもの親として，あなたはおそらく自分自身の行動に多くの変化を加えてきたことでしょう。たとえば，次のようなことです。

・気がつくと子どもの質問に何度も答えたり，安心させたりしている。
・子どもの不安のために，家族の寝室の様子や寝る前の習慣が変わってきた。
・子どもの不安の引き金になるとわかっている場所には行かないようにしている。
・他の人と話すと子どもが不安になることがわかっているので，子どもに向けられた質問に代わりに答えている。

　このような変化を加えざるをえなかったとしても，どうかご安心ください。それはあなただけではないのです。
　不安のある子どもを持つ親，数百人に，子どもの不安によって自分の行動に変化があったかどうかを尋ねたところ，97％がこうした変化をしたと回答しています。親が報告した行動の変化でもっとも多かったのは，「繰り返し安心させなければならない」ことでした。このほかにも，世界中のさまざまな研究によって，あらゆる職業・階層の，さらには異なる国や文化の親たちが，不安な子どもを持つことで自分たちの行動に同様の変化があったと報告

していることが，明らかになっています。

家族の「巻き込まれ」とは？

　家族の「巻き込まれ」とは，子どもが不安を回避または軽減するのを助けるため，親が自分の行動に加える変化を表す心理学用語です。表5.1は，一般的な家族の「巻き込まれ」の典型例と，それらが子どもの不安問題や症状にどのように関連しているかを示しています。

参加と変更

　家族の「巻き込まれ」の形は無限にありますが，大きく2つの種類に分類すると，理解に役立ちます。(1) 不安による行動への参加と，(2) 家族のルーチン（決まった日課）やスケジュールの変更に関するものです。

不安による行動への参加

　不安による行動への参加とは，子どもの不安を回避したり軽減したりする目的で，ある行動に積極的に参加することです。子どもの隣で寝ることは，参加型「巻き込まれ」の一例です。同じ質問に何度も答えることも，その一例です。このような積極的参加型「巻き込まれ」は，毎日かなりの時間を奪い取ることになります。また，お金がかかることもあります。強迫性障害（OCD）の子どもを持つ母親は，子どもがまだ十分に清潔でないという気持ちを拭えないため，トイレットペーパーを大量に買っていたのですが，毎月100ドル近くをトイレットペーパーに費やしていた計算になったといいます。また，配管の詰まりを取り除くために水道業者に1年間に2回も支払いをしなければならなかったそうです。別の例では，病気になることを恐れた子どもは，すべての残り物と，賞味期限切れまで1週間以内の食べ物を避けたそうです。そして両親にまだ大丈夫な食べ物を捨て，代わりに新しい食べ

表 5.1. 家族の「巻き込まれ」の典型例

子どもの不安の問題	症　状	家族の「巻き込まれ」
社交不安	お客さんが来た時，子どもが不愉快そうにしていた	子どもが家にいる時，親は客を呼ばなくなった
	ウェイターにディナーのオーダーを聞かれても，子どもは目をそらし，答えない	親はいつも子どものために注文し，ウェイターからの質問にも答えていた
全般性不安	子どもが，お母さんが交通事故を起こさないか心配していた	母親は何度も運転に注意する指切りをし，出勤すると子どもにメールを送るようにした
	子どもが，宿題が完璧でないことを心配していた	父親は毎日宿題をチェックし，子どもと一緒に何度も復習した
	子どもが，大きな病気になることを心配していた	親は子どもが健康であることを繰り返し説明し，健康や病気に関する多くの質問に答えた
強迫観念と強迫行為	子どもは細菌に汚染されることを恐れていた	母親はケチャップやヨーグルトなどの食品については，未開封の新しいものしか使わず，食べ残しは捨てた
	子どもが3という数字について強迫的であった	子どもが部屋にいると，親は電気を3回つけたり消したりした
	子どもは，悪いことをしてそのため罰を受けるのではないかと恐れていた	母親と父親は毎日子どもの「告白」を聞いて，子どもが罪や犯罪を犯していないことを保証した
分離不安	子どもが，誕生日会，お遊戯会，運動会で1人ぼっちになることを恐れていた	帰る時間になるまで親が子どもと一緒にいた
	子どもが，夜，1人でベットに入るのを怖がった	母親か父親が，子どもが眠るまで寄り添うか，両親のベットに連れてきて寝かせた
	子どもが，母の姿が見えなくなるとかんしゃくを起こした	母はトイレに行く時でも，ドアを開けたままにしておいた
	子どもが，夜ベビーシッターに預けられるのを怖がった	両親は夜，一緒に外出しなくなった

表5.1. つづき

子どもの不安の問題	症状	家族の「巻き込まれ」
嘔吐恐怖	子どもが，車に酔うことを恐れていた	家族は45分以上のドライブはしなかった
	子どもが，病気にかかって，吐くことを恐れていた	前日にクラスの誰かが病気になった場合，両親は子どもを学校に行かせなかった
虫への恐怖	子どもが，虫の出やすい春や夏に外出するのを嫌がった	家族はピクニックや遠足に行かなかった
	子どもが，家の中にいる虫を怖がった	両親は毎晩寝る前30分間，子どもと一緒に虫探しをした
着ぐるみへの恐怖	子どもが，着ぐるみを着ているキャラクターの話をするだけで怖がった	両親は着ぐるみキャラクターについて触れないようにし，それを話題にすることを一切避けた

物を買うように促しました。

　また，「巻き込まれ」の代償は，所要時間の観点からも高くつきます。ある高校生の父親が，父親が残ると約束しないと息子が教室に入るのを怖がるため，毎朝，教室の外で数時間立っていたと述べました。仕事の間に何度も電話に出て，時間通りに家に帰ると子どもに安心させていた母親は，「巻き込まれ」のせいで仕事をうまくこなせなくなったと感じたそうです。

家族のルーチンとスケジュールの変更

　家族のルーチンとスケジュールの変更とは，子どもの不安のために日常生活のパターンを変更することです。たとえば，人と接すると不安になるので家にお客さんを呼ばないようにしたり，仕事から早く帰るようにしたり，普通の場合より遅く出勤したりすることです。また，水や飛行機に恐怖心を抱いている場合など，不安の引き金となるような休暇旅行には行かないというのも，「巻き込まれ」による変更のひとつの例です。多くの場合，このような「巻き込まれ」による変更は，それが普通であるかのように思われるほど

長い間続きます。ある母親は，出張旅行をすると子どもが動揺するとわかっていたので，仕事の昇進を定期的に断っていました。

「巻き込まれ」による変更は，両親だけでなく，家族全体に影響を与えます。きょうだいの不安に「巻き込まれ」ることで自分の求めるものや計画が変化するので，不安を持つ子どものきょうだいも影響を受けるでしょう。家族の「巻き込まれ」がきょうだいに与える影響を認識することは重要であるため，この章の終わりでこの問題をより詳細に説明します。また，この章では，「巻き込まれ」が，子どもの不安を軽減するどころか，むしろ維持し，時間が経つにつれて役に立たなくなることを学びます。

あなたは「巻き込まれ」ていますか？

おそらくそうでしょう！　でも，それでいいんです。先に述べたように，不安な子どもを持つほとんどすべての親は，自分が子どもの不安に「巻き込まれ」ていることに気づくことでしょう。重要なのは，あなたが自分の「巻き込まれ」を意識できるようになることで，それにより，どんな変化を起こすか，その変化をどのように行うかを計画できるようになることなのです。

まず，自分自身に簡単な質問をし，その答えを本書の巻末の付録Aのワークシート3（あなたと子どもの不安）に書き出すことから始めると良いでしょう。

- ・子どもの不安のために，あなたは時間をどのくらい奪われていますか？
- ・この子どものために，きょうだいと比較して，何か違うことをしていますか？
- ・もし，あなたの子どもに不安や恐怖がなかったとしたら，あなたのすることにどんな違いがあるでしょうか？

このような質問は，これまで行ってきた家族の「巻き込まれ」を意識するのに役立ちます。パートナーと一緒に暮らしている場合は，この質問につい

て一緒に話し合うと良いでしょう。あなたは，お互いが気づいていない「巻き込まれ」を指摘することができるかもしれません。しかし，批判的にならないようにしましょう！　これは，お互いを批難したり，指を差し合う機会ではありません。子どもの不安があなた方の生活にどのような影響を与えたか，また，子どもが怖がらないようにあなた方それぞれが努力してきたことを振り返る機会なのです。また，信頼できる友人や親類と話し合うことも有効です。その場合でも，重要なのは洞察と知識を得ることであり，批判することではありません。

　この本の後半では，さまざまな形態の家族の「巻き込まれ」を特定し，「巻き込まれ」マップを作成し，監視する方法について学びます。あなたはあなたの子どもがより強く育ち，より不安を減らせるよう助けるために，そうした「巻き込まれ」のいくつかを減らす方法を学びます。今はただ，振り返りや気づきの時間を大切にしてください。まだ何も変えないようにしましょう。「巻き込まれ」を減らすことは重要ですが，計画的かつ思慮深く行うことが一番なのです。日常生活の中で自分がどのように「巻き込まれ」ているかに気づくことで，焦点を当てるのに最適な「巻き込まれ」を選択し，有効かつ支援的な形で自分の行動を変える最善の計画を立てることができるようになります。

助けているつもりだけど——これって親の役目？

13 歳の女の子の母親，オリビアの例です。

　　　娘が重い食物アレルギーと診断された時，医師は私たち家族が行わなければならないすべての変化について教えてくれました。ある種の食品が娘にとって危険であること。安全で健康的な環境を常に用意しなければならないこと。「引き金となる食品」を避けること。彼女が不安を持つようになった時，私は同じことをすべきだと思いました。彼女の不安の「引き金」となるものを遠ざけ，彼女の不安を刺激しないような生活を心がけるのです。なにか違いがあるのでしょうか？

　子どもが困難に立ち向かうのを助けることは，親であることのもっとも重要な側面のひとつです。赤ちゃんを初めて抱っこした時から，夜寝るように言い聞かせること，朝学校に行かせることまで，子育てはしばしば難しい選択を迫られるものです。子どもの不安のために「巻き込まれ」を提供しすぎることは，子どもに頑張る必要がないと言っているようなものです——その場では気分が楽になりますが，長期的には子どもをより大きなリスクにさらします。

　自分自身にこう問いかけてみてください。**不安に弱い子どもが学ぶべきもっとも重要なことは何でしょうか？**　私はその答えは，子どもが**不安に対処できるようになること**と，ときには不安になることがあってもいいんだと知ることだと思います。もしあなたの子どもが人生で多くの不安を経験する可能性があるなら（最近の研究では，高い不安を持つ子どもは，一生の内で高いレベルの不安を経験する可能性があるとのことです），あなたが子どもに一番考えてほしくないことは，「自分は不安に対処できない」ということでしょう！　親は子どもたちに，自分は対処できると信じ，もっとも効果的に対処するためのスキルを身につけてほしいと思うものです。このように不安について考えてみると，**不安を持つ子どもの親にとっての重要な仕事は，子どもたちに，不安への対処を可能とする知識を教え込むことだ**ということがよくわかります。8歳の男の子の父親が私に話してくれた次のような逸話を考えてみてください。

　　きっかけは約半年前。家族旅行で訪れたニューヨークで，下町のビストロ・レストランで昼食をとっていた時のことです。リッキーは出発前にトイレに行きたくなりました。彼はトイレに行き，私たちはお勘定を頼みました。私たちがランチの支払いを済ませ，出発しようとした時，リッキーは戻ってきませんでした。私は様子を見に行き，ドアの外から彼に声をかけました。リッキーはまだ中にいて，ストレスを感じているようでした。ドアを開けようとしていましたが，ハンドルがうまく回らなかったのです。ドアを開けると，彼は泣いていました。大丈夫，私たちはリッキーを置いては行かないし，危険もないと言ったのですが，彼はまだ動揺していました。私たちは彼に話しかけ，実際には閉じ込められたり罠にはめられたわけではないこと，そしてもちろん，私たちが彼を助け出せることを説明しました。私たちは彼に旅行

を続ける気があるかどうか尋ねました。するとリッキーはただ肩をすくめました。彼は旅が楽しくなくなってしまったようでしたので，私たちは予定を切り上げて早めに帰宅することにしました。次にレストランに行った時，リッキーが「一緒にトイレに行こう」と誘ってきました。一人用のトイレだったのですが，一緒に中に入ってほしいと言われ，怖い思いをさせたくないので入りました。その時以来，彼の恐怖心は増すばかりです。学校でもトイレに行くのが怖くて，その時トイレの前で誰かに立っていてもらいたがります。外食に行くのが彼にはストレスになるので，かなり減らしました。今や，リッキーが家では1人でトイレに入らないと言い始めているので，助けが必要になりました。彼は，1人ではどうにも対処できないから，私たちが必要なんだと言います。彼はどんなことがあっても，私たちなしではトイレに行きません。私たちは彼につき添っていますが，だんだんバカバカしくなってきています。私たちがどんなに助けても，彼はますます怖がるようになっています。

　リッキーが不快な経験（レストランのトイレで閉じ込められる）をし，当然のことながら動揺し，両親は彼を安心させるために最善を尽くしました。今，リッキーは，今後同じような不快な経験をしないようにすることに集中するようになりました。リッキーはその時のことを鮮明に覚えていて，もう二度と同じような思いをしないと決心しています。ほとんどの子どもと同じように，リッキーはこうしたことが起こらないことを両親に頼っていますが，しかし，リッキーがお父さんやお母さんと一緒にトイレに入るたびに，「自分1人ではどうにもならない」という信念が強化されることになります。彼には，自分でなんとかできるということを学ぶ機会が与えられないことになります。まるで，リッキーは親に「あなたはストレスの多いことに対処できないから，私たちに対処してもらいなさい」と言われて続けているようなものです。そして，多くの子ども――大人の場合もありますね――と同じように，彼は不安の持つ大いなる皮肉を経験しているのです。**不安を感じないようにしようとすればするほど，不安は大きくなっていくのです**。リッキーを助けるためには，彼の両親が，彼がトイレで怖がらないようにすることから，**怖くても大丈夫である**と教えることへと，焦点を移すことが大切です。これは言葉だけでは伝えられないレッスンですが，家族の「巻き込まれ」を取り去ることで強力に伝えることができます。

良い「巻き込まれ」と悪い「巻き込まれ」

「巻き込まれ accommodation」という言葉は，文脈によってさまざまな意味を持ちます。そして多くの場合において，非常にポジティブなことを表す言葉です。たとえば，特別なニーズを持つ子どもたちは，彼らの可能性を実現するために学校で時間の便宜^{accommodation}が提供されます。書くのが遅い子どもには，書き取りのテストで時間の延長^{accommodation}がされることでしょう。これは重要で前向きな「巻き込まれ^{accommodation}」です。また，「巻き込むこと^{accommodating}」の別の用い方として，頑固やわがままの反対で，つき合いやすい人を表現する^{accommodating}ために使われることもあります。

　不安による「巻き込まれ」は，それらとなぜ違うのでしょうか？　なぜ私は「巻き込まれ」を，問題であるとも，減らすべきものであるとも述べているのでしょうか？　不安に関して言えば，すべての「巻き込まれ」が否定的であったり，助けにならないものなのではありません。いくつかの「巻き込まれ」は，子どもたちが不安を克服するのに役立つことがあります。場合によっては「巻き込まれ」は足場として機能し，子どもを支え，より強く，より自立するのを助けることができます。しかし，他の多くの場合，「巻き込まれ」は，実際には私たちの意図とは逆に，不安を悪化させているのです。さきほどの例のリッキーの両親のように，あなたは子どもに「巻き込まれ」を提供しているにもかかわらず，子どもの不安が減るどころかますます大きくなっているように見えるので，イライラすることがあります。どの「巻き込まれ」が役立つのか，どれが役に立たないかを理解することは重要なステップです。これを理解するための最良の方法は，次のことを自問することです。

・この「巻き込まれ」は，子どもの不安への対処の向上に役立っていますか？

・それとも，子どもの回避を助長していませんか？

・最近の子どもの不安への対処という見地から，この「巻き込まれ」は一歩前進させていますか，それとも後退させていますか？

「巻き込まれ」は，不安への対処を向上させるためのステップである場合に有効です。たとえば，子どもが不安の問題のために学校に行けなかった時，親がつき添って学校に行かせることは，役に立つ「巻き込まれ」になりえます。それは，徐々に前進するものであり，「巻き込まれ」は，不安に対処する力が増すにつれてなくしていくことができます。一方「巻き込まれ」は，子どもがより多くのことを避けるようになったり，より対処することを減らすようになるものの場合は，役に立たないものであると言えます。もし，あなたの子どもが，多少困難があっても 1 人で学校に通っていたとしたら，一定の日に学校に同行するのは，役に立たない「巻き込まれ」となる可能性が高いでしょう。

別の言い方をすれば，**「不安を感じても対処できる」**という貴重な教訓を子どもに教える時には，「巻き込まれ」は有用です。

不安に対処できない，また，不安を引き起こす可能性のある状況を避けなければならないという子どもの信念を強化するような「巻き込まれ」は，役に立たないものです。

表 5.2 は，不安を持つ子どもに対処するのに役立つ「巻き込まれ」と役に立たない「巻き込まれ」の例を示しています。

「巻き込まれ」ないことはとても難しい！

その通りです！　「巻き込まれ」は大変なことですが，「巻き込まれ」ないのはもっと難しいことかもしれません。子どもに「巻き込まれ」ないことが，より困難な選択に思える理由はたくさんあります。ここでは，「巻き込まれ」が役に立たないと頭でわかっていても，「巻き込まれ」をなくすことがつらい選択になる例をいくつか見てみましょう。

動揺している子どもを見るのがつらいのです

これは世界でもっとも自然な感情です。文字通り，子どもの苦悩に心を動かされるのが私たちの自然な姿なのです。泣いたり，過呼吸になったり，

表 5.2. 役に立つ「巻き込まれ」と役に立たない「巻き込まれ」の例

状　況	役に立つ「巻き込まれ」	役に立たない「巻き込まれ」
子どもが毎日職場に電話をかけてくる	毎日1回子どもが電話をかけることに同意する	子どもが電話をかけてきたら必ず出て，子どもが安心できるまで話をする
野球で失敗するのが怖くて，練習に行きたがらない	あなたがチームのコーチと話し，子どもの恐れをコーチに説明することに同意する	子どもが嫌な思いをしないように，家にいるように勧める
子どもが1人でシャワーを浴びるのを怖がり，シャワーを浴びる間，浴室で待っていてほしいと言う	一緒にお風呂に入ることに同意して，毎日少しずつ一緒にいる時間を短くしていく	子どもがシャワーを浴びる時は，いつも浴室にいる
1人で寝るのを怖がり，毎晩夜中に親のベッドに入ってくるようになった	子どもを自分のベッドに戻し，リラックスして眠りに落ちるまで数分間一緒にいる	夜中に起きる必要がないよう，親のベッドで寝かせる

助けを求めたりする子どもの姿を見ると，親として大きな心の負担になり，「巻き込まれ」ないことが残酷で非情に感じられることもあります。また，子どもは自分の感情表現の力に気づいている可能性があり，その結果，さらに劇的な苦痛の表出をすることがあります。これを，子どもが親の心を操ろうとしていると考えてはいけません。単純に学習と強化の結果だと考えた方が，公平で正確でしょう。あなたの子どもは，あなたに「巻き込まれ」てもらう必要があると強く感じており，その「巻き込まれ」が起こりやすくなることについては，自然に強化されるのです。もしあなたが過去に「巻き込まれ」を与えないようにしていたとしても，子どもが非常に怒った後に「巻き込まれ」を提供したとしたら，その行動が繰り返されたり，今後さらに悪化していくことはほぼ確実です。

　これは，子どもは「巻き込まれ」なしで不安に対処するのを学ぶことができない，という意味ではありません。その目標を達成するためには，多少の困難には耐える覚悟が必要なのだ，ということです。子どもの苦悩に「巻き込まれ」ず我慢することで，子どもにレッスンをしているのだと考えてくだ

さい。その態度はあたかも，「これはとても不快なことだけれど，私は不快でもこうしなければならないと知っているので，対処できているんだよ」とあなたが言っているかのようです。それはまさに，あなたがあなたの子どもに，不安について言わせたい内容です──「それは私を不快にします，しかし私はそうしなければならないとわかっているので，我慢できます」。

他の用事があって時間がとれません／他にやるべきことがあるのです

　これは，前の例ほど感情的な問題ではありませんが，同じようによくあることで，同じように正当な言い分といえるものです。私たちはみな，毎日対処し，やり遂げる必要のある複数の用件を抱えています。そして一般に，子どもに「巻き込まれ」るのを拒むことは，その目標を完遂するのを難しくするのです。ある母親はこう言っています。

　　　コートニーは１人で２階に上がるのを嫌がります。最初は夜，暗くなってからだけだったのですが，最近はいつでもです。もし彼女が２階にあるものが必要になった時，親のどちらかか，きょうだいの１人に一緒に行ってもらうようにしています。今朝，私たちは子どもたちを学校に行かせようと急かしていたのですが，コートニーがリュックを２階に置いていったことに気づきました。私は取ってくるように言いましたが，もちろん彼女が何を言うかわかっていました。彼女が私も一緒に来てくれと言い出した時，私には選択肢がありました。私は彼女と一緒にリュックを取りに行くこともできましたし，30 分にわたって彼女と議論して，その後，彼女に１人で行かせることもできました。しかし議論をすると，彼女ときょうだいは間違いなく学校に遅れるでしょうし，私も仕事に遅刻するでしょう。結局，私は彼女と一緒にリュックを取りに行きました。

　みなさんも，不安を持つ子どもの親として，同じようなジレンマを経験したことがあるのではないでしょうか。「巻き込まれ」を提供するのを拒否してすべてが止まってしまうか，もしくは今回の「巻き込まれ」がまったく役に立たないことを理解しながらも，つき合ってこの瞬間をやり過ごすか，というジレンマです。もし，あなたがコートニーの母親と同じ選択をしてしま

ったとしても，自分を責めないでください。ほとんどすべての親が，不安を持つ子どもにある程度は「巻き込まれ」ており，その理由が家事を回していく必要があるためであるということを覚えておきましょう。

　そのため，一度にすべての「巻き込まれ」を取り除こうとしないことが重要です。計画を立て，課題に備え，それに対処するために必要なサポートを準備し，そして一貫した形で計画を守って進めることが，問題を克服するための鍵になります。本書は，その計画を立てる手助けをし，他の親のケースでうまくいった実績のある解決策を紹介します。最初は，学校が終わった後の時間に起こる「巻き込まれ」だけに焦点を当てることになるかもしれません。あるいは，1週間か2週間，「巻き込まれ」マップを作成し，モニタリングした後，もっと対策を行うのに良いものがあることに気がつくかもしれません。今の段階では，自分の気持ちを少し緩め，誰もが毎回完璧な選択をすることはできないのだということを忘れないようにしていてください。

子どもが，「巻き込まれ」をしないと怒り出し，時には攻撃的にさえなります

　多くの人は，不安を持つ子どもはおとなしく，いつも従順であると思い込んでいます。これは真実とはかけ離れています。不安やOCDを持つ子どもは，他の子どもと同じように攻撃的であり，一定の動機づけがあれば，自分の望むことを達成するためにすべての制止をはねのけて進むことができるのです。親に「巻き込まれ」を続けさせる必要性ほど，不安を持つ子どもを動機づけるものはありません。たとえば，OCD治療の専門家を対象とした調査では，75％が，若年の患者が「巻き込まれ」の要求において強制的かつ強引であると述べています。身体的暴力，暴言，物を壊すなどの破壊的行為がよく報告されました。これは粗暴な性向の表れであるとは考えない方がよく，子どものネガティブな性格特性を示すものと考えるべきでもありません。もし，あなたの子どもが，あなたが「巻き込まれ」ない時に攻撃的になるのであれば，それはおそらく，「巻き込まれ」がなければ対処ができないと思っているのです。また，この種の行動が，過去にあなたに「巻き込まれ」をしてもらうのにあたって，うまく機能したことを示しているのかもしれません。不安を持つ子どもの親からは破壊的な行動がよく報告されるため，本書の第

12章では，「巻き込まれ」を減らす時に増える攻撃的な行動に対処する方法について説明しています。

「巻き込まれ」をしないのは不安を増幅させるだけでは？

　ここでまた，少し長い目で見る必要が生じることになりました。本当の長期ではなく，ほんの少し長期的ということです。あなたが「巻き込まれ」をしなければ，あなたの子どもがより不安になるというのは，大いにありえることです。しかし，あなたが一貫して「巻き込まれ」を我慢することができれば，子どもの不安はおそらく短期間のうちに和らぎはじめるでしょう。子どもにとってもっとも難しいことは，親であるあなたが本当に「巻き込まれ」てくれないという考えを，受け入れることです。子どもの最初の反応の多くは，自分はまだあなたから「巻き込まれ」を得ることができるという信念によって動かされています。子どもが，あなたが「巻き込まれ」るつもりがないことを理解すると，子どもは自分で対処できることに気づき始めます。そうなれば，子どもの不安は軽減され，「巻き込まれ」を求めることも減っていくことでしょう。

子どもは，親がケアしてくれないと思うのではないでしょうか？

　あなたの子どもは，あなたのことを長い間知っています。この本を読んでいるあなたは，きっと子どものことが大好きで，もっと良い気分になってほしいと思っているはずです。そして，子どももそれを知っているのです。一般に，自分の欲しいものが手に入るか入らないかという具体的な瞬間に基づいて，親の愛情が判断されることはありません。子どもは，あなたが自分を愛していないと批難するかもしれませんし，それはどんな親にとっても非常に聞き苦しいことです。しかし，「あなたは私を愛していない」と言うことは，愛されていないと感じることと同じではありません。次のことを心に留めておいてください。子どもは，自分の欲しいものが手に入るから愛されていると感じるのではありません。自分の必要なものが得られるから愛されていると感じるのです（しかも，毎回ではなく，十分な頻度で，です）。

このプログラムでは，あなたの行動とあなたが起こしている変化を，子どもが理解できるように手助けすることが重要になります。あなたの行動に子どもが同意する必要はありませんが，子どもが同意していようといまいと，あなたが愛情から行動していること，そして子どもを助けようと決意していることを理解できる手段を講じることは可能です。

第7章では，「巻き込まれ」の削除を始める前であっても，子どもへの支援を表明し，支援のためのステップの準備を整えるために，あなたができることを説明しています。

「巻き込まれ」ときょうだい

不安の強い子どもの存在が家族に与える影響を受けるのは，親だけではありません。きょうだいを含むすべての家族が，何らかの形で影響を受ける可能性が高いのです。きょうだいへの影響は大きく顕著な場合もあれば，微妙な場合もありますが，子どもの不安が家族の他のメンバーに何らかの影響を与えている可能性は高いのです。

子どもの不安がきょうだいに与える影響としては，あなたが不安な子どもを助けるために時間とお金やエネルギーなどの資源を割くことで，他の子どものための時間が少なくなることが挙げられます。このことについて，罪の意識や恥ずかしさを感じる必要はありません！　困難を抱えている子どもの親であることは，必然的にその問題に対処するために余分な時間や資源を割くことを意味します。時間，お金，エネルギー，注意力，どれをとっても，あなたの資源は限られたものです。1日の時間は限られており，収入をやりくりするのと同じように，時間をやりくりしなければならないのです。慢性的な，あるいは重篤な身体的疾患を持つ子どもの親は，子どもの回復のために多大な資源を費やさなければなりません。これと同じことが，心理的，感情的問題を持つ子どもの親にも当てはまるのです。

この本を読み進めるために割く時間（と購入費用）についても，他の子どもの宿題を手伝うのではなく，不安な子どもを助けるために捧げている資源であると言えます。ただ幸いなことに，この本を読み進めることで，子ども

の不安のために費やされる時間全体を減らすことができるのです。子どもの不安に対処するためにもっとも時間を取られるのは，通常，家族の「巻き込まれ」なのです。「巻き込まれ」を減らすことができるようになると，不安を持つ子どものきょうだいのケアや自分自身へのケアなど，他のことに時間を割けるようになるでしょう。

　不安を持つ子どものきょうだいは，自分も不安のレベルが高くなる傾向があるかどうかにかかわらず，さまざまな方法で「巻き込まれ」へと引き込まれることが多いです。場合によっては，きょうだいが進んで行う「巻き込まれ」もあり，不安を持つ子どもに「巻き込まれ」ていることに気づいていないのだろうということもあります。たとえば，次のようなことです。

> 　クロエは 8 歳で，1 人でシャワーを浴びるのを怖がっていました。シャワーの時間になると，妹のメーガンに「お話が聞きたい？」と聞いていたそうです。ミーガンはクロエのお話が大好きで，いつも浴槽の横の椅子に座ってクロエの話を聞いていました。

　クロエの不安は妹に影響を与えていましたが，妹はその行動を不安の表れとは思わず，その結果（姉からかまってもらえること）に満足しています。他のケースでは，「巻き込まれ」る側のきょうだいが，不安を持つきょうだいが怯えたり心配したりしていることに気づいていたとしても，それでもその子どもの気分を良くするため積極的に「巻き込まれ」たり，「巻き込まれ」るのを単に気にしていないこともあります。

　しかし，「巻き込まれ」が，きょうだいに苦痛を感じさせたり，時間の経過とともに怒りや恥ずかしさ，恨みを覚えさせたりする場合には，事態はより難しいものになります。たとえば，以下のような場合です。

- ・家族がいつも，社交的なイベントへの参加を見送らなければならない，とか
- ・映画を途中退席しなければならない，とか
- ・お客さんを家に呼べない，とか
- ・他のきょうだいの不安が原因で子どものスポーツ大会に親が参加でき

ない，とか

・「巻き込まれ」についての言い合いで，楽しいはずのことがいつも台
無しになってしまう，などです。

　不安な子どもがきょうだいの意思に反して強引に押しつける「巻き込ま
れ」は，特に問題となるものです。不安を持つ児童期や思春期の子どもは，
自分の不安が引き起されないようにするために，攻撃的な強制に訴えること
がよくあります。

　　　ジョスは12歳で，細菌による汚染をとても気にしていました。双子の姉の
　　リンディは，ジョスの恐怖に慣れていて，彼を怒らせるようなことはしない
　　ようにと，最善を尽くしていました。自分のものをジョスのもののそばに置
　　かないように気をつけ，手を洗ったかどうか，気分が悪くなったかどうかなど，
　　ジョスの質問に根気よく答えていました。しかし，食事の時間は非常に難し
　　いものになりました。ジョスは食卓で誰かがくしゃみや咳をすると怒り出し，
　　しばしば「犯人」に，細菌をばらまいて病気を伝染させるなと怒鳴りました。
　　リンディは家族での夕食の時，できるだけジョスから遠くに座ろうとしまし
　　たが，長い間，彼の怒りから逃れることはできませんでした。ジョスは毎週
　　新しいルールを考え出すようで，どんなに頑張ってもリンディはいつもジョ
　　スを怒らせてしまうようでした。ある日，彼女が夕食時にあくびをしている
　　のを見たジョスは，怒りを爆発させ，彼女の名前を呼び，その汚い細菌だら
　　けの口を他のみんなから遠ざけるように言いました。リンディはもうたくさ
　　んでした。彼女は怒りに任せて，彼に怒鳴り返しました。「疲れたからあくび
　　をしているのよ！　私はあんたに疲れてるの！　あんたとあんたのおかしな
　　ルールにね。あんた何様のつもり？　なんで私たちはあんたの言うこと聞か
　　なきゃなんないのよ？」。リンディは両親に向かっても叫びました。「どうし
　　て彼にこうも好き勝手させるの？　この家で重要なのは彼だけなの？」。

　この例の両親は，難しい，しかし珍しいものではないジレンマに直面して
います。両親は，ジョスが強迫症状から行動しており，単に不愉快であった
り支配的であったりするのではないことを認識していました。両親は，ジョ
スが自分自身（と両親）に対してさらに厳しい衛生ルールを課しており，強
迫観念から起こる問題の「第一犠牲者」であることを痛感していました。ま

た，彼の要求がリンディにとって不公平であり，この問題が引き起こしている争いが，家族の雰囲気に非常に悪い影響を与えていることも知っていました。

　この本では，主にあなた自身の「巻き込まれ」に焦点を当て，他の子どもたちによって提供される「巻き込まれ」については，あまり触れません。これには主に 2 つの理由があります。

1. すでに述べたように，本書は，あなたがもっともコントロールできる人，つまりあなた自身の行動を変えることを目的としています。不安を持つ子どもの気持ちや行動をコントロールしないため，子どもに不安になるのを止めさせたり，「巻き込まれ」を求めるのを止めさせたりする計画は立てられませんが，それと同じように，他の子どもの行動をコントロールすることに依存した計画を立てることはできません。仮にそのような計画を立てたとしても，子どもがそれに従うことを選択してくれる，首尾一貫してやってくれる，あるいはあなたの意図した通りにやってくれるという保証はありません。

2. 親が介入して，「巻き込まれ」ているきょうだいの行動を変えようとすると，その計画はしばしば裏目に出ます。2 人（またはそれ以上）の子どもの関係を改善しようとすると，彼らはもっと言い争いをするようになる可能性があります。あるいは，あなたの介入を快く思わず，「巻き込まれ」を維持するためにさらに結束を固めるかもしれません。きょうだい関係を恣意的に形成することは，良好な状況であっても難しいことであり，子どもの不安を減らすという点では，あなた自身の行動に焦点を当てたほうが，はるかに良い結果が得られる可能性が高いのです。

あなたは何もする必要がないのです！

　では，不安を持つきょうだいに甚大に「巻き込まれ」ているきょうだいに，親はどのようなメッセージを送ることができるでしょうか？　私は，子どもたちに，「巻き込まれ」る義務はないことを知らせることをおすすめします。

（明らかに不適切な場合を除き）「巻き込まれ」を禁じたり，「巻き込まれ」をしないという規則を強制するのではなく，単に他の子どもたちに，何が起こっているかをしっかり見ていることと，きょうだいに「巻き込まれ」ることはあなたの仕事ではないと知ってほしいと，伝えてください。あなたが子どもたちに「巻き込まれ」ない許可を与えた場合でも，子どもたちはその行動を続けることを選ぶかもしれません。しかし子どもたちはあなたのサポートがあることを知っており，欲求不満や怒りを感じることはないでしょう。もしあなたの子どもが，きょうだいが不安を持っていることを知っていて，助けようとして「巻き込まれ」ているようなら，親のあなたはそのことをはっきりと認め，思いやりがあり理解力があるとほめると良いでしょう。たとえその「巻き込まれ」が最終的に役に立たないものであったとしても，それは子どもによる注目すべき立派な努力なのです。あなたはおそらく，あなたのすべての子どもたちがお互いに，また他の人々に対して親切で思いやりのある人であってほしいと願っていることでしょう。ですので，「巻き込まれ」を継続することは期待されていないことを子どもに知らせつつ，子どもの思いやりを強調することは，意義深いことなのです。

　あなたが，不安を持つ子どもからの自分の「巻き込まれ」を減らす努力をすることで，他の子どもたちもあなたの変化を見ることができます。そしてそのことが彼ら自身の「巻き込まれ」に変化を加える助けになります。他の子どもたちは，あなたが不安を持つ子どもを助ける方法は，子どもが「巻き込まれ」なしでうまく対処できるようにすることであると理解することでしょう。そうなれば，同じようにすることを選ぶことでしょう。

　もし，不安を持つ子どもが，強引に「巻き込まれ」をきょうだいに強要しているのであれば，それが過度のせがみ，攻撃的な言動，または身体的な暴力によって起こっているかどうかにかかわらず，不適切な強要を防ぐために行動を起こすのが賢明です。それを行った上で，不安のない子どもたちに，彼らが「巻き込まれ」を期待されたり求められていないことを伝え，その後はあなた自身の行動に焦点を当て続けることです。本書の残りの部分を読み進めることで子どもの不安を減らすことができれば，子どもがきょうだいへの「巻き込まれ」を求めることも，問題にならない程度にまで減ることでしょう。

この章で学んだこと

- ・家族の「巻き込まれ」とは？
- ・「巻き込まれ」ているかどうかの見分け方
- ・どうして親が「巻き込まれ」るのか
- ・良い「巻き込まれ」と悪い「巻き込まれ」
- ・「巻き込まれ」ないことが難しいのはなぜか
- ・きょうだいによる「巻き込まれ」

第**6**章

「巻き込まれ」マップを作る

　ここまでで，あなたは「巻き込まれ」の概念と，それが不安を持つ子どもたちにとって長期的にいかに役に立たないものかを理解しました。あなたは「巻き込まれ」が，子どもの不安を長期的に維持し，恐怖に直面する可能性を低めるものであると知りました。また，あなた自身が提供する「巻き込まれ」に，気づくのがうまくなったかもしれません。「巻き込まれ」は，子どもにとって有益でなく，あなたや他の家族に多大な負担をかける可能性があるため，「巻き込まれ」を減らすことは理にかなったことなのです。「巻き込まれ」を減らすことは，本書で紹介されている方法論の重要な部分です。しかし，家族の「巻き込まれ」を減らす段階に移る前に，行っておくべき重要なことが2つあります。

1. まず，現在あなたが提供している「巻き込まれ」を詳細に把握することが必要です。すでに多くのそれを把握している方でも，考えてもみなかったものがある可能性が高いです。この章では，あなたやあなたの家族が提供している「巻き込まれ」をできるだけ多く含む，詳細な「『巻き込まれ』マップ」の作成を支援します。このマップは，この本を読み進めていくにつれ，気がついた「巻き込まれ」を追加していくことで，更新していくことになります。

2. 「巻き込まれ」を減らすのを始める前にすべき2つ目のことは，子どもが不安になった時の代替対応策を用意しておくことです。「巻き込まれ」を減らすのは，かなり大変なことと思われます。しかしそ

の代わりに何をすればいいのか，きちんとした計画がなければ，もっと大変なことになります。家族の「巻き込まれ」に代わるものは「支援」で，第7章では，子どもの不安に対する支援的な対応とは何か，そして，どのようにして自分の子どもを支援することができるかを学びます。

　家族の「巻き込まれ」マップを詳細に作成し，「巻き込まれ」の代わりに使える支援的な対応を学べば，実際に「巻き込まれ」を減らす作業に取り組む準備が整います──そしておそらく，子どもの不安もすぐに解消されるはずです。

　なぜ，詳細な家族の「巻き込こまれ」マップを持つことがそんなに重要なのかと思われるかもしれません。すでにいくつかの「巻き込まれ」に気づいているのであれば，それらに焦点を当て，その他の「巻き込まれ」はもっと明らかになってから対処すれば良いのではないでしょうか？　これは良い疑問です。それに対する答えとしては，多くの親がさまざまな形のたくさんの「巻き込まれ」を提供しているため，最初にどれに焦点を当てるかの選択が重要であるから，ということです。これはあなたにとって重要な選択で，他の決定ごとと同様，決める際にできるだけ多くの情報を持っておくことが最良の決定を下すためのコツです。一部の「巻き込まれ」は他のものよりも，焦点を当てるべきものなのです。ですので第8章では，どの「巻き込まれ」を最初に減らすか選択するためのヒントを学びます。しかし，今まであなたが作ってきたさまざまな「巻き込まれ」について，できるだけ多くを知っていれば，もっとも多くの選択肢から選ぶことができ，最初に減らすべき最適な「巻き込まれ」を選択できる可能性が高くなります。

「巻き込まれ」マップの作成

　先に進む前に，本書巻末の付録Aにあるワークシート4（「巻き込まれ」リスト）を見てください。このワークシートには，あなたがすでに認識している「巻き込まれ」を書き込む欄があります。数分かけて自分の日常生活を

振り返り，思いつく限りたくさんの「巻き込まれ」を，書き出してみてください。もし，あることが「巻き込まれ」にあたるかどうかわからない場合は，次のような質問を自分に投げかけてみてください。

- これは，子どもの不安が原因で行うことでしょうか？
- 私がこれをやらないと，子どもはもっと不安になるでしょうか？
- 私はこれを，他のきょうだいにも同じようにするでしょうか，あるいは他人の子どもにも同じようにするでしょうか？
- 私は，「こうするほか選択肢はない」かのように感じているでしょうか？
- この年代の子どもには，ほとんどの親が自分の子どもにこれをするでしょうか？
- 私はそれをやめようとしたことがあるでしょうか？

　もし，その行動が子どもの不安のためにしていることで，それをしないと子どもがもっと不安になるのであれば，それは「巻き込まれ」である可能性が高いです。同様に，あなたがそれをやるほかに選択肢はないかのように感じていたり，過去にそれをやめようとしたが，子どもが不安だからと続けていたりする場合は，おそらくそれは「巻き込まれ」でしょう。一方，他のあまり不安のない子どもにも同じことをしている場合や，この年齢の子どもにはほとんどの人がしていることであれば，「巻き込まれ」ではないかもしれません。しかし，それでもよくわからない場合は，とにかく深く考え過ぎず，書いてみることです。最初に焦点を当てるものにはならないかもしれませんが，他の「巻き込まれ」と一緒に書き出しておいても損はないでしょう。

　もっとも簡単に思いつく「巻き込まれ」を書き出したら，次は，他にどのような「巻き込まれ」を提供しているかを考え始めましょう。これを行うには，本書の巻末の付録Aにあるワークシート５（「巻き込まれ」マップ）を使用します。ワークシート５は，朝起きてから夜寝る前にする最後のことまで，丸１日を通して考えるのに役立ちます。最近の日々を振り返りながら，１日の各パートを考えてみてください。子どもの不安のために，ある日ある時に何か違うことをしていないか，自分に問いかけてみてください。どんな

ことでも「巻き込まれ」かもしれないと思うことがあれば，書き出してみましょう。このワークシートには，家族の他の誰かが提供している「巻き込まれ」を含ませることもできます。あなたのパートナー，きょうだいの誰か，あるいは親戚，先生，コーチ，子どもの友達など，子どもの生活の中にいるその他の人たちが考えられます。親族，友人，きょうだいが「巻き込まれ」を提供していることは珍しいことではありませんから，誰が提供しているかにかかわらず，できる限り多くの「巻き込まれ」を書き留めておくことをお勧めします。表6.1は，9歳のレジーについて両親がまとめた「巻き込まれ」マップの例です。

1日を過ごす中で，よく起こるさまざまな状況を想像してみてください。たとえば，朝のことを考えてみましょう。子どもが学校に行くまでの間，家の中のどこにいるでしょうか？　キッチンにいますか？　それとも，子どもの寝室にいることが多いでしょうか？　あるいは，仕事に出かけていて，家にいないかもしれません。それぞれの時間帯に何をしているのか，自分に問いかけてみてください。子どもと向かい合っていますか？　何か宿題などを手伝ったりしていませんか？　電話をかけていませんか，それとも仕事に追われていますか？　そして，もしあなたの子どもに不安の問題がなかったら，どのようなことが違っていただろうかと考えてみてください。あなたは何か違うことをしているでしょうか？　あなたはまったく別の場所にいるでしょうか？　あなたは，あなたの子どもでなく，自分の目標や作業に集中することができているでしょうか？　子どもの不安のため，普通と違って行うすべてのことは，「巻き込まれ」である可能性が大です。ワークシート5が可能な限り完全なリストになるように，ワークシート4にすでに記した「巻き込まれ」を必ず含めてください。

「巻き込まれ」は，子どもの不安のためにあなたが能動的に行っていることでなくても良いことを，覚えておいてください。多くの場合，私たちは，本来なら行っていることを，行わないことによって「巻き込まれ」ているのです。もし，子どもの不安のためにあなたが何かを行わないのであれば，その「巻き込まれ」も書き留めておきましょう。たとえば，子どもにストレスや不安を与えるため，子どもが家にいる時にパートナーと金銭的な話をしないようにしている場合は，それを「巻き込まれ」として書き出しておきまし

時間帯	何が起こるか？　誰が関与しているか？	頻度
朝（起床、身じたく、朝食、登校）	例：母親が朝食に「特別な」料理を出す	例：1日1回
	両親はレジーと一緒に2階に上がり、彼女が服を選んだり着替えたりしている間、一緒にいる。	毎日
	母親はレジーを学校まで送り、ソーシャルワーカーがレジーを教室まで送るのを待つ。	毎日
午後（昼食、学校へのお迎え、宿題、放課後の活動、社会的活動）	両親はお迎えの心配についての質問に答える。	毎日
	母親がレジーを迎えに行く。迎えの車の列の1番に並ぶようにする。	週2回
	母親はサッカーの練習中、常にレジーの視界に入るところにいる。	
夕方（夕食、家族の時間、就寝前）	母親はいつもレジーに自分がどの部屋にいるかを知らせる。	1日何度も
	両親はキャスを寝かしつけるため2階に上がる前に、レジーが遊び終わるのを待つ。	毎晩
就寝時（寝る準備、お風呂、就寝）	レジーがシャワーを浴びている間、母親か父親がバスルームにいる必要がある（キャスが一緒に行くこともある）	毎晩
	レジーが眠るまで、母親か父親はベッドに添い寝する。	毎晩
夜間	レジーが起きて自分たちのベッドに来たら、父親がレジーのベッドで寝る。	週2～3回
	母親と父親は寝室のドアを一晩中開けておく	毎晩
週末	母親と父親のどちらかが常にレジーと一緒にいるようにする（夫婦で一緒に出掛けない、またはベビーシッターに預けない）	毎週末（丸一日）

表6.1　「巻き込まれ」マップの例——レジー、9歳の場合

ょう。

　大切なのは，あなたが「巻き込まれ」を提供するのに，子どもが不安である必要はないことを，理解することです。多くの「巻き込まれ」は，予防的なものです——つまり，そうしないと子どもが不安になってしまうであろうから，親は「巻き込まれ」を提供することに慣れてしまっているのです。子どもが実際に不安になるまで「巻き込まれ」の提供を待つ必要はなく，「巻き込まれ」を行っておくことで不安を事前に防ぐことができるのです。もちろん，これらの「巻き込まれ」で実際に不安が防げるわけではなく，子どもは全般的に不安なままである可能性が高いのですが。子どもの不安のためにあなたがしていることをすべて，書きとめてください。その際，子どもがその瞬間に不安を感じているかどうかは関係ありません。子どもがあなたの「巻き込まれ」を求めていない場合でも，そうしなければ子どもが不安になることがわかっているから行うことならば，「巻き込まれ」としてカウントします。

　そして最後に，「巻き込まれ」は普通のことであり，不安を抱える子どもの親はみなさん，「巻き込まれ」を提供している可能性が高いということを忘れないでください。あなたは「巻き込まれ」を，罪のように「告白」しなければならないわけではありません。「巻き込まれ」は，子どもを助け，子どもとご家族が１日をなんとか乗り切るためにあなたが見つけたツールなのです。あなたがそれらを書き留めるのは，焦点を絞り，できるだけ多くの情報を得るためであり，「巻き込まれ」が「悪い」ことだからではありません。これは，他の誰かが提供している「巻き込まれ」にも当てはまります。あなたの仕事は，彼らが「巻き込まれ」るのを「捕まえる」ことではありませんし，彼らが「巻き込まれ」ることは「罪」ではありません。あなたは，子どもが不安を感じないようにするために役立つデータを集めているだけなのです。

　朝から晩まで，あなたの１日を通して確認してみたら，もう一度挑戦しましょう。今度は，仕事と学校のある典型的なウィークデーではなく，週末について考えてみてください。週末の１日は，学校のある日の１日と異なります。週末は，子どもと過ごす時間が増えるかもしれません（減るかもしれません）。子どもと一緒にすることも違うでしょう。週末には違う場所に行っ

たり，違う人と一緒にいたりするかもしれません。週末の日についても，普段の日と同じように，できるだけ多くの「巻き込まれ」を書き留めてください。

　「巻き込まれ」マップを完成させるための次のステップ（もうすぐ完成です！）は，ワークシートに記入したそれぞれの「巻き込まれ」を確認し，それがどの程度の頻度で発生するかを書き出すことです。ある種の「巻き込まれ」は非常に頻繁に起こり，1日に何度も起こることもあります。たとえば，子どもが1日に何度もあなたに心配事のメールを送ってきて，あなたが安心させるようなメッセージを返した場合，それは非常に頻繁な「巻き込まれ」であると言えるでしょう。一方，子どもがそれほど頻繁に不安になるわけではないため，あるいはめったに起こらない状況によるものであるため，それほど頻繁に起こるわけではない「巻き込まれ」もあります。たとえば，子どもが体操教室で1人でいるのを怖がっていて，その子があなたを見つけられるようにあなたがまわりでぶらぶらしている場合，この「巻き込まれ」はその教室の開催と同じ頻度でしか起きません。それぞれの「巻き込まれ」について，それが1日に何度も起こるのか，1日に1度なのか，週や月に何回あるのかを記録してください。このデータも，第8章で説明する，次のステップの焦点の選択と，どの「巻き込まれ」を最初に減らすかを決めるのに非常に役に立つことになります。

「巻き込まれ」のモニタリング──記録をつける

　「巻き込まれ」マップができたことで，今後数日間から数週間にわたって，あなたが提供し続けている「巻き込まれ」を記録することが，より簡単になります。毎日，どの「巻き込まれ」を何回提供したかを記録し，「巻き込まれ」の実行記録を残すようにしましょう。リストに入っていなかった追加の「巻き込まれ」があることに気がついたら，「巻き込まれ」マップに追加してこれらも同様にモニターし続けましょう。「巻き込まれ」マップ（ワークシート5）の用紙をコピーするか，電子的にコピーをとっておき，毎日記録を更新してください。

あなたはまだ，積極的に「巻き込まれ」を減らしているわけではないので——その時はいずれまもなく来るのですが——特別な変更は必要なく，ただ記録を残すようにしましょう。積極的に「巻き込まれ」を減らすようになれば，記録は，減らすことを選択した「巻き込まれ」にさらに具体的な焦点を当てるとともに，「巻き込まれ」全体の変化を追跡するためにも，便利なものとなることでしょう。

この章で学んだこと

　・「巻き込まれ」マップを作り始めること
　・あなたの「巻き込まれ」をモニタリングすること

第7章

どうすれば支援的になれるでしょうか？

あなたは不安と「巻き込まれ」について学び，子どもに提供している「巻き込まれ」について，時間をかけてマップを作成してきました。これで，家族の「巻き込まれ」を減らして，子どもの不安を大幅に減らすのを助ける作業を始める準備が整いました。家族の「巻き込まれ」を減らすことは，親であるあなたにとっても大変な仕事ですが，「巻き込まれ」に多くを依存するようになり，それを当然のことだと思っているであろうあなたの子どもにとっても，大変なことです。まるで，あなたと子どもの間に，あなたが「巻き込まれ」を提供することでその子を助けるという暗黙の了解があるかのようで，その了解を変えることは，子どもにとって非常に難しいことなのです。また子どもは，「巻き込まれ」が，自分が大丈夫だと感じ，不安に対処し，困難な1日を乗り切るための唯一の方法だと信じるようになっているかもしれません。これは事実ではなく，あなたとあなたの子どものどちらも，子どもは実際には思っているよりもずっと不安に対処する能力があることをすぐに気づくことになります。しかし，子どもが，あなたの「巻き込まれ」を通してでしか不安に対処できないと思い続けている限り，どんな変化も子どもにとっては難しい課題となります。そのため，「巻き込まれ」を減らすだけでなく，**支援を増やす**ことがとても重要です。

支援とは，「巻き込まれ」の削減という課題に子どもが対処するのを，あなたが助けるための方法です。また，支援は，子どもが不安な時に「巻き込まれ」と別の対応方法を，あなたに提供します。「巻き込まれ」の代わりに何をするかという計画がなければ，「巻き込まれ」をしないことはほとんど

不可能です。結局，あなたは何かをしなければならないと思うかもしれません し，計画がなければ，あなたはおそらくいつもの「巻き込まれ」をしている ことに気づくことになるでしょう。子どもの不安にどう対応するか，あらか じめ計画を立てておくと，咄嗟にその場の即興で対応する必要がなくなり ます。子どもの不安が強い時は，あなたは子どもを助けるためストレスにさ らされます。子どもの不安感が非常に顕著であったり劇的であったりすると， そのストレスは非常に大きなものとなります。しかし，あなたは即興で対応 する必要はありません。なぜなら，あなたにはどう対応するかについての計 画があるからです。その計画とは，支援によって対応することなのです。

支援とは，あなたの子どもが本当に怖がっていることを 受け入れ（受容），同時に子どもが対処できることを 知っている（自信）ことです

　不安を抱えた子どもに対応する時，支援とは，「受容」と「自信」の２つ を示すことです。それは，たった２つの材料しかないとてもシンプルなレシ ピのようなものですが，その結果が支援的になるためには，両方の材料が必 要なのです。図7.1がその公式です。

　とてもシンプルなレシピですね。子どもの不安に対して，あなたが子ども が本当に不安であるのを理解していること，子どもが不安であることを責め ないこと（受容），子どもが本当に不安に対処することができるとあなたが 確信していること，子どもが不安を感じていても大丈夫だとあなたが知って いること（自信）を，子どもに伝える形で対応すると，あなたは**支援的**にな れます。卵とベーコンの両方がないとベーコンエッグが作れないように，受 容と自信の両方がないと支援的にはなれないのです。

　第４章で紹介した罠と落とし穴について考えてみましょう。子どもが不安 がっている時，要求と保護のどちらかの習慣に陥りやすいことを思い出して ください。支援はまさにその正反対のものです。

　・**支援は要求ではありません**：もしあなたが子どもに要求的な対応──
　　不安にならないよう求めたり，あるいは不安でないかのように振る舞

図7.1 支援のためのレシピ.

うことを求めたり──をしていたら，それは支援的ではありません。
なぜなら，受容という要素が欠けているからです。あなたが受容して
いるということは，あなたの子どもが本当に不安であること，あなた
が何か言っても子どもが違うように感じられないこと，そして不安の
ためにあることが子どもにとって本当に難しいものであることを，認
めているということなのです。

・**支援は保護ではありません**：一方，もしあなたが子どもを不安から守
るような対応をしているとしたら，それも支援的とは言えません。こ
こに欠けている要素は，自信です。保護は，あなたが子どもは不安に
対処できると思っておらず，不安から守ってあげる必要があることを
暗に示すものです。

　あなたが受容と自信を統合した時。その時こそ，あなたが支援的になって
いる時です。

　支援的になるということは，子どもが突然不安を感じなくなることを意味
しません。支援は，不安を消すことができる魔法のトリックではありません。
また，受容について，子どもを騙すことはできません。もし，あなたが何か
支援的なことを言って，それで子どもが不安にならないよう期待するならば，
それは本当の意味での受容ではないですよね？　行動は常に言葉より多くを
語るものです。もし，あなたが何か受容的なことを言ったとしても，あなた
が彼の不安を本当に受け入れていないことを子どもに示すような行動をとっ
たら，あなたの子どもはおそらく支援されていると感じないでしょう。そし

て，それは自信についても同じです。これもまた，言葉よりも行動がものを
言うのです。もしあなたが，あなたの子どもが不安に対処できると信じてい
ると言ったとしても，あなたの行動がそれを信じていないことを示していた
ら（たとえば，支援的な宣言のすぐあとに「巻き込まれ」をしてしまったら），
子どもは結局あなたが子どもに対し自信を持っているとは思わないでしょう。

　　　メラニーとブロディは，小学6年生になる11歳の娘ダヤナに不満を持っ
　　ていました。学校に通い始めた年から，ダヤナはスクールバスで学校に通う
　　ことに支障をきたすようになっていました。彼女は親友の隣に座れないので
　　はないかと心配し，他の子にからかわれたりいじめられたりしないか不安に
　　なり，バスに乗ったことで動揺してその日の学校生活が台無しになるのでは
　　ないかと恐れていました。メラニーもブロディも，何度もバスに乗ることを
　　彼女に説得しました。彼らは彼女に，毎日彼女を自家用車で学校に乗せて行
　　くのは非常に大変で，仕事にも遅刻してしまうと言いました。彼らは，彼女
　　の友達はみんなバスで通っていて，なにも問題がないよと，彼女に伝えまし
　　た。彼らが，バスでいじめられたことがあるのかどうかを聞くと，彼女は「な
　　い」と答えました。しかし，それは問題ではないようです。両親が何を言っ
　　ても無駄なようで，毎朝同じ光景が繰り返されました。メラニーとブロディ
　　は，娘がバスに乗ることを前提に1日を始めます。朝食中に両親のどちらか
　　が，その話題がまったく自然かつ現在進行形の問題ではないかのような気楽
　　な口調を注意深く装って，スクールバスが迎えに来ることについて何かを言
　　います。するとダヤナはすぐに食べるのをやめ，怒っているか不満気な口調で，
　　「バスに乗れないのは知ってるでしょ」と言うのです。両親はしばらく何も知
　　らないふりをして，「どうして？」「何が問題なの？」と聞いてみますが，ダ
　　ヤナはますます動揺を強めます。それから両親は再び彼女にバスで行くよう
　　に話しかけます。彼女がバスで行けるように感じさせるために，または彼女
　　がバスで行かなければならないことを明確にするために，言えることは何で
　　も言いました。それでもダヤナはバス停に向けて家を出るのを拒否し，結局，
　　両親のどちらかが彼女を学校に車で送って行き，翌日も同じシーンを繰り返
　　すだけでした。1カ月以上もすると，両親とも学校のある日の朝が嫌になり，
　　朝食の時の光景を恐れながら起床するようになりました。

　メラニーとブロディは，娘が恐怖を克服できるように，懸命に努力してい
ました。彼らはすべて正しいことを言っているようでしたが，それは何の助

けにもなっていないようです。両親のダヤナへの対応と，彼らが支援的であったかどうかを考えてみてください。あなたはどう思いますか？　受容と自信というシンプルなレシピを思い出してください。ダヤナの両親は彼女の恐怖について受容を示していたと思いますか？　最初は，両親は受け入れているように見えるかもしれません。両親は彼女に対して意地悪なことも厳しいことも言いませんでしたし，彼女の恐怖心をからかったり馬鹿にしたりもしませんでした。しかし，彼らの言葉をよく読んでみると，ダヤナは十分に受容されているとは感じなかったようです。両親が，友達はみんなバスに乗れることができると言った時の彼らの目的は，おそらく彼女に同じことができると感じさせること，あるいはバスに乗った結果，友達になにも悪いことが起きていないと示すことだったのでしょう。しかし，友達はだれもバスに乗ることに問題をかかえていないと言うことは，実際は，ダヤナもそんな問題を持つべきではないという意味を言い換えているだけなのです。

　ダヤナは，友達がバスに乗っていることをすでに知っていて，友達が持っていない問題を抱えていることを，おそらく悪いことだと感じていたことでしょう。不安の問題を抱えた子どもを，同じ問題を抱えていない子どもと比較しても，子どもの気持ちを楽にするのに役立つとは考えられません。足首をねんざした子どもに，「友達はみんな問題なく走っているよ，あなたもできるでしょ？」と言えますか？　もちろん，言えないでしょう。ばかげたことです。問題を抱えた子どもと，そうでない子どもとが同じであるよう求めるのは，意味のないことです。子どもは通常，この種の比較にかなり敏感で，それを支援的であると感じることはまずありません。特に，自分の兄弟と比較されることに敏感です。もしあなたが，不安を抱えている子どもに，「お兄ちゃんは，あなたの年頃にはこうしていたよ」とか「どうしてお姉ちゃんみたいにできないの？」と言ったとしたら，それは子どもを励まそうとしているのかもしれませんが，支援的な言葉をかけているわけではありません。

　ブロディとメラニーは，もうひとつ，よくあることですが，娘の不安を受け入れないということをしています。彼らは，ウィークデーは毎日，ダヤナが問題なくバスに乗れることを期待しているかのように振る舞うことから始めました。両親は不誠実な態度をとったり，ダヤナに問題があることを否定しようとしたわけではありません。彼らの，ダヤナがバスに乗るだろうとい

う見せかけの期待は，ダヤナにはそれができると彼らが考えていることを示すためのものであり，今朝はこれまでと違う方向に進むかもしれないという，わずかながらの希望を示すためのものでした。ダヤナが行かないと決めつけると，たとえ不安がなくなっても，また行く習慣を身につけるのが難しくなると心配したのかもしれません。これにはある程度の意味があります。なぜなら，子どもは自分が変わりたいことを認められないまま，途方に暮れてしまうことがあるからです。メラニーとブロディは，ダヤナがバスに乗らない理由がないかのように振る舞うことで，ダヤナに，大騒ぎしなくてもバスに乗れる機会という逃げ道を与えているのだと考えたのかもしれません。

しかし，実際には，それはダヤナにとって大きな問題であり，両親がバス通学に困難な理由がないかのように振る舞うことは，おそらく偽りであり，受け入れがたいことと感じられたことでしょう。何週間もバスに乗っていないことを両親が気づいていることをダヤナは知っていて，その問題を否定することで，両親がスクールバスに乗るのは大変なことだという考えを否定しているように感じたのかもしれません。このような否定は，おそらくダヤナをかなり嫌な気持ちにさせたと思います。

自信についてはどうでしょう？　メラニーとブロディはダヤナに，支援のもうひとつの要素である自信を示していたでしょうか？　両親はダヤナに，バスに乗れると信じていることを示そうと努力しました。何度もそう言いましたし，友達はバスに乗っているという発言は，娘もできると考えていることを示すためのものでした。しかし，行動は言葉よりも大きいものだということを覚えておいてください。毎朝，どちらかの親がダヤナを学校まで送るはめになっていたのです。両親は，ダヤナを学校まで送ることで，ダヤナがバスに乗れると信じているというメッセージを弱めていたのです。車で送ることに同意することは，少なくともその日だけは，その子が結局学校に行けないということを，本質的に認めていることになるのです。「私たちはあなたがきっとできるとわかってますよ」というメッセージは，その後に「巻き込まれ」が続いてしまうと，「私たちは，あなたはできるべきだと思っています（でも，できないだろうとも悟っています）」に変わってしまうのです。

もちろん，メラニーとブロディも「仕方がない」と思っていたことでしょう。ダヤナはどうにかして学校に行く必要がありました。そして彼らが彼女

をバスに乗せることができなかったことを考えると，彼らはおそらく彼女を自分たちで連れて行くことが唯一の選択肢であると感じたのです。仮にそのこと——選択肢がひとつしかなかったこと——が真実であったとしても，それは依然として自信という支援の要素を損なうことになります。また，実際，それは全然真実ではなかったのかもしれません。結局，両親は毎朝，ダヤナを学校まで連れて行くことになったので，彼らはダヤナが実際に何ならできたのかを知る機会がなかったのです。もし，両親が連れていかなかったら，ダヤナは結局，自分がバスに乗るしかないのだと感じたことでしょう。あるいは，彼女が学校を丸1日欠席するか，遅刻するか，他の誰かに助けを求めるなどして学校に行くための別の手段を見つけるかした可能性もあります。もし，彼女が学校を欠席したとしたら，両親が連れて行ってくれないことで，バスに乗る力をみつけたかもしれません。いろいろな可能性がありますが，結局，親が毎朝連れて行ってしまうかぎり，何も起こらないことになります。

みなさんももうすぐ，「巻き込まれ」を減らす計画を立て，同じような試練に直面することでしょう。どの時点で譲歩して「巻き込まれ」を提供するかを決定し，起こりうる結果（たとえば，子どもが学校に行くことを拒否する）を検討し，それらの結果に対処する詳細な計画を立てることは，ストレスは最小限，効果は最大限の形で「巻き込まれ」の削減を実施することに役立ちます。第9章では，最善の計画を立てるための便利なツールを紹介し，第12章と第13章では，計画を進める上で起こりうる困難な状況に対処するための戦略を学びます。しかし，その間も，支援的であるための練習を続けてください。

なぜ支援が重要なのでしょうか？

計画を立てることは，子どもが不安な時に即興で対応する必要がないことを意味します。また，計画があることで，「巻き込まれ」を減らし始めた時に，別の対応を取ることができます。子どもの不安に「巻き込まれ」ではない方法で対応する計画を作れば，これらの両方が可能になります。それでは，

なぜあなたの計画が，支援によって対応されることが，それほどまでに重要なのでしょうか。

　支援は，不安の強い子どもにとって，特に有効なメッセージです。それは，不安を抱えた子どもを助けることができるもっとも重要な２つのこと（受容と自信）を組み合わせたものです。不安を抱える子どもたちの多くは，同じレベルの不安を経験していない，あるいは同じことについて不安を感じていない，親を含む他の人たちから誤解されていると感じています。誤解されていると感じることは，とても孤独なことです。同じように重要なことですが，もしあなたが自分の困難を理解してくれているという実感がなければ，子どもはおそらく，あなたがしようとするどんなアドバイスや助けに対しても懐疑的になることでしょう。結局のところ，問題を理解していない，あるいは受け入れていない人から，どうして助けを得ることができるでしょうか？あなたが子どもに受容の姿勢を示す時，あなたは子どもに，不安が子どもにとってどれほどつらいものであるかを理解していることを伝えているのです。そうすることで，子どもは，支援的なメッセージの２つ目の部分である，自信というメッセージに耳を開く可能性が高くなります。

　不安の強い子どもたちは，自分が経験する圧倒的な不安に直面すると，無力で無防備であると感じることがよくあります。彼らはおそらく不安に対処する方法は，回避と「巻き込まれ」に依存することだと学習しており，それ以外の方法で対処できるとは信じていないことでしょう。あなたがあなたの子どもに「自信」を示す時，あなたは子どもが，無力ではなく，弱くもなく，または無防備でもないということを示しているのです。あなたは子どもに，あなたは強いのだと伝えているのです！　子どもはすぐにはそれを信じないかもしれませんが，あなたが，子どもがどれほど不安を抱えているかを知っていながらも，一貫して子どもを，強く，有能な存在として見ていることがわかれば，信じ始めます。時間が経つにつれて，あなたの子どもは自分のことを以前より強くなったと思うようになり，そしてそう感じ始めたら，不安はすでに解消されつつあるのです！

　不安に対処できないという思い込みこそが，不安の問題や障害についての最大のパートといえます。あなたは，子どもの問題のほとんどは，不安が大きすぎることだと思っているかもしれません。それはある意味ではその通り

です。しかし，もうひとつの非常に重要かつ現実的な意味において，あなたの子どもの問題は，実は，子どもが**どの程度の不安を持っているか**ではなく，**どの程度不安を感じてもかまわないと思っているか**なのです。同じような不安のレベルを持つ２人の子どもが，必ずしも同じレベルの不安の問題を持つとは限りません。なぜでしょうか？　なぜなら，そのうちの１人の子どもは，そのほかの子より，不安を感じてもかまわないと思っているからです。

　これは微妙かつ重要なポイントです。私たちが，必ずしも不安のためではなく避けようとしがちな他のものについて考えてみると，簡単に説明できそうです。誰もが身体的な不快感をできるだけ避けたいと思うものです。不快感や痛みを好む人はほとんどいませんが，痛みに対する考え方は人それぞれです。痛みを，何としても避けなければならない恐ろしいものとして扱う人もいれば，時には経験するものとして受け入れ，それがあまりひどくなく，長く続かないように望むだけの人もいます。

　これは，他の種類の不快感についても同じことが言えます。ほとんどの子どもは（大人も），吐くことを嫌がります。嘔吐は不快で，痛みを伴うこともあり，ほとんどの人ができれば避けたいと思うものです。しかし，子どもが絶対に吐かないと決心するか，ただ吐くことを好まなくなるかを決めるのは，吐くことの辛さの度合いではありません。それは，実際の客観的な不快感のレベルよりも，その不快感に対する本人の**態度**に関わることなのです。２人の子どもが共に気分が悪くなり，吐いたとします。その経験が両方とも同じものであると想像してください。同じレベルの不快感があり，同じ時間続き，最後には口の中に同じ嫌な味が残ります。さて，２人とも同じように，二度と吐かないと決心するでしょうか？　そうとは限りません。１人の子ども，ロージーは，「あれはひどかった。もう二度と，絶対にあんな思いはしたくない！」と思うかもしれません。もう１人の子，ハンナは，ただ「まずい！」と思うかもしれません。あるいは，「まずいけど，少しは気分が良くなったわ」と思うかもしれません。この２人の子どもは，将来，違った行動をとるようになるでしょう。二度と吐かないと決心したロージーは，特定の「安全な」食べ物しか食べない，病気になった人には近づかない，非常にゆっくり食べるなど，二度と吐かないための特別な予防策を取り始める可能性があります。ただ「まずい！」と思っただけのハンナは，おそらくそこまで

はしないでしょう。実際に吐いた経験は2人とも同じなのに，なぜ違う行動をとるのでしょうか。それは，2人が吐くことについて抱いている思考のせいです。

　不安，恐怖，心配，ストレスについてもそれと同じです。子どもの不安が，その後の人生の問題になるかどうかを判断する上でもっとも重要なのは，必ずしも不安の度合いではないことがおわかりいただけたでしょうか？　もし子どもが不安の問題を抱えているのなら，子どもはあるレベルでは，不安を感じないように一生懸命になっている可能性があります。これはまったく自然なことです。実際，不安にさせるものから遠ざけることこそが，私たちがそもそも不安というシステムを持っている理由なのです。しかし，不安を経験しないように子どもが決意すると，子どもは特別な予防策を講じ始め，実際には危険でないものから遠ざかり，日常的な機能を阻害する形をとってまで普通の状況を避けはじめる可能性があるのです。

　不安を感じないようにしようと決意する子どもがいるのは，その子どもが自分の不安について持っている信念と大いに関係があります。子どもはそのような信念を意識していないかもしれません。しかし信念は必ず子どもの中にあり，子どもがすでにそれに気づいている場合と同じように，重要なものです。もしあなたの子どもが，不安に対処するにあたって，自分は弱く，傷つきやすく，無力であるという信念を持っている場合，子どもは可能な限り不安を感じるのを避けたいと思うでしょう。同様に，あなたの子どもが，不安が引き起こされた後，それが自然に消えることはなく，回避または「巻き込まれ」によってのみなくなると信じている場合は，当然，子どもは不安になるのを避けるために全力を尽くすことになります。そして，もし不安になってしまったら，自分が楽になるようにと一生懸命，あなたの「巻き込まれ」を求めるはずです。

　私たちは，不安が，回避や「巻き込まれ」によってのみ解消されるということが真実ではないと知っています。実際，不安は時間さえかければ，必ず自然に減少していくものです。しかし，もし子どもがこのことを信じず，自分が完全に不安に押しつぶされる，あるいは動けなくなると考えているなら，当然，不安になるようなものから必死に遠ざかろうとするでしょう。皮肉なことに，不安から遠ざかろうとすることは，実際に不安を感じるためのもっ

とも確実な方法なのです。なぜでしょうか？　あなたの子どもが不安を，自分には対処する力のない恐ろしい感情だと考えると，小さなことでさえ特大の意味を持つようになります。もしすべての不安が悪いものだとしたら，すべての瞬間が破滅的なものになる可能性があり，子どもは常に不安がやってくる兆候に気を配る必要があります。そうなれば子どもはずっと不安なままのはずです！

　不安に関する子どもの信念を直接変えることはできません。通常，教えたり説明したりすることは，子どもの信念を変えるほど強力ではありません。また，子どもは，自分が何を考え何を信じるべきかについて，あなたから聞くことに前向きにならない可能性があります。しかし，あなたには，不安に関する子どもの信念に，**間接的**に影響を与える力があります。これこそが，支援のうちの「自信」の要素が非常に重要である理由であり，また保護的な応答が子どもの不安を維持してしまう理由でもあります。あなたの子どもがあなたを見て，あなたが子どもは対処できると完全に自信を持っていることがわかれば，それは子どもと子どもの信念に影響を与えます。子どもが不安を感じることがあってもかまわないとあなたが思っていることを，子どもが理解すれば，子どもの不安を感じることへの恐れは減っていきます。子どもに自信がつけば，不安を感じないようにする必要性も小さくなります。そして，不安を感じることがあっても良いと思っている子どもは，不安の問題をまったく抱えていない状態に近づいているのです。

　親として——不安を持つ子の親としてだけでなく，一般的な親として——あなたは，子どもが自分自身を見るためにのぞき込む鏡となります。あなたが子どもに映し出すものが，子どもの自分に対する理解を形成することになります。子どもが楽しませようとする時，子どもはあなたを見て，自分が面白いかどうかを判断します。もしあなたが子どものジョークに笑い，子どもが面白いことを示せば，子どもはきっと自分は面白いことができるのだと信じることでしょう。逆に，あなたがいつも，子どもがユーモアで笑わせようとするのをしかめっ面で見ていたら，子どもは自分は面白くないということを学習してしまうでしょう。これは，子どもが自分の不安を理解するのと同じことです。もし子どもがあなたを見て，自分自身についての反射を，不安に対処できない弱い子どもであると受け取ったなら，子どもはおそらくそれ

が真実であると信じるようになります。しかしもしあなたが，言葉や，もっと重要なことですがあなたの行動を通して，あなたの子どもが多少の不安には対処できるほど強いと知っていることを示せば，子どもは代わりにそれを学ぶことができるのです。

　支援が「巻き込まれ」に代わる最良の代替手段であり，「巻き込まれ」を減らし始める前から支援的になることを実践しておくべき理由が，もうひとつあります。支援の実践をすることで，あなたが「巻き込まれ」に加えようとしている変更を，子どもが理解するための肯定的な枠組みが，子どもに提供されるのです。子どもが「巻き込まれ」に大きく依存している場合，親がそれを引っ込め始めると，子どもは混乱することがあります。あなたの子どもは，実際の理由とはまったく違う理由であなたが「巻き込まれ」を減らしているとさえ思い込んでしまうこともあります。たとえば，もし子どもが，「巻き込まれ」があなたにとって不便または不快なことだと知っていたら，「巻き込まれ」をやめるのは，あなたがうんざりしたから，あるいは，あなたがもう子どもを助けようとしないからだと思うかもしれません。これは，真実の完全に真逆です。あなたは，自分が子どもを助けるためにこそ，「巻き込まれ」を減らすのだとわかっているはずです。そして，あなたはそれが「巻き込まれ」にうんざりしたから（それは非常によくあることではありますが）だけではないことを知っています。実際，ごく短期的には，「巻き込まれ」を減らすことは，それを提供することと同じくらい大変な作業であることでしょう。あなたはこうしたことを知っていますが，あなたの子どもは知らないのです！　「巻き込まれ」の変更に先立って支援を増やすことで，あなたが行おうとしている変更を理解する方法について，子どもに提供していることになります。あなたが不安を理解し受け入れていることと，子どもの対処能力を信じていることを子どもに示せば，子どもは「巻き込まれ」の変化を，自分が良くなるための手段であると考えやすくなります。これは，子どもがその変化を簡単に受け入れるということではありません。しかし，あなたの行動変更が子どもに誤解される可能性を大幅に低くするものです。

あなたは支援的になれていますか？

　本書の巻末の付録Ａにあるワークシート６（あなたが言うこと）を使って，子どもが不安がっている時にあなたが言うことを書き出してみてください。私たちは，自分が言ったことを思い出すのがいつも上手なわけではありませんし，実際に言ったことが，自分の意図したことや計画したことと異なることもよくありますから，この作業を誰かに手伝ってもらうのも良いかもしれません。あなたはパートナー（配偶者またはそのような関係の相手）に助けを求め，子どもが不安を感じている時に，あなたがどんなことを言っているのか，聞いたことを率直に話してもらうと良いでしょう。また，あなたが子どもにどんな言葉をかけているのかについての，おそらくは一番の専門家である，あなたの子どもに聞いてみるのも良いでしょう！　ワークシート２（子育ての罠）に書いた文章を参照し，そのうちのいくつかを含めるのも良いでしょう。ワークシート６に，子どもの不安に対応するためにあなたが使うフレーズや宣言を書き出しましょう。そして，それぞれの宣言について，受容と自信の要素が含まれているかどうかを示してみてください。あなたが言うことがすべて，とても支援的なものでなくても心配しないでください。支援とその内容について学んだ後でさえも，常に支援的になれる親はいないのです。まずはそれぞれの要素を探してみて，そして，自分の発言の中に要素があるかどうかをメモしましょう。

　表 7.2 は，親が子どもに対して，あるいは子どもについてする宣言の例を，これらの宣言に受容と自信の要素が含まれているかどうかのチェックをつけて示したものです。最後の数行は空白なので，あなたがどう考えるかを決めることができるようになっています。あなたの宣言は，受容を，自信を示していますか？

「支援的」になる練習

　ワークシート６に書き出したことを見返してみてください。あなたが書いたフレーズをいくつか選び，

　　受容＋自信＝支援

のシンプルなレシピに従った，より支援的なものに変えてみましょう。

　もし，あなたの宣言が受容的であったとしても，子どもが不安に対処できるという自信を示すものでなかったなら，受容に加えて自信の宣言を加えてみてください。「あなたはきっとそれに対処できるよ」「あなたはきっと大丈夫ってわかってるわ」などのように，子どもが不安に耐える能力へのあなたの自信を表す言葉を，自分で考えて加えてみてください。

　あなたは，子どもがより良い対処をしたり，恐怖に立ち向かったり，難しいことをやったりするであろうということに，自信を示す必要はありません。結局のところ，子どもが実際に何をするかは，あなたがコントロールできるわけではないのですから。子どもは支援的な宣言を聞いても，なお，不安に

表7.2　不安を持つ子どもに親が言うこと——支援的になれているでしょうか？

宣　言	受　容	自　信
力を出してやり遂げるだけよ	×	○
私は今こんなことしている場合じゃないの	×	×
わかるよ，誰にとっても簡単じゃない	○	×
いい加減にしなさい！	×	×
大丈夫だよ！		○
あなたはいつも心配性だね	○	×
物事に対処することを学ばなければいけないよ	×	×
つべこべ言わないでほしいわ	×	×
あなたはどうしてお姉さんみたいにできないの	×	×
今は助けてやるが次は助けないよ		
人生はあなた中心に回らないんだよ，わかる？		
難しいけどあなたならできるわ		
怖がることは何もないわよ		
もう，いつになったら大人になるの？		
私もつらいけど何とかやってるの。あなたにもできるはずよ		

対処できないと感じるかもしれません。しかしこれは支援的な宣言が間違っているという意味ではありません！　ただ，子どもがまだ準備ができていない，あるいは，対処する力を見つけられていないということなのです。この本のワークに取り組んでいけば，きっと子どもの不安はすぐに減り，行動にも変化が見られるようになるはずです。それまでは，子どもが何をしているかではなく，あなたが何をしているかに焦点を当てることにしましょう。

　支援的な宣言は，あなたの子どもではなく，あなたについての宣言なのです。あなたが子どもに自信を示す時，あなたはただあなたが信じていることを述べているのであって，子どもが何をするかを述べているのではありません。そう思えば，自信を表明することが容易になるかもしれません。もしあなたが自信を，子どもがするであろうことについての自信だと考えているなら，そういった支援的な宣言は不誠実なものに感じられることでしょう。結局のところ，あなたは自分の子どもがやろうとしていることに実際どれだけの自信があるのでしょうか？　しかし，あなたがあなた自身に焦点を合わせ続け，あなたが子どもに不安に耐えられることを信じていると伝えているのだということを忘れていないなら，あなたの子どもが何をするかに関係なく，その宣言は完全に正直で正確なものと言えるのです。

　ワークシート6を再び参照して，あなたが言うことのほとんどが，子どもに対する自信を表現しているが，受容を表現していないことに気づいたら，メッセージに受容を意味する宣言を加えてみてください。自信の部分の前に，最初に受容の部分を言う方が簡単かもしれません。そうすれば，あなたが自信を示すのは，あなたが子どもの困難さを理解していないからではないことを，子どもは知ることができます。しかし，順番はあまり重要ではなく，あなたが一番良いと思う方法で言えば良いのです。どんな親や家族にも，それぞれ独自のコミュニケーションのスタイルがあり，物事を話すのに独自の内輪の「家庭内言語」があります。いろいろな言い方を試してみて，自分にとって一番良いと思う言い方を探してみてください。

　最初のうちは，支援的な宣言が，今まで言い慣れていた言葉よりも自然でないと感じても，心配しないでください。それはごく普通のことで，あなたが今行っていることが過去に行ったこととは違うという事実を反映しているのです。何かを変えると最初のうちはいつも自然な感じがしないものです。

しかしそれを続けると，すぐに支援的であることはあなたにとって第二の自然になるものです。

表7.3は，表7.2の宣言を使って，支援の一部が欠けている宣言を，受容と自信の両方を備えた支援的な宣言に変更する方法を例示したものです。

本書の巻末の付録Aにあるワークシート7（支援的な宣言）を使って，ワークシート6にあるあなたの宣言のいくつかを，より支援的なものに変えてみてください。そしてそれを何度か口にする練習をしてみましょう。これらの宣言がより身近なものに感じられるように，パートナーや友人とロールプレイ（現実に起こる場面を想定した役割で行う疑似体験練習）をしてみましょう。あなたが気に入って，あなたが子どもと出会う状況に適していると思われる宣言を，1つか2つ選んでください。次に子どもが不安を感じているのを見たら，それを言うようにします。最初は，宣言が完全に自然なものと感じられなくても大丈夫ですよ。

あなたの子どもは，新しい支援的な宣言に，驚きや違和感，さらには面白みさえ感じるかもしれません。子どもはあなたがなぜ今までと違う対応をするのか，不思議に思うかもしれません。それは自然な反応です。あなたはただ，子どもをできるだけ助けたいと思い，子どもの不安にどのように対応するか考え，取り組んでいるのだとだけ，伝えれば良いのです。

これからは，できるだけ頻繁に支援的な宣言を使うようにしてください。同じことを何度も繰り返すことになっても，心配しないでください！ 子どもにとっては，あなたが応援していることをできるだけ頻繁に聞くことが重要なのです。子どもが心配事の質問をしてきた時，安心感を求めている時，不安と闘っている時に，支援的な宣言を伝えるようにしましょう。最初のうちは，支援的な宣言を使うことを覚えておくのが大変に感じるかもしれません。伝えるべき状況が終わってから，支援的に対応しようと思っていたことに気づくこともあるでしょう。考え込まずに，次の機会にまた挑戦してください。やりとりの最中に，典型的な反応に戻ってしまっていることに気づいたら，ちょっと間を置いてこう言ってみましょう。「実はね，私が本当に言いたいのは……」。練習すれば，支援的な宣言を使うことがだんだん簡単になっていきます。そして，子どもの反応に驚くことになるでしょう。あなたはすでに，支援的な宣言が魔法のように作用するものではないことを知って

表7.3　宣言をより支援的にしよう

古い宣言	受容	自信	新しい宣言	受容	自信
力を出してやり遂げるだけだよ		○	大変だけど、あなたには乗り越えられる力があるよ！	○	○
わかるよ。誰にとっても簡単じゃない	○		大変なのはわかるけど、きっと乗り越えられるよ	○	○
大丈夫だよ！		○	今は本当に大変だろうけど、きっと大丈夫	○	○
あなたはいつも心配性だね	○		心配な気持ちがあるだろうけど、そう感じるのが当たり前だよ	○	○
物事に対処することを学ばなければいけないよ			不安で落ち着かないだろうけど、あなたならなんとかできるよ	○	○
今は助けてやるが次は助けないよ	○？		私の助けが必要だと感じているのはわかってますよ。でも、私はあなたを信じています	○	○

いますし，実際ほとんどの場合，そう作用することはないでしょう。しかし，あなたの子どもは，その支援がどれほど意味のあるものかをあなたに示す方法を見つけるかもしれません。あることを別の方法で行うだけで，そのやりとりが違う方向へと進む機会が生まれるのです。子どもとのいつものやりとりの脚本を変えることで，今度はあなたが，子どもに何か違うことをする機会を与えているのです。

もちろん最初のうちは，子どもは支援的な宣言に対してあまり良い反応を示さないかもしれません。最初のうちは，支援を拒否するような子どももいます。「いや，全然わかっていない」とか，「大変さがわかっているのに，どうして僕ができると思うんだ！」とか，「そんなこと言わないで！」とか，さらには「今の言い方は心理学者みたいだ，誰に教わったんだ」などと言われるのは，よくある話です。あなたは子どもに支援を受け入れさせようとする必要はありません。焦点は子どもでなく**あなたの行動**に当てるのです。そして支援的な宣言はあなたについてのことで，あなたの子どもについてのことではないことを，忘れないでください。子どもは，自分がどう反応しようと，支援の表現を聞くことで利益を得ることができるのです。

あなたは，子どもをほめたのに拒否されたことはありませんか？　子どもは，ほめ言葉や称賛に対して反発することがよくあります。もしかしたら，あなたが「よく頑張ったね！」と言ったら，子どもは「そんなことないよ！」と反応したことはありませんか？　あるいは，「今日はとても素敵に見えるよ」と言ったら，子どもが「そんなことないよ，ひどい顔だよ！」と言ったことはありませんか？　もしかしたら，あなた自身も，ほめ言葉に対して同じような反応をしたことがあるかもしれません。これは，ほめられるのが嫌だとか，子どもがありがたく受け取らなかったからほめるのをやめた方が良いということでしょうか？　もちろん，そんなことはありません。ほめられても押し黙り，なかなか受け入れない子どもでも，やはり自分についての肯定的な意見を聞くことを求めているものなのです。しかし，そのことで議論することには意味がありません。ほめても受け入れてもらえない場合は，無理に称賛に同意するよう強制しようとするよりも，「そうかい，私はそう思うんだけど」とでも言っておいた方がずっと良いのです。子どもが称賛を受け入れないからといって，あなたの考えを気にしていないわけではあ

りませんし，あなたの言葉を大切に思っていないわけでもありません。子ども
もの不安に対する支援についても同じことです。子どもが支援に対して否定
的な反応を示したとしても，それはその支援に価値がないとか，子どもが聞
こえていないとか，あなたの支援を大切にしていないとかいうことではあり
ません。支援的な姿勢を保ちましょう。そして，子どもには子どもが思う通
りの反応をさせるがままにしておきましょう。

　1 週間か 2 週間程度を使って，できるだけ多くの支援的な宣言を作って，
子どもに多くの支援を示してください。今の段階では，「巻き込まれ」を与
えるのを続けていても大丈夫です。ただし，必ず支援的な宣言を使用するよ
うにしてください。ですから，たとえば，子どもが寝る時にベッドに一緒に
行こうと言ってきて，それが今までそうしていたことであるなら，あなたは
まだ一緒に行ってあげても良いでしょう。「1 人でいるのが怖いと思ってい
るのはわかるよ。でも，怖くても対処できることも知ってるよ」と言ってあ
げれば良いのです。そうして，子どもがまだ一緒に来てほしいと言うなら，
そうしてあげましょう。1 週間か 2 週間，この支援的な宣言を使う練習をし
たら，次のステップである「巻き込まれ」を減らすことに焦点を当て始める
時期がやってきます。その最初のステップは，どの「巻き込まれ」から変え
ていくかを選択することです。次の章で，どの「巻き込まれ」を最初に減ら
すか決めましょう。

この章で学んだこと

　　不安を抱える子どもへの支援
　　支援＝受容＋自信
　　なぜ支援が重要なのか
　　あなたは支援的になれていますか？
　　子どもに支援的な宣言を作るための練習

第8章

どの「巻き込まれ」を
最初に減らすべきでしょうか？

　この章では，子どもの不安による家族の「巻き込まれ」を減らすプロセス
を始めるにあたり，焦点を当てるものとして，良い「巻き込まれ」ターゲッ
トを選ぶ方法を紹介します。ある親にとって，これは簡単な選択かもしれま
せん。「巻き込まれ」の数が多くないため，あるいは，あるひとつの選択肢
が明白なものとして際立っているためです。しかし，ほとんどのご両親は数
多くの「巻き込まれ」を認識していると思われます。その場合，選択は，簡
単なものにはならないでしょう。

　あなたの「巻き込まれ」マップ（付録Aのワークシート5）と，子どもの
不安への「巻き込まれ」方を書き込んだ記録を見てください。もう一度，リ
ストアップしていない「巻き込まれ」がないかを考え，もしあれば，それを
マップに追加してください。そして，この章の残りの部分を読み，あなたが
最初に挑戦するのに最適なターゲットであると思う「巻き込まれ」を選んで
ください。

なぜ「巻き込まれ」をひとつ，選ぶのでしょう？

　もし「巻き込まれ」が役に立たないもので，子どもの不安を維持させるも
のであるなら，なぜそのすべてを減らすようにしないのでしょうか？　なぜ
「巻き込まれ」を全部一度にやめてしまわないのでしょうか？　ひとつの
理由は，一度にすべての「巻き込まれ」をやめるのは不可能であるからで

す。「巻き込まれ」の数が多すぎて，仮にそのすべてをやめることができたとしても，そうすると子どもにとって不安を克服するプロセスが不必要に難しいものになってしまう可能性があるのです。親の行動変更に適応することは，子どもにとって簡単なことではありません。一度にひとつずつ「巻き込まれ」を減らしていくことで，子どもは無理なく新しい行動に適応することができるのです。

　多くの「巻き込まれ」を一度に止めようと思う親は，その目標にずっと固執するのが不可能であることに気づくことでしょう。ある特定の「巻き込まれ」について一貫した形で行動変更を行う代わりに，多くのところで気まぐれな変更を行うことになるかもしれません。さまざまな場面で一貫性のない行動をとった場合よりも，たとえ他のところでは「巻き込まれ」を続けたとしても，あるひとつの領域で一貫した行動をとることができれば，子どもの不安はより早く改善されるものなのです。

　「巻き込まれ」を減らすにあたって一貫性が欠けることには，他のデメリットもあります。もしあなたに一貫性がない場合，つまり「巻き込まれ」る時と「巻き込まれ」ない時がある場合は，何かに従って「巻き込まれ」るか「巻き込まれ」ないかを決めているはずです。その何かとは何でしょうか？それはたぶん，あなたの計画に従っているのではないでしょう。なぜなら，あなたの計画は「巻き込まれ」をしないためだけのものだからです。その代わりに，その時どんな気分か，どのくらい疲れているか，それとも元気なのか，あなたが今どれくらい時間に余裕があるか，ある時に子どもにどんな感情を抱いているか，などが，あなたが「巻き込まれ」るかどうかを決定することになります。このようなことが「巻き込まれ」るか否かに影響を与えるのは，心情として理解できることではあります。しかし，こうしたことは，まったく役に立たないものなのです。

　もし気分がすっきりしている時だけ（つまり疲れていない時だけ）あなたが「巻き込まれ」るとすると，子どもがそれから得るメッセージは，「あなたが『巻き込まれ』なくても対処できると，わかってますよ」ではなく，「あなたが私の『巻き込まれ』を必要としていることはわかっています。でも今はあなたのためのエネルギーがないのです」というものになるのです。あるいは，子どもがあなたをイラ立たせたり，悪さをした時に「巻き込ま

れ」ないというように，あなたが子どもに対する気持ちに基づいて「巻き込まれ」を提供すると，メッセージは「私はあなたに腹を立てているから，あなたを助けるつもりはありません」というものになります。同様に，時間がある時は「巻き込まれ」るのに，忙しい時や急いでいる時は「巻き込まれ」ないようだと，あなたの子どもは「助けてあげたいけど，今は忙しいんだ」というメッセージを受け取ってしまうでしょう。

　こうしたメッセージに共通するのは，これらが支援的ではないことです。支援的なメッセージは，子どもに，「『巻き込まれ』をしないことで，私はたしかにあなたを助けているのです」ということを伝えるのですが，子どもは，あなたが可能なかぎり一貫している場合にのみ，「巻き込まれ」の変化をこのように受け取ることができるのです。あなたが疲れている，イライラしている，忙しい，または動揺しているかどうかに関係なく，あなたが「巻き込まれ」を提供しないなら，あなたの子どもはあなたがそれが正しいと信じているのでそのように行動していると理解することでしょう。あなたの子どもはあなたに同意しないかもしれませんが，それがあなたの信念からのことであることを知るでしょう。そして，そのことで子どもは，新しい計画を甘んじて受け入れやすくなることでしょう。あなたが他のことで忙しいから助けてくれないと思っている子どもは，あなたが子どもにとって最善だと思うことに従って行動していると知っている子どもよりも，ずっと長く変化に抵抗するものなのです。

　「巻き込まれ」を減らす際の一貫性のなさがもたらすもうひとつの悪い点は，子どもが，いつあなたが「巻き込まれ」るか，いつ「巻き込まれ」ないかを知る方法がないことです。もし，あなたがもう「巻き込まれ」をしないと言ったにもかかわらず，時々子どもに「巻き込まれ」るようなら，子どもは運まかせに，あなたが今回は「巻き込まれ」るかどうかを見極めるしかないのです。そうすると，子どもは，あなたから今後も長く「巻き込まれ」を得ようとする努力を続けることになります。言い換えれば，あなたがいつ「巻き込まれ」を提供するかをあなたの子どもが予測する方法がない場合，子どもはすべての状況についてあなたがそうするものだと考えます。このことは，もしあなたが最初は「巻き込まれ」ることを拒否していたのに，結局は「巻き込まれ」ることになった事態があれば，なおさらそうでしょう。一

度にすべての「巻き込まれ」を減らそうとすれば，こうした事態が起こるのは当然のことです。

　第9章では，減らすことにした「巻き込まれ」の周辺で，どのように行動を変えるのかについて，詳細で具体的な計画を立てることになります。これは，一度にひとつの「巻き込まれ」だけに集中するもうひとつの理由でもあります。すべての「巻き込まれ」に対してこのような詳細な計画を立てることは不可能でしょうし，また，そうした計画は『巻き込まれ』をしない！」といったような，全般的なもので終わってしまうことでしょう。「『巻き込まれ』をしない！」というのは計画でありません。単なる目標に過ぎません。目標と計画の違いは，計画からは，あなたの行動をいつ，どのように変えるのかについて，詳細かつ具体的な内容が得られるということです。「巻き込まれ」の代わりに何をするのでしょうか？　それを子どもにどう説明しましょうか？　子どもがあなたが「巻き込まれ」ないことに反応した時，どのように対応するのでしょうか？　こうした計画は，プロセスをよりスムーズに進めるのに役立ちますし，ある特定の「巻き込まれ」を選択した場合にのみ，可能になるものです。

　また，もうひとつ，「巻き込まれ」をたったひとつ選び，そこに集中する理由があります。一度にひとつずつ焦点を当てることによって，ひとつまたは2つの「巻き込まれ」を減らすことに成功したら，あなたはおそらく他の「巻き込まれ」を抱える必要がなくなっていることに気づくでしょう。なぜでしょうか？　最初のひとつ，2つの「巻き込まれ」をうまく減らすことは，子どもの不安の改善を助けるのです！　「巻き込まれ」を減らすことは，正真正銘，子どもの不安を減らすのです。子どもの不安が減ることで，子どもが強くなり，不安に傷つきにくくなり，生活の中での多少の不安には耐えられる能力に自信が持てるようになると，そのほかの「巻き込まれ」の必要性も下がるものなのです。不安や回避が時間の経過ともに「一般化される」——より多くのことを回避するようになるということです——のと同じように，対処も一般化されるものなのです。子どもは不安に対処する方法を学んでおり，新しく発見した能力を他の状況でも適用する可能性が高いのです。そのため，たとえあなたがある「巻き込まれ」を直接のターゲットにせずとも，子どもがその「巻き込まれ」なしで対処できるようになるのです。

減らすのに "良い"「巻き込まれ」は何でしょうか？

「巻き込まれ」マップに目を通しながら，削減するターゲットとするのに良い「巻き込まれ」を選ぶために，以下の提案を検討してみてください。

頻繁に起こるものを選ぶ

たまにしか起こらないものではなく，定期的に起こる「巻き込まれ」を選びましょう。頻繁に起こるものを選ぶことで，あなたの「『巻き込まれ』ない」練習をする機会が増えることになり，子どもにとっては，自分で「不安な気持ちを克服する」経験をする機会が多くなるはずです。良い「巻き込まれ」ターゲットとは，週に何度も，あるいは1日に何度も起こるものです。あなたは別の「巻き込まれ」ターゲットがあると感じるかもしれません——それははるかに少ない頻度で起こりますが，あなたの子どもにとってより大きな問題であるものです。たとえば，子どもが学校の防災訓練にとても不安を感じていて，防災訓練のある日は学校を休ませている場合，これは対処すべき重要なターゲットに思えるかもしれません。しかし，この変化を練習することがどれほど大変なことか考えてみてください。防災訓練はそう頻繁に行われるものではありませんし，その頻度を増やす方法もありません。あなたが学校の校長でない限り，学校がいつ防災訓練を行うかを決めることはできません。もっと頻繁に起こるものを選べば，あなたの子どもは不安を克服する機会をもっと多く持てるはずです。最終的に，あなたは防災訓練に関わる行動を変える必要があると判断するかもしれませんし，それはそれで良いことだと思います。しかし，他の，より頻繁に起こるターゲットに取り組むことで，子どもの全般的な不安を軽減させることができ，子どもがもはや，そうしたことへの不安がなくなっていると気づくことになるかもしれません。

自分でコントロールできるものを選ぶ

「巻き込まれ」を減らすことは，他の誰か——これにはあなたの子どもも含みます——ではなく，あなたの行動を変えることがすべてであることを忘

れないでください。あなたが考えているターゲットは，本当にあなたが行っている「巻き込まれ」なのか，あるいは行っていないことで「巻き込まれ」ているものなのか，それとも本当はあなたの子どもの行動を変えさせようとしているのかどうかを，自問自答してみましょう。たとえば，子どもが１人でいることを恐れて，家の中を部屋から部屋へとあなたについて回るような場合はどうでしょう？　重要なのは，「子どもがそばにいるために，あなたは何をしているのか」ということです。もしあなたが部屋を出る時に必ず子どもに知らせていたり，本来閉めなければならないドアを開けておいたりするなら，それらはあなたがコントロールできる「巻き込まれ」であり，ターゲットとして取り扱うのが理にかなっています。しかし，あなたは普段と同じような行動をしていて，不安のために子どもの行動だけが違っているとしたら，その状況ではあなたは「巻き込まれ」をしていないということになります。もちろん，子どもは不安な行動を示していますが，それは子どもの行動であって，あなたが直接コントロールできることではありません。

　あなたがあなた自身の行動に加えようとしている変化を，子どもの側のいかなる変化も伴わない方法で，宣言できるようにしておくと良いでしょう。たとえば，「シャワーを浴びている時はバスルームのドアを開けたままにするのをやめます」，「仕事中は電話に出るのをやめます」，「私は子どもと一緒に玄関のドアのカギをダブルチェックするのを止めます」のような形です。これらの宣言はどれも，子どもの行動の変化については言及していないことに気づいておきましょう。このように（「私は〜」または「私〜しません」という宣言の形で）ターゲットとなる「巻き込まれ」削減の宣言をできない場合は，あなたが自分のコントロールの及ばないターゲットについて検討している可能性があります。その場合は代わりに別のターゲットを考えるのが良いでしょう。

あなたを煩わせるものを選びましょう

　ある「巻き込まれ」が子どもだけでなく，自分にとっても問題であると感じれば，あなたが「巻き込まれ」の削減について強く決心して，断固とした態度で臨む可能性が高くなります。「巻き込まれ」を減らす主な理由は，子

どもが良くなるのを助けるためですが，その「巻き込まれ」を取り除くことであなたの生活も改善されるなら，計画にしっかり取り組みやすくなることでしょう。たとえば，多くの親は，1人で寝るのが不安な子どもや，親がいないとなかなか寝つけない子どもに，隣に寝てあげるという「巻き込まれ」を提供します。このような状況を不愉快で腹の立つものと感じ，隣に子どもがいない状態でぐっすり眠れるようになりたい，あるいはパートナーと充実した時間を過ごしたいと願う親もいることでしょう。そのような親にとって，自分のベッドのプライバシーを取り戻すことは良い目標になりえます。ただし，夜間に子どもが近くにいることで家族の親密な関係を楽しんでいる親や，単にそのことを強く意識していない親もいます。もし，子どもが自分の隣で寝ていて，あなたがそれを気にしていないのであれば，寝苦しい夜をわざわざもたらすことになる変化を起こすのは難しいかもしれません。

　表8.1は，(1) 頻繁に起こる，(2) 親がコントロールでき，変えることができる行動である，(3) 親の生活に大きな支障を与えている，という理由で良いターゲットとなりえる，さまざまな種類の不安への「巻き込まれ」の例を示しています。

どの「巻き込まれ」が，焦点を当てるのに適さないものでしょうか？

　次のセクションでは，どの「巻き込まれ」を削減するかを考えるにあたって，一部の「巻き込まれ」ターゲットを最初の選択肢として選ぶべきではない理由を説明します。

これは本当に不安についてのものでしょうか？

　不安な子どもは，ただ不安な子どもであるだけではありません。ですから子どものためにあなたがすることのすべてが，不安に直結しているわけではありません。たとえば，子どもに特別な食事を用意するのは，子どもが食べることに不安を感じていてそれが原因で好き嫌いが激しいからかもしれませ

124

表8.1 良い「巻き込まれ」ターゲットは,
頻繁で, コントロール可能で, 日常生活に支障をきたしているものです

不安の種類	削減するのに良い「巻き込まれ」ターゲット
分離不安	子どもが目を覚ますと, 親と家の別の階にいることを不安がりすぐ1階に降りたがるので, 親は毎日特別な早起きをしています。
	親は「まあだだよ」の声がけをして, 子どもに家の中の居場所を知らせています。
	夜, 親は子どもと一緒にベッドで寝ます。
強迫観念	親は食品の賞味期限を何度も確認し, 賞味期限切れでないことを子どもに伝えています。
	親は, 黒い車のそばには車を停めないようにします(黒色が子どもの強迫観念の引き金になるからです)。
	抱きしめる力が「ちょうどいい」と感じるまで, 親は何度も子どもを抱きしめます。
社交不安	子どもが恥ずかしがるので, 父親は子どもと外出する時には短パンをはきません。
	さまざまな社会的場面で, 親が子どもの代わりに話をします。
	子どもが部屋にいる時, 親は電話で話をしません。
全般性不安	親は将来についての繰り返しの質問に答え, 子どもに「大丈夫だよ」と安心させます。
	子どもが心配するので, 親は家で新聞を読みません。
恐怖症	親は, 毎晩, 子どもの部屋に蜘蛛がいないかチェックします。
	血液や医療器具や, 授業で話される内容を怖がるので, 親は, 子どもの保健の授業が免除されるよう学校に頼みます。
パニック・広場恐怖症	子どもがパニック症状を感じる時は, 親が学校へ子どもを迎えに行きます。
	親はショッピングモールなどの人混みを避けます。
食べ物と食事	「食べられる」ものがあるかどうかを確かめるため, レストランに行く前に, 親は子どもと一緒にメニューを確認します。
	親は子どものために特別食を用意します。

んし，たまたま子どもが特定のものを好んだだけかもしれません。特別な食事を用意するのをやめたい場合でも，今のところは，子どもの不安から来るものであると確信できる「巻き込まれ」に焦点を当てるのが一番です。

　もうひとつの例を挙げましょう。不安な子どもは宿題をする時に「巻き込まれ」を求めます。宿題中に親を隣に座らせたり，間違いがないか何度も確認させたり，本当は1人でできる宿題でも手伝わせたりすることがよくあります。しかし，親が子どもの宿題に時間を割く理由は，他にもあるかもしれません。学習障害や注意の問題を抱えている子どもたちには，宿題を手伝う必要があることでしょう。また，宿題をまったくやりたがらない子どもなら，親は宿題をするようにうながしたり，おだてたり，子どもが課題を続けられるように監督するために多くの時間を費やさなければならなりません。あなたが不安についての「巻き込まれ」に焦点を当てて選んでいることを確認しましょう。そして関係ないことは，別の機会に残しておきましょう。

ゴールを混同しない

　「ゴールの混同」とは，「巻き込まれ」を減らすことと，親として持っている別の目標が交錯してしまうことです。たとえば

- 子どもが，あなたと離れているのが苦手で，部屋で1人で過ごすことを嫌がるということがあるかもしれません。この問題を克服するのは良い目的（まだターゲットとは言えません。なぜならこれはあくまでも子どもの行動であって，あなたの行動ではないためです）ですが，他の目的と絡み合ってしまう可能性もあります。子どもが**自分の部屋を片づけるよう**，部屋に1人で居られるようにしたいと思うこともあるでしょう。その場合，部屋がきれいなことは良いことですが，部屋が散らかっていることは（おそらく）不安の症状ではありません。
- 寝るのを嫌がり，夜更かしをしたがる子どもは少なくありません。子どもは，ベッドで1人になるのが怖くて寝るのを我慢しているのかもしれません。子どもが1人でベッドに入ることに対処できるようにすることは，良いゴールになる可能性があります。しかし，子どもは，

1日を終えて寝ることに対して，不安からではない「普通の」抵抗を示している可能性もあります。

・もうひとつの例は，朝の身支度に関するものです。多くの子どもは，朝にぐずぐずして，学校に行く準備に長い時間をかけます。ぐずぐずすることには，たとえば学校に対してや服選びについての不安が反映されていることがあります。しかし，それはまた，整理整頓が苦手だったり，学校や課題に対する一般的な態度であったり，不安とは無関係なものを反映している場合もあるのです。

両親が共に納得していますか？

あなたとあなたのパートナーが一緒にこの本を読んでいる場合は，あなたが考えている「巻き込まれ」を，2人とも重要または有用なゴールであると考えているかどうかを検討してみてください。もし，ある「巻き込まれ」について意見が分かれるのであれば，あなた方が2人とも，減らすのに良いと同意する「巻き込まれ」を考えてみてください。あなた方の関係における不同意や対立の原因となるターゲットを取り上げることは，おそらくプロセスを難しくすることにつながります。

表8.2には，良いターゲットにはならない「巻き込まれ」の例と，その理由をまとめました。

ターゲットを選びましょう！

さて，ある「巻き込まれ」が最初の計画とするのに良い（あるいは悪い）ターゲットかどうかについて，すべてを学びました。次は選択を行う番です。思い出してください，頻繁で，重大な支障を引き起こし，不安に関連し，そしてあなたがコントロールできるものを選ぶのですよ。あなたの「巻き込まれ」マップをもう一度見て，一番良いと思うターゲットを選んでください。パートナーと一緒に作業する場合は，一緒に話し合って，意見が一致していることを確認しておきましょう。

表8.2　良くない「巻き込まれ」ターゲットの例

不安の種類	良くない 「巻き込まれ」ターゲット	なぜ良くないのでしょう？
分離不安	親は週末に親だけの旅行を計画したのですが，子どもの分離不安のために延期しました。	1回きりの旅行では，子どもに十分な練習機会を与えられません。
	子どもが1人でベッドに居られたら，親はごほうびを与えます。	ごほうびを与えることは「巻き込まれ」ではありません。
強迫観念	子どもが1日に何度も手を洗います。	それは子どもの行動であって，親の「巻き込まれ」ではありません。
	親は2時間以上のスクリーンタイム（スマホなどを見る時間）を許さないことにします。	不安や，「巻き込まれ」のターゲットではありません。
	親はすべての「巻き込まれ」をやめます。	具体的でありません。一貫して実現される可能性が低そうです。
社交不安	子どもが非常に不安な場合のみ，親が代弁します。	一貫性がありません。不安が高い時には子どもは対処できないというメッセージを送ってしまいます。
全般性不安	繰り返される質問に答える代わりに，病気がどのように伝染するかについての詳細を，親が冷静に説明します。	ある安心感を別のものに置き換えているだけです。
	子どもに1日3回までしか電話させないようにします。	親の行動ではありません（親が何回電話に出るかに変更可能です）。
恐怖症	子どもは，小さな犬から始めて，少しずつ犬との触れ合いを練習していきます。	「巻き込まれ」ターゲットでも，親の行動でもありません。
パニックと広場恐怖症	パニックになりそうな時は，母親が学校まで迎えに行きます。しかし父親は仕事を抜けてまで迎えに行きません。	「巻き込まれ」を維持してしまいます。両親の対立を生みます。
食べ物と食事	母親は毎日特別な食べ物を用意するのをやめます。父親は子どもの好みの食べ物だけを用意します。	この両親は，ターゲットと計画について，意見がそろっていません。

　次のステップでは，あなたの行動をどのように変えるのか，また，あなたの行動を理解し，あなたの行動の変化に驚かないように，あらかじめ子どもに知らせておくための，具体的な計画を立てます。第9章では，「巻き込まれ」を減らすための独自の計画を立て，第10章では，この情報を子どもと共有するための計画を立てます。計画に取り組んでいる間は，支援的な宣言を子どもにかけ続け，あなたの「巻き込まれ」をモニターし続けましょう。もう今は，すべての「巻き込まれ」ではなく，ターゲットとする「巻き込まれ」にだけ，焦点を当てましょう。

この章で学んだこと

- ・なぜ，「巻き込まれ」ターゲットを選ぶことが重要なのか？
- ・減らすのに良い「巻き込まれ」ターゲット
- ・ある「巻き込まれ」がターゲットとして選ぶのに良くない理由
- ・最初の「巻き込まれ」ターゲットを選ぶ

第**9**章

「巻き込まれ」を減らすための計画づくり

計画には何を含ませるべきでしょうか？

「巻き込まれ」削減のための計画は，できる限り詳細であるべきです。これから紹介する計画のサンプルを見て，あなたの計画がどのような詳細を含んでおくべきかのアイデアを得てください。そして，この章の残りの部分を読めば，本書の巻末にある付録Ａのワークシート８（あなたの計画）を使って，あなた自身の計画を作成する準備が整います。

計画サンプル１

　ヤズミンの計画は，12歳の息子モハマドの「巻き込まれ」を減らすことでした。彼は不安を持っていて，そのため毎日の日課が変わるかもしれないと常に心配し，毎日何が予定されているのかを事前に正確に知りたがるのです。ヤズミンは，１日のスケジュールを書いた紙を用意し，毎朝学校に行く前にモハマドとそれを確認するという形で，「巻き込まれ」の提供を繰り返していました。そのスケジュールはとても詳細で，誰がモハマドを学校に迎えに行くのか，モハマドが先に帰宅した時のヤズミンが仕事から帰宅する正確な時間，ヤズミンは夕方に外出するのか，その場合どこに行き，何時に出て，何時に帰るのかといったことが書かれていました。週末には，モハマドやヤズミンが１日中何をするのか，さらに細かくスケジュールが組まれていました。ヤズミンは，スケジュールを立てることは，時間がかかるだけでなく，彼女

を不安にさせるものであると感じていました。スケジュールから外れた場合のモハマドの反応を心配していたためです。

　ヤズミンの計画は次のようなものでした。

1. ママ（ヤズミン）は，スケジュールを書き出すことはしません。

2. ママは仕事からいつ帰宅するかを話し合うことはしません。しかし，いつもの帰宅時間である午後6時15分より遅くなりそうな時は，家にいるモハマドに電話をします。

3. ママは，朝（あるいは前日）には夜の予定についての質問には答えません。しかし，外出する少なくとも1時間前には，モハマドに伝えます。

4. ママが夕方に外出する場合，彼女はいつ帰宅するかについての質問には答えません。しかし，彼の就寝時刻（午後8時45分）より遅く帰宅する予定があるかどうかをモハマドに伝えます。

5. ママが元々，モハマドの就寝時刻より遅くなることを予定しておらず，8時45分までに帰宅しない場合，ママは電話でモハマドに電話しておやすみなさいと言います。

6. ママはモハマドに，彼が参加する予定の週末の活動を伝えますが，スケジュールには書き出しません。

7. モハマドがスケジュールについて質問した場合，ママは支援的な宣言で1回返答します（私はあなたがスケジュールについて心配しているのをわかっていますが，あなたが心配に自分だけで対処できると確信していますよ）。最初の質問の後，ママは二度と返事をしません。

8. 毎週末には，少なくとも1時間，予定外の時間を設けます。その間にママがモハマドに，予定していなかった活動をひとつ提案します（モハマドは参加しないことを選ぶこともできます）。

　ヤズミンの計画の詳細さに注目してください。彼女は，自分の計画を実行しようとする時に出てきそうな質問についても考えていました。たとえば，ヤズミンは，モハマドが日常生活からの突然の変化に動揺し，何の前触れもなく彼女が夜に出かけるとしたら大変なことになると気づきました。彼女は，毎晩，事前に計画を立てることを約束したくないので，夜の予定について事

前に話し合うことはしませんが，外出することになったら，少なくとも1時間前にモハマドに知らせることにしました。ヤズミンはまた，スケジュールの変更が予期せず起こることがあることにも気づきました。彼女は毎朝息子と仕事の予定を話し合ったり，決まった時間に帰宅することを約束したりしたくないのです。しかし，ヤズミンは，モハマドに日課の変更について知る権利があることは認めているので，仕事で遅くなる場合は家に電話することにしました。

　ヤズミンの計画のすべての点が，**彼女**の行動だけに関連していることにも注目してほしいです。彼女の計画には，モハマドが何をするかについては何も書かれていません。その理由はもちろん，ヤズミンは自分の子どもが何をするか知らないし，決めることもできないからです。彼は問題なくその計画を受け入れるかもしれないし，いつものように彼女にスケジュールを求め続けるかもしれません。職場に電話をかけて，いつ帰宅するのか尋ねるかもしれません。また，その「巻き込まれ」の変化に対して怒りや悩みを抱き，爆発的な反応を示すかもしれません。ヤズミンはモハマドの行動を決められません——しかし，その必要もないのです！　彼女の計画の成功のためには，彼女自身の行動をコントロールし，モハマドが対処することに自信を持ってさえいれば良いのです。

　ヤズミンの計画の最後のポイントを見てみましょう。彼女は，モハマドが，1日のあらゆる場面で何が起こるか正確にはわからないという考え方にもっと慣れるように，予定外の時間を導入することにしました。しかし，ここでもヤズミンは，自分がコントロールできるのは自分の行動だけであることを認めています。彼女は，モハマドが予定外の活動に参加しないことを選ぶかもしれないことをはっきり受け入れているのです。彼女は，彼が参加する気になり，「予定外のことも楽しいものだ」と学ぶことを期待して，何か楽しいことを計画しようとしています。しかし，彼女の計画は，モハマドが何をするかしないかではなく，彼女の行動（活動を提供すること）に完全に焦点を当てているのです。

計画サンプル 2

　アリーとフランキーは，パニック発作を繰り返す 15 歳の娘オーブリーのために，これまで行ってきた「巻き込まれ」を減らす計画を立てました。パニック発作を起こすと，オーブリーは，心臓がバクバクして，息苦しくなり，めまいがして，自分の体がいつもより小さくなったような，あるいは他のものが非常に大きくなったような奇妙な感覚に襲われて，不安の波に飲み込まれるのだそうです。パニック発作はとても恐ろしいもので，オーブリーは両親と一緒でない場所に行くのを嫌がるようになり，スマートウォッチを使って，1 日中，常に心拍数をチェックするようになりました。心拍数が上がると非常に不安になるため，両親はすぐに「大丈夫だよ」と安心させ，パニック発作ではないと確信するまで彼女と一緒に心拍数を確認することを繰り返して対応しました。オーブリーはパニック発作を起こす不安から，実際に心拍数が上がってしまいます。そのため両親はしばしばオーブリーにベッドに横になるよう促し，不安がおさまるまで隣に寝て，髪をなでたり，ゆっくり呼吸するよう援助したり，なだめるように話しかけたりしていました。

　アリーとフランキーは，「巻き込まれ」を減らすための最初の計画を，オーブリーにいつも同行することではなく，オーブリーが心拍数の上昇に気づいた時に焦点を当てたものにすることにしました。彼らは，娘と一緒に外出することを拒否すると，オーブリーが完全に外出をやめるようになるのではないかと心配したのです。彼らは，最初に，外出ではない「巻き込まれ」を減らすことで，オーブリーの不安が減り，後に 2 番目のターゲットとして外出に取り組みやすくなることを望んでいました。

　フランキーとアリーの計画はこうでした。

1. 私たちはオーブリーの心拍数をチェックしません。また，オーブリーがチェックすることにも関わりません。
2. 私たちはオーブリーの心拍数に関する質問には 1 日 1 回以上答えません。
3. オーブリーが心拍数やパニック発作について尋ねた場合，私たちはこう言います。「オーブリー，私たちは，パニック発作が非常に不快であり，また発作を起こすことをあなたが本当に恐れていることを理解してい

　　す。でも私たちは，あなたがパニック発作を起こしたとしても，あなた
　　はそれを処理し，最終的には大丈夫であることも，知っています」。
4. オーブリーが不安について繰り返し質問したり，心拍数を一緒に確認す
　　るように求めたりした場合は，上記のことを一度言ってから，別の部屋
　　に行きます。
5. オーブリーが不安な時に彼女の隣に横になるように私たちに頼んだ場合，
　　私たちは彼女がゆっくりと呼吸するのを援助するために最大5分を費や
　　すことに同意します。5分後，オーブリーがまだ不安な場合は，次のよ
　　うに言います。「あなたはまだかなり不安を感じていると，私にもわかっ
　　ています。しかしそれは過ぎ去って大丈夫になります。私は行きますよ」。
　　その後，私たちはオーブリーを1人にして別の部屋に行きます。
6. 私たちのどちらも，オーブリーの呼吸を援助するために隣に横になるこ
　　とを，1日2回以上は行いません。

　彼らの計画からわかるように，アリーとフランキーは，オーブリーが彼ら
の計画を彼女に知らせた後でも，彼らに安心させてもらうことと「巻き込ま
れ」を要求し続ける可能性について，考えていました。彼らは，自分たちが
提供しないと言っただけで，オーブリーが「巻き込まれ」の要求を止めると
は期待できないことに気づいていたのです。彼らは，コントロールできるの
は自分たちの行動だけと知っていました。娘の行動はコントロールできない
ということも！　彼らはまた，オーブリーが非常に不安を感じ，繰り返し助
けを求めている時に，「巻き込まれ」を提供しないことがどれほど難しいか
を理解していました。彼らの計画はこうした懸念を反映したものであり，彼
らの解決策は，「巻き込まれ」を提供しないことがあまりにも難しくなった
場合，その状況から離れるということでした。不安やパニックを感じている
オーブリーを1人にして，別の部屋に行くことは，一見，厳しい，思いやり
のない行為に見えます。しかし，フランキーとアリーは娘を深く愛していた
のです。彼らは，オーブリーが助けを求めている時に同じ部屋にいることが
信じられないほど難しいことであると理解していました。また，うまくいか
ず，「巻き込まれ」を提供することに屈するだろうということもわかってい
ました。

　アリーとフランキーは，オーブリーが実際にパニック発作を起こしたとしても，オーブリーは大丈夫であり，不安に耐えることができると確信していました。両親は部屋を出ることで，不安に対処する能力にどれほど自信を持っているかをオーブリーに示すことができるよう望んでいました。また両親は，オーブリーが不安で助けを求めている時に近くにいることが，オーブリーの状況をむしろ悪化させることを理解していました。両親が彼女のすぐ隣にいるのに，彼女の不安に「巻き込まれ」ることを拒否することは，オーブリーにとって非常にイライラする事態となります。そして両親が彼女のそばにいる限り，オーブリーは「巻き込まれ」を求めることを止めるのが大変に難しいことだと感じ続けることでしょう。両親が部屋から出ていくことは，最初はオーブリーにとって気分が悪いことかもしれません。しかし両親がいないことに気づいたら，オーブリーは恐怖に対処する力を自分自身で見つけられる可能性が高くなるのです。

　別の部屋に行き，オーブリーを1人で対処させるために残すという，計画のこの部分は，子どもの不安と家族の「巻き込まれ」についての重要なポイントをもたらしてくれます。不安への対処のために「巻き込まれ」に頼るようになった子どもは，「巻き込まれ」を対処する唯一の手段であると考えるものです。子どもは，あなたが「巻き込まれ」を提供してくれるという希望を持っている限り，他の対処方法を試すことはほぼありません。ただ，子どもが，あなたが絶対に「巻き込まれ」るつもりがないことを理解したなら，自分の不安を調整するための自分だけで行う手段を見つけるようになります。

　ベッドに横になってオーブリーと呼吸するというアリーとフランキーの援助のための手法は，もともと1人でできる対処方法への転換を反映したものでした。オーブリーはゆっくりと深く呼吸することで，不安を和らげるために自分の体を使うことになります。しかし，オーブリーはリラックスの呼吸を，不安を感じている時に1人でいつでも使えるスキルとしてではなく，両親が彼女のためにしてくれることだと考えていました。「巻き込まれ」は，オーブリーが不安への耐性を身につけるのに役立たせようと目論んだ対処方法を，両親への依存を維持するものに変えてしまっていたのです。フランキーとアリーは，オーブリーに呼吸を使って落ち着くように働きかけたいと思っていましたが，同時に，呼吸を，自主的に気分をよくするために行え

る，彼女自身のためのツールとして理解してほしいと思っていました。それこそが，両親が，計画に2つの具体的な事項を含めた理由です。

1. 彼らは，オーブリーの呼吸を助けるために費やす時間を制限しました。5分という時間制限を設けることで，両親はオーブリーが完全に落ち着く前に帰らなければならないこともあるようにしたのです。そうすることで，両親が帰った後も，オーブリーが自分で呼吸法を続ける機会が生まれることになります。
2. 両親は1日の，娘と一緒に呼吸法を行う回数を制限しました。両親がオーブリーの隣で横たわる回数を制限することで，彼女が自分の体を使って不安を解消したい場合，自分1人で呼吸法を実践しなければならない可能性が増えることになります。

　最後に，もうひとつ気づいてほしいのは，フランキーとアリーは，「巻き込まれ」をしないという計画を実行した時に，オーブリーに何を言うかについて具体的な計画を立てていたことです。彼らは，安心させたり，心拍数をチェックしたりするのではなく，部屋を出る時に何を言うかについて計画を持っていたのです。その計画によって，彼らはオーブリーのそばにいて安心させるという「巻き込まれ」行動を，支援的な対応に置き換えることができたのです。彼らはまた，リラックスと鎮静のための支援の時間が5分という制限に達した場合，どのような言葉をかけるかについての計画も立てていました。事前にロールプレイもできる具体的な計画を立てたことで，その場その場で即興で対応する必要がなくなり，一貫した対応ができるようになりました。この計画によって，2人はさまざまな場面で，また自分たちの間でも，一貫性を保つことができました。そのため，2人は同じことを言うことができたのです。フランキーとアリーは，困難な瞬間を切り抜けるための支援的な宣言を慎重に選択しました。彼らが選んだ宣言の文句には，どちらにも支援の2つの要素が含まれています。受容（私たちは，パニック発作はとても怖いもので，あなたがそれがまた起こるのを恐れていることも理解してます；あなたがまだ大変不安であることが私はわかってます）と自信（私たちは，あなたにパニック発作が起こっても，あなたがそれを処理できて，最終

的には大丈夫であることがわかっています；私にはそれがやがて終わり，あなたが落ち着いて大丈夫になるのがわかっています）の２つです。

計画サンプル 3

　ルイは，息子ケーガンの不安から来る「巻き込まれ」を減らすための計画を立てました。ケーガンは 11 歳で，数年前から強迫性障害（OCD）を患っていました。最近では，自分が何か悪いことをしたのではないか，将来何か悪いことをしたり，犯罪者になることさえあるのではないかという恐怖が，強迫性障害の中心となっていました。ケーガンは毎晩ベッドに行く前にその日の出来事を注意深く振り返りました。ルイは息子に寄り添い，その日に起こったことをすべて詳細に説明するのを聞きながら，彼がしたことは何も悪いことではなく，法律に違反してもいないと，子どもに安心させました。その毎晩の儀式は 30 分以上，ときにはもっと長く続くこともありました。ルイはまた，彼が突然悪い人や犯罪者になると考える理由が何もないと言って，ケーガンを安心させました。ルイは子どもに何度も何度も，自分の行動は自分でコントロールできること，うまく行動できるかどうかは自分で決められるということを，言い聞かせました。ルイはケーガンに，さまざまな犯罪の頻度や，誰かが悪い行動をとるかどうかを予測する要因についての統計を提供しようとしました。ルイは，ケーガンが将来の行動について心配しなくなるようにと，犯罪や犯罪性についての統計をでっち上げることさえしました。しかし，父親の努力にもかかわらず，ケーガンは一晩以上安心しているようには見えませんでした。次の夜には，ケーガンは同じ質問をして，ルイが安心させるような答えを返すという，「巻き込まれ」のプロセス全体が再び繰り返されるのでした。

　ルイの計画は次のようなものでした。

1. パパはケーガンと一緒にその日の振り返りをしません。
2. ケーガンがその日のことをパパに話したい場合，パパは話を聞きます。しかし，ケーガンが悪い行動をチェックしている，または自分は何も悪いことをしていないという安心感を求めていると思ったら，話を聞いたり答えたりするのを止めます。

3. パパは，夕食後は，その日あったことについてケーガンと話しません。

4. パパは，ケーガンが将来何か悪いことをするかどうかについての質問には答えません。

5. もしケーガンが安心感を求めてきたり，その日の振り返りを求めてきたら，パパは一度だけ，「ケーガン，私はお前を愛してます。あなたはきっと大丈夫です。非常に不快な思考があり，OCDはあなたにとって非常に大変なものであることを私はわかっています。あなたは大丈夫だと確信していますし，これについて話し合うことは何の役にも立たないと思うのです。私の仕事はあなたを助けることです。そして私はこれ以上答えないことによって，あなたをこれまで以上に助けているのだと思います」と言います。パパはこれを一度だけ言い，それ以降はケーガンのOCDによる要求に，答えたり反応したりしません。

他の計画サンプルと同様，ルイはできるだけ詳細に説明しようとしています。彼は，このプロセスが困難であることを理解しており，「巻き込まれ」の代わりに，支援的に対応する方法で計画を立てています。また，ルイはもうひとつの困難とも戦っています。彼はケーガンとの会話を完全にやめたくはないし，息子に起こったことを気にかけ，息子の1日に関心を持っていることをまだ示したいと思っています。しかし，ルイはOCD的な形でケーガンの1日を振り返るという「巻き込まれ」を与えることを，やめたいと考えています。彼の解決策には2つの要素があります。

1. ルイは，ケーガンがOCDによる強迫的な確認と安心を求める行動に引き込まない限り，ケーガンの話を聞き，彼の1日について話し合うことを続ける計画を立てました。ケーガンが話すことが，単にその日のことを話しているだけの場合と，OCDによる行動である場合の定義が，ひとつの明確なものではないことに注意してください。ルイには，ケーガンが彼に言う可能性のあるすべてのことをリストにして，それぞれへの対応を計画しておくことはできません。その代わりに，ルイはケーガンとのやりとりの中で，もし会話がOCDによる「巻き込まれ」になっていると気づいたら，そのやりとりに

関わるのをやめるように計画しています。もちろん，ケーガンは自分がOCDによる会話をしていることに同意しないかもしれませんし，ただ彼の1日の詳細を共有したいだけだと主張するかもしれません。重要なことは，ルイが自分の計画を実行するのに，ケーガンが同意する必要はないということです。このように，「巻き込まれ」の計画のすべてが，子どものではなく，親の行動に関するものであることを確実にしておくのは，非常に重要なことなのです。ルイは自分自身の判断だけに頼り，ケーガンが同意しようとしまいと，それぞれの状況においてもっとも正しいと思うことに従って行動します。ルイがたまに間違っていて，OCDによる行動でないのにそうであると思い込んでしまうことは，ありえるでしょうか？　はい，その可能性はあります。そしてもちろん，その逆も起こりえます。ルイはあることについて，本当はOCDによるものなのに，OCDによる行動ではないと考え，安心感と「巻き込まれ」を与えることにつながるかもしれません。ルイは，OCDによる会話を識別することにかけては，もうかなり上手になっているでしょうが，それでもときどき間違う可能性があります。最悪の事態は，父親が彼と会話をしないためにケーガンがイライラしたり，計画があるにもかかわらず時折「巻き込まれ」が与えられたりすることです。それは非常に残念なことで，別の選択肢としては，ケーガンが自分の行動がOCDに起因するものであることに同意した時だけ「巻き込まれ」を控えるという形もあります。しかし，ケーガンはおそらくルイから「巻き込まれ」を得ようと強く動機づけられています。そのためにケーガンは，自分がそうであるとわかっていても，OCD由来の心配を発現していることを否定してしまうかもしれません。また，彼は，心配がOCDに起因したものである時も，自分で気づいていないかもしれません。ルイは彼自身の判断を行使し，それに応じて行動することによって，ケーガンの肩からOCDを認識するという重荷を取り去り，ルイ自身で責任を負うのです。

2. ケーガンがルイと彼の生活について話すことが可能なままであるための，OCD由来の話を識別することの難しさ。そのことを上手く処

理するためのルイの計画の2つ目の要素は，その日についての会話を夕食前に限定することです。ルイは，夕食から就寝までの時間が，ケーガンが彼のOCDによって心配に襲われ，毎日の振り返りと「巻き込まれ」を頼んでくる可能性がもっとも高い時間であることを知っています。そのためルイは，その日についての会話は夕食の前に行わなければならないと決めたのです。もちろんケーガンは，夕食の前に「巻き込まれ」を求めることもできますし，その場合ルイは，それに対応せず計画を実施しなければなりません。また，ケーガンはその日の出来事のうち，夕食後に彼に起こったことについて共有したいと思うかもしれませんが，その場合，彼はパパとその話をするために翌日まで待たなければなりません。ルイは，夕食時にその日についての会話をやめることで，「巻き込まれ」を減らすプロセスを楽なものにしているのです。

　完璧な計画はありません。また，不安を抱えた子どもに与える「巻き込まれ」の，ターゲットとなったものを減らすために立てる計画にも，完璧なものはないでしょう。それで良いのです！　大切なのは，計画の詳細をできるだけよく考え，どのようなことが実行を困難にするかを検討し，計画の実践のために邁進することです。また，考えてもみなかった困難に遭遇した場合，計画を調整する必要があるかもしれませんが，これもまた想定内です。必要な修正を加え，取り組みを続けることにしましょう！

自分だけの計画作り

　さて，いよいよ自分自身の計画を立てる準備が整いました。本書巻末の付録Aにあるワークシート8（あなたの計画）を使って，できるだけ詳細に計画を立ててください。以下の各要素について考え，ワークシートに計画を記入してください。

何を？

　あなたが減らそう，止めようと思っている「巻き込まれ」は何ですか？あなたが変えようとしている行動について具体的に書いてください。「『巻き込まれ』をしません」や「安心感を与える行いをしません」などの一般的な宣言は使用しないでください。その代わりに，「どの食べ物が身体に良いかの質問には答えません」，「子どもをいったん寝かせた後は部屋に留まりません」，「不安から来る心配についてのメールには答えません」といったように，あなたが言いたいことを具体的に書きましょう。

いつ？

　「巻き込まれ」を変えるのは，何時でもか，1日のうち特定の時間帯のみ変えるのかを，書いてください。たとえば，子どもの不安のため，学校の行き帰りに特別なルートを運転しているとして（子どもが特定の場所や，特定の店や建物の近くにいることに不安を感じている時に起こりうることです），学校からの帰り道だけを変える計画であれば，そのことを書いておきます。もし，行きも帰りもどちらにも変更を加える計画であれば，そう書いてください。特定の日だけ，週末だけ，両方の親が家にいる時だけ，そのほか特定の時間帯だけなどに変える場合は，それをはっきり書いてください。

　また，その「巻き込まれ」の変更は，子どもが「巻き込まれ」を求めたことの反応においてのみ行うのか，それとも子どもの行動に関係なく，自分のスケジュールに合わせて行うことになるのかを考えてください。たとえば，今まで子どもに特別食を作ることで「巻き込まれ」ていた場合，もう特別食は作らないと決めることでしょう。これは，子どもの行動に対応したものではなく，独自に行うことです。食事の時に子どもにどのように対応するかを計画する必要はありますが，「巻き込まれ」の変化は，子どもが関わる前に起こすものなのです。同様に，あなたが仕事から早く帰ることで「巻き込まれ」ていた場合，変化は，1日かそれ以上の日数，遅く帰宅をするということになります。これもまた，子どもの言動や行動とは無関係に起こす変化です。一方，子どもがシャワーを浴びている間，浴室のドアの近くに立ってい

ることを約束することで「巻き込まれ」ている場合，子どもがシャワーを浴びている時と，近くにいるように頼む時に，変化が起こることになります。

　最後に，いつからその計画を実行に移すかを書きます。すぐに実行するのでしょうか？　来週の週末といったような特定のタイミングとか，あなたの子どもの誕生日会といったようなイベントが終わった後とかに，計画を始める予定ですか？　時には，計画を実行するのを少し先延ばしにする方が，理にかなっていることもあります。たとえば，パートナーが旅行から戻るのを待っている場合や，計画を実行しやすくなる自分のスケジュールの変化を待っている場合などです。おそらく，あまり長く延期したくはないでしょうし，もちろん延期するための言い訳は探すべきではありません。しかし，短期間の遅れが理にかなっている状況もありえます。そうした時以外については，最善策は，前に進んで今すぐ始めることです。いずれにせよ，いつ始めるつもりなのかを，計画に書き留めておきましょう。

誰が？

　その計画に含まれるのはあなただけですか，それとも他の人も参加するのですか？　両親2人が一緒に計画していて，2人とも同じステップを実行する場合は，ワークシートにその旨を記入します。もしその計画が，あなた方それぞれにとって多少異なるものであるなら，あなた方それぞれがどのように行動するかを書きましょう。計画に，親ではない他の誰か，たとえば友人や親戚が含まれている場合は，それも書き込んでおきます（そして，彼らが計画を知っていて，同意していることを確認しておきましょう！）。

どのように，どのくらい？

　「巻き込まれ」を1日あたりの一定の回数に制限する予定ですか，それとも，それぞれの状況で特定の回数の「巻き込まれ」に制限する予定ですか？　それとも，「巻き込まれ」を完全にやめて，もうまったくやらないように頑張るつもりですか？　そのどれもが良いプランだと思います。最初の計画は，先々の「巻き込まれ」のさらなる削減や，後に「巻き込まれ」をまった

く停止することを視野に入れながら，「巻き込まれ」を数回だけに制限することがあります。また，「巻き込まれ」を，この機会にきっぱりやめてしまうのが一番簡単だと思うこともあるでしょう。いずれにせよ，「巻き込まれ」を残すならどの程度提供するかについての詳細を，計画にはっきり書いておきましょう。そうすることで，自分がどう行動すべきかが常にわかるようになります。「1日数回しか質問に答えません」などのあいまいな表現は避けるようにしましょう。曖昧な表現では，あなたが「巻き込まれ」をするかどうかを決めるのが難しくなり，子どもも何を期待して良いのかわからなくなります。ある日の「少し」と別の日の「少し」は違うかもしれず，あなたの行動は予測不能なものとなり，子どもを混乱させることになります。「1日3問だけ」や「5分間だけ」などの明確な数字で述べることは，あなたの行動をより明確し，計画の数字の上限に達しているかどうか知ることを簡単にするのです。

　ゼロ以外の数字があると，子どもが混乱するのではと心配されるかもしれません。もしあなたが「巻き込まれ」を3回提供するとしたとします。それでも子どもは，あなたが「巻き込まれ」を提供するのかしないのかわからなくなるでしょうか？　答えはNOです。第10章では，あなたが自分の行動の何を変えようと計画しているのかを，子どもがきちんと理解できるように，計画を子どもに伝えるための効果的な方法を学びます。もし，あなたが「巻き込まれ」は3回までという上限を設ければ，子どもはそのことを理解し，上限に達すれば，あなたはもう「巻き込まれ」をしないのだと理解することになります。このようなルールは，詳細かつ具体的な計画を立てさえすれば，完全に明確で一貫したものになりえます。

代わりに何をしますか？

　子どもが不安になり，「巻き込まれ」を求めている時に，あなたがどのように対応するかを考えてみましょう。「巻き込まれ」の代わりに何をしますか？　何か他の提案をするつもりですか？　あなたは子どもに，あなたが「巻き込まれ」をしないようにしていることを思い出させますか？　子どもに支援的な宣言をかけますか？　その後，どうしましょうか？　部屋から出

て行きますか？　近くにいて，冷静さと落ち着きを保つようにしますか？ あなたが計画をしっかり行うのを手伝ってくれる人は他にいますか？　おそらくあなたは，子どもが「巻き込まれ」を得られないことで苦しんだり怒ったりしている場合に，あなた自身が落ち着くためになにか良い音楽を聞くことを計画しているのではないでしょうか？　あなたの代わりの計画が，「私はただ，反応をしない」というだけの簡単なものであっても，それを「巻き込まれ」の計画のワークシートに書きとめてください。計画があることは，どんな計画であっても，計画がまったくない状態で困難な状況になるよりも望ましいことです。

何が難しくさせるのでしょうか？

　すべての計画が簡単に実行できるわけではありません。多くのことが，あなたの計画を一貫した形で実行することを難しくするでしょう。あなたが直面する可能性がもっとも高い課題について考えてみてください。たとえば，登校前に発生する「巻き込まれ」の変更を計画している場合，子どもを時間通りに登校させられるか，朝の準備が長引いたら計画を実行し続けられるかどうか，心配になるかもしれません。また，他に子どもがいらっしゃる場合は，計画を実行することで他の子どもにどのような影響があるのか心配になるかもしれません。この計画にどれだけの時間がかかるのか，この計画で起こりうるすべての事態に対応できるのか，疑問に思うかもしれません。あるいは，子どもが「巻き込まれ」の代わりに，役に立たない，あるいは問題のあるものを見つけてしまうのではないかと心配になるかもしれません。たとえば，あなたが職場で何度もかかってくる電話に出ることで「巻き込まれ」てきた場合，あなたが電話に出なければ，子どもがあなたの同僚に電話してあなたに代わるよう頼んで，迷惑をかけるのではないかと心配になるかもしれません。このような課題を事前に考えておくことが，解決策を考えつき，驚かないようにすることに役立ちます。たとえば電話の場合，同僚に，子どもと一緒に不安の克服に取り組んでいること，そして自分に頼りにくくしているため，子どもから電話で連絡が来る可能性があることを説明しておくと

良いでしょう。

この章のヒントと計画サンプルに目を通したところで，あなた自身の計画をよく考え，ワークシート8に書き出してみてください。うまく書けたと思えるまでには，何度か書き直す必要があるかもしれませんが，その努力をして取り組むだけの価値は十分あります。この時点で，自分の計画をよく考えておけばおくほど，自分の計画を子どもに伝え，そしてそれを実行に移すことが容易になるのです。計画を書き出したら，次はそれを子どもに知らせる番です。第10章では，支援的な方法で計画を子どもに知らせる方法について説明します。その間も，支援的な宣言を子どもにかけ続け，「巻き込まれ」ターゲットのモニタリングを続けてください。

この章で次のことを学んだこと

・計画には何を盛り込むべきか
・ターゲットとなる「巻き込まれ」を減らすための自分の計画の作り方
・計画の実行にあたっての課題について検討すること

第**10**章

計画について子どもに
どのように知らせますか？

なぜ計画について子どもに伝えるべきなのでしょうか？

　さて，計画の準備ができたら，いよいよ「巻き込まれ」を減らし始める時がやってきました！　計画を実行に移す前に最後にしておくことは，それを子どもに伝えることです。あなたが何をしようとしているのかを子どもに知らせることは，それが子どもに対しフェアであることを含む多くの理由から，すばらしい考えであると言えます！　あなたはおそらく長い間，「巻き込まれ」を提供してきました。そして，あなたの子どもは，それが変更されることを望まないでしょう。事前に子どもに伝えておかないと，子どもはあなたの行動の変化に驚き，混乱することでしょう。事前に計画を説明することで，「巻き込まれ」の変更が1回限りのものではないことを知らせることもできます。何の説明もなく，単に「巻き込まれ」を拒否すると，あなたの子どもはこれが一時的な変化であると考えるかもしれませんし，次回は「巻き込まれ」てくれるものと期待するでしょう。このような誤解を防ぐためにも，これがこれから通常となる計画であること，そしてこれからずっとこの計画通り進めるつもりであることを，子どもに伝えてあげてください。

　事前に計画について子どもに話すもうひとつの理由は，変更を行う理由を説明する機会を設けるためです。これまでにもあなたは頻繁に支援的な宣言を伝える実践をしてきているため，子どもは，あなたが子どもの不安を受け入れ，それを批判せず，子どもが不安に対処できると確信していることを知っています。もし，まだ子どもにこのような言葉をかけ始めていないのであ

れば，一旦中断し，計画を続ける前にあと数日，支援的な宣言を伝える実践をしてください。支援的な対応が増えることで，子どもはあなたの計画の背後にある意図を理解する準備が整います。そして事前に計画を説明することで，あなたは新しい計画を，同じ支援的なアプローチに結びつける機会を得ることになります。

この章では，どのようにすれば，子どもに，受容と自信の両方を表現しながらという支援的な方法で，計画を知らせることができるかを見ていきます。この結びつきをつくると，計画そのものが強力な支援の表現になります。あなたの子どもと計画について話し合うことは，あなたが子どもに自信を持っているからこそ，この計画をしているのだと示すことを可能にするのです！だからといって，子どもが新しい計画を喜んで受け入れるでしょうか？　もちろん，そんなことはありません。しかし，あなたが子どもを信じていて，子どもが十分に対処できると知っているからこそ，あなたは「巻き込まれ」を止めたのだと，子どもが理解する可能性は，はるかに高くなります。

また，子どもに計画を説明することは，あなたが計画を堅く守り，実行に関与し続けるのにつながることでしょう。あなたの子どもが，あなたが何をしようとしているのかを知っているなら，あなたは子どもを失望させたくないと思うはずです。思い出してください。「巻き込まれ」を減らすことは，子どもへの助けを減らしているのではありません——実際は結果的により多く助けるのです！　この方法で手助けをするつもりだと子どもに伝えておけば，もし計画の実行が予想以上に難しいものであるとわかったとしても，計画をやり抜きやすくなるはずです。

もし，そもそも子どもが「巻き込まれ」のことを意識しているかどうかが不安なようでしたら，その答えはおそらく「イエス（意識している）」です。研究によると，ほとんどの子どもは親が提供する「巻き込まれ」をはっきり意識しています。実際，多くの場合，子どもは親よりも「巻き込まれ」を見分けるのが上手です（あなたは，それと意識せずに，子どもの不安のために「巻き込まれ」をしているかもしれません！）。ほとんどの子どもは，長期的な戦略としての「巻き込まれ」がうまくいかないことを，自分の経験から理解しています。もちろん子どもは，その場では「巻き込まれ」が気持ちを楽にして不安を取り除くのに役立つので，「巻き込まれ」が続くことを望むで

しょう。しかし，時間が経つにつれて，子どもは，「巻き込まれ」があるにもかかわらず，いまだ多くの不安を抱えていることに気づくことでしょう。

　子どもは，実は，あなたが計画を改善するのを助けることができるのです。あなたが行おうとしている変更について子どもに話すことは，その変更によって直接影響を受ける子どもを尊重するだけでなく，フィードバックや意見を求める機会にもなります。たとえば，子どもが，あなたが思いもよらなかった課題や障害を指摘することがあります。その課題を検討し，解決策を考えることで，あなたの計画はより良いものになるかもしれません。あるいはあなたの子どもは，「巻き込まれ」を少し変えたらどうかと提案するかもしれません。計画について子どもに伝えることは，子どもの許可を求めることとは違います。しかしそれは，子どもが提案することができないという意味ではありません。最終的に計画を決定し，実行するのはあなたですが，子どもの提案を考慮するのは良いアイデアです。たとえば，子どもの友達の家のお遊び会に子どもを連れていった時に，友達の家にあなたが滞在しないことで「巻き込まれ」を減らすことを計画している場合，子どもは，あなたが帰る前に10分間だけ滞在するよう提案するかもしれません。それはスタートの一歩としては合理的なものであり，あなたが間違いなく受け入れを検討できるようなものと思えます。あなたの子どもはきっと計画に反対することが少なくなるでしょうし，詳細について子どもが意見を加えることで，全体のプロセスがずっと楽になるかもしれません。あなたが子どもの提案を真剣に考えることは，子どもを助けようとして取り組んでいること，そして子どもの考えを尊重していることを，子どもに示すことにつながります。しかし，その計画はあなたの計画であることを忘れないでください！　たとえ子どもがあなたが受け入れた提案をした場合でも，子どもはそれでも実際にその変更を実行することに抵抗するかもしれません。あなたが事前に子どもに計画を話した，または子どもの提案を受け入れたという理由だけで，子どもがその計画に従うとは思わないでください。

　あなたの計画は，あなたが子どもと交わす契約ではありません。子どもは，その計画になんの約束もする必要はありません。実際，計画はすべてあなた自身の行動の変化に関するものであるべきですから，子どもがその計画に従うか従わないかのどちらかを選ぶことはできないはずです。もしあなたが，

子どもが「計画に違反している」と思うのであれば，それはおそらく，あなたの計画が（あなたが何をするかだけに焦点を当てるのではなく）子どもが何をすべきかを細部に含んでいるか，あるいは子どもが計画を実行しやすくしてくれないことに，あなたが失望しているかのどちらかでしょう。もし，子どもが何をするかということが計画の細部に含まれているからだとしたら，自分が何をするかということだけに焦点を当てるため，一度戻って計画を修正してください。もし，子どもがまだあなたの行動の変化に抵抗していることに失望しているのなら，「巻き込まれ」が減ることがどれだけ子どもにとってつらいことかを思い出し，子どもが精一杯対処していることを受け入れてあげてください。そうすれば，子どもの反応はすぐに良くなります。あなたの計画を堅く守ってください。そうすれば，あなたの子どもの反応はすぐに改善されます。

いつ子どもに計画を伝えるべきでしょうか？

「巻き込まれ」の変更について子どもに伝えるのを，ぎりぎりまで待ってはいけません。特に，子どもが不安を感じていて，あなたが「巻き込まれ」てくれることを期待している時は，計画があることを知らせるには良いタイミングではありません。なぜなら，子どもは不安を取り除くことに集中してしまっているからです。子どもは他のこと，特に今，物事を難しくさせている何かについて，考えることができないのです！

あなたとあなたの子どもの両方が比較的落ち着いている時間を選択しましょう。たとえ，計画の開始を翌日に延期し，もう1回「巻き込まれ」を提供することになっても，子どもに前もって計画について学ばせ，なぜあなたがそれをするのかを理解する機会を与えることは大事です。もし，2人の親がその計画に関わるのであれば，一緒に子どもに伝えられるような時間を見つけるようにしましょう。そうすることで，お互いにサポートが得られますし，子どもは，あなた方が同じ考えを持っていることを知ることができます。

少なくとも数分間は，他の用事から解放される時間を選びましょう。忙しい時間に子どもに計画を伝えようとすると——メールの返信や弟妹の着替え，

外出の準備，電話の応対など——大変なことになります。また，子どもには，あなたが言いたいことを聞くための自由な時間が，数分間は必要です。一部の親は，たとえば，課外活動の帰りに車に乗っている時が，子どもと計画について話す良い機会だと考えています。しかし，子どもが動揺して運転するのが難しくなりそうなら，別の時間を選びましょう。不安の強い子どもと話すために時間を確保している間は，ベビーシッターに他の子どもたちの面倒を見てもらう必要があるかもしれません。自分が家にいる時にベビーシッターを雇うのはバカバカしいと思うかもしれませんが，他の子どもの要求に応えられる人が周りにいることで，不安な子どもに集中しやすくなるのです。たとえ短時間でも，他の仕事や責任からあなた自身を解放することで，あなたにとってこれがいかに重要なことであるかを子どもに示すことができます。あなたが不安を抱えた子どもだけに集中しようと努力すれば，子どもはそれを理解します。そして，この計画は，あなたが子どもと共有したい重要なことに違いないと，理解するようになります。

何を言うべきでしょうか？

「巻き込まれ」を減らすためのあなたの計画を子どもに知らせるため，あなたが子どもに伝えるメッセージには，いくつかの目標があります。そのメッセージは，あなたが「なぜ」，「巻き込まれ」を減らそうと計画しているのかを子どもに知らせ，そして，あなたの計画の「何を」，「いつ」，「誰が」，「どのように」，「どのくらい」について，情報を与えるものでなければなりません。「なぜ」は，どうして変更を加えようとしているのかの説明です。あなたの子どもが不安，心配，ストレス，恐怖を感じていると知っていること，それがつらいことだと理解していること，しかし子どもがそのような気持ちになることがあっても対処できると知っていること。それらをはっきりと示す支援的な宣言を作ります。あなたは，「巻き込まれ」を提供することが子どもの不安を減らす助けにならないことに気づき，そして，子どもが良くなるのを助けるために「巻き込まれ」に変更を加えると決めたことを，子どもに伝えてください。次のようにメッセージを構成すると，そのことが

明確になります。(1) あなたの計画は子どもを助けるためのものであること，(2) これまで「巻き込まれ」を提供してきたことの責任はあなたにあるということ。あなたは「巻き込まれ」を要求したり，それに頼ったりしたことで子どもを責めているのではありません。単に「巻き込まれ」は役に立たないという事実を認め，子どもにとって最善のことをするという親としての責任を負っているだけなのです。

「何を」，「いつ」，「誰が」，「どのように」，「どのくらい」は，その後に続ける計画の本体になります。

- 何を：あなたが変更する「巻き込まれ」を伝える具体的な文言です。
- いつ：いつ，どのような状況で，その計画を実行するのかを子どもに伝えましょう。
- 誰が：誰がその変更を行うのかを子どもに伝えましょう。
- どのように，どのくらい：あなたの行動の変化について，具体的に説明しましょう。具体的にどのように行動を変えるのでしょうか？　子どもの不安に対して，これからどのように対応しますか？

できるだけ明確に，具体的に。ワークシート 8（あなたの計画）に書き出した計画を子どもに見せたり，子どもに自分用のコピーを持たせて保管させることもできます。あなたの子どもが，あなたがどの「巻き込まれ」を減らす計画なのか，あなたの行動がどのように変化するのか，そして「巻き込まれ」の代わりにあなたが何をするつもりなのかを，必ず知っているようにしてください。あなたがパートナーと一緒にこの本に取り組んでいて，パートナーも行動に変化を起こすのなら，あなた方それぞれが，過去にしていたこととは違うことをするであろうことを，あなたの子どもに伝えてください。

なるべく手短に！　長いスピーチをしたり，不安や対処法について子どもに説教したりしないようにしましょう。長々と話しがちな人は，「なぜ」と「何を」だけを言う練習をして，それで切り上げるようにしてください。あなたの子どもは，おそらくこれまでもあなたから，多くの戒めや説教を聞いたことでしょう。そしてもう，そんな話を聞きたいとは思っていないでしょう。メッセージに集中し続け，他のことは別の機会に譲りましょう。特に，

あなたが子どもと話したいと思っている他の問題を混ぜないようにしましょう。たとえば，子どもが不安を持ち「巻き込まれ」に依存していることに加え，あなたから見て礼儀や敬意が足りないとか，宿題に力を入れていないとか，生活の他の面でもっとうまくやるべきだとか思っていたとしても，「巻き込まれ」を減らす計画を提示する際にはそういったことはすべて除外してください！　子どもに，もっと学校の成績が良ければいいのに，と言っても，ここでは何の役にも立ちません（ごくまれに役立つこともありますが）。そうしたことは，「巻き込まれ」についての計画を，あなたが子どもに対して不満に思っている分野のひとつの話に過ぎないと思わせるだけです。

　子どもの対応能力に対する自信の表明と，あなたが最初に含ませることができる短く前向きな支援的な宣言以外のところでは，子どもの性格や人柄についてはコメントしないようにします。この計画を立てるのは，あなたの子どもが不機嫌なのか愛嬌たっぷりなのか，喧嘩っ早いのか人好きがするのか，怠け者なのか勤勉なのか，友好的なのか無愛想なのか，責任感が強いのか信用できないのか，といった性格や人柄とは関係ありません。ただ単に，子どもが不安で，これが子どもを助けるための方法だから，このような計画を立てているのです。不安を抱えた子どもたちは，さまざまな身体的特徴や，性格を持っています。ほとんどの場合，親の「巻き込まれ」を受けているという事実を除けば，彼らに共通することはありません。仮に，あなたの子どもが強い不安を抱えていて別の性格であったとします。それでも，子どもの不安は同様に作用するので，あなたは「巻き込まれ」を提供していることでしょう。子どもの性格について解釈することは不正確で，不公平なことです。そして「巻き込まれ」が，子どもが不安を感じた時の親側の反応ではなく，子どものせいによるものであるとほのめかしてしまうため，不必要な反感を買う可能性も高いのです。

　本書の巻末にある付録Ａには，ワークシート９（お知らせ）があります。これを使って，重要な要素をすべて盛り込んだあなた自身のメッセージを書くことになります。しかし，その前に，他の親が，「巻き込まれ」を減らす計画について子どもに伝えたメッセージの例を紹介します。まず，まったく正しくないメッセージの例を２つご覧ください。この親はどうすれば良かったのかを考えて，それぞれの説明を読んでみてください。次に，簡潔で協力

的かつ具体的な，良いメッセージの例を 2 つ見てみましょう。

サンプルメッセージ1：このメッセージのどこが問題なのでしょう？

ダミアン，私たちはあなたが強い子だと思うので，それを発揮できるように手助けをすることにしました。学校で話すことはあなたにとって不快なことなのでしょうし，私たちもそれを理解しています。でも，学校で，友達や先生と話せるようになることが，あなたにとって大切だということも，私たちは知っています。これまで私たちは，あなたが不快になったり，友達の前で恥をかいたりしないように，授業中にあなたに声をかけないよう先生にお願いしてきました。でも，そろそろ自分の頭の良さをみんなにアピールする時期だと思うので，もう先生に，あなたに声をかけないようお願いするのはやめようと思います。最初はつらいかもしれませんが，すぐに慣れて話せるようになりますよ。私たちはあなたの声を聞くのが大好きだし，他のみんなもそう思っているはずです！　あなたを誇りに思うわ，パパとママより。

　ダミアンの両親からのメッセージについてどう思われますか？　何かもっと良い方法はなかったでしょうか？　「巻き込まれ」を減らす計画を子どもに知らせるための良いメッセージの主要な要素を心に留めながら，じっくりと読み返してみてください。主要な要素とは，子どもの不安の問題についての**支援的な宣言**と，「巻き込まれ」の変更を行うのは「なぜ」かという理由，次に計画の「何を」，「いつ」，「誰が」，「どのように」，「どれくらい」です。

　ダミアンの両親のメッセージが良いメッセージの各要素を持っていたらどうなっていたか，見てみましょう。

支援的な宣言

　もう今ではあなたもご存知のように，支援的になるには，ダミアンの両親は受容と自信を表現する必要があります。両親は，学校で話すと彼が不快になることを知っているとを伝えましたが（**受容**），この文の後半部分は少しずれているようです。ダミアンの不快感に耐える能力に自信を持っていることを伝える代わりに，学校で話すのがいかに大切であるかに焦点を当ててい

ます。これは，両親にとっては同じことのように思えるのかもしれません
が，ダミアンはおそらくそのようには感じないでしょう。ダミアンには両親
が，「大変なのは理解している，でもとにかくやるしかないんだ」と言って
いると聞こえているのです。それは，「大変なのは理解している，でも彼の
うまくやれる能力を信じている」と言っているのを聞くのとでは，だいぶ違
います。また，子どもが行うことに焦点を当てるのには，子どもの対処能力
に自信を示すことに比べて，もうひとつ欠点があります。それは，焦点が，
両親の行動からダミアンのそれへと移ることです。今，両親のメッセージは，
「巻き込まれ」を変えるという彼らの意図ではなく，彼らのダミアンへの期
待についてのもののようにみえます。メッセージの最後に，両親はダミアン
が学校で話すことに慣れると信じていると言い，それはダミアンに対する自
信を示しているように見えます。しかし直後に「すぐに話せるようになりま
すよ」とつけ加え，焦点を両親ではなく，彼の行動に戻してしまっています。

なぜ

　両親は（この「巻き込まれ」を減らすための）自分たちの行動に，理由を
つけています。しかしその理由は，ダミアンの不安の軽減や，対処能力の向
上や，不安の克服を手助けすることについてのものではありません。その代
わりに，ダミアンの両親は，彼がいかに賢いかをみなに示すことができるよ
うに計画を立てているのだと言っています。これはまったく違うことであり，
必ずしもダミアンが自分を重ねられる目標とは言えません。また，彼が話さ
ないために，みなが今，ダミアンを賢いと思っていないことを暗に示してお
り，それが彼を嫌な気分にさせたり，以前はなかった心配を起こさせたりす
るかもしれません。不安と「巻き込まれ」に焦点を当て，他の目標や子ども
の特性からは離れるのだということを，忘れないでください。

何を

　ダミアンの両親は，何の「巻き込まれ」を変更するつもりなのか，はっき
り伝えたでしょうか？　彼らは具体的にひとつを挙げています。「授業中に
声をかけないように先生へお願いすること」です。しかし，両親のメッセー
ジからはそれが何を意味するのかが完全には明らかでありません。積極的に

声をかけるように先生にお願いするつもりなのでしょうか，それとも，声を
かけないように先生にお願いするのをやめるだけなのでしょうか？　おそら
く，ダミアンの両親は毎日先生と話をしているわけではありません。そのた
め何の「巻き込まれ」が変更されるのか，正確に理解するのは困難です。

いつ

このメッセージでは，両親の計画がいつ実行され，その変更がいつ彼に影
響を与えるのかが明確になっていません。ダミアンは毎日先生に声をかけら
れるのでしょうか？　毎回の授業ででしょうか？　一部の時間だけでしょう
か？　いつから始まるのでしょうか？　このような詳細を含ませることが，
計画を，大局的な目標ではなく，計画たらしめるのです。

誰が

両方の親が計画に関与し，2人とも同じ変更を行うことを計画しているの
は，明らかのようです。もし，その計画が，実際にクラスで周囲から声をか
けられ始めるものであるなら，両親以外に誰が関わっているのかを知ること
は，ダミアンにとって助けになることでしょう。それは教師全員なのでしょ
うか，それとも一部の教師だけでしょうか？　すべてのクラスメイトでしょ
うか，一部のクラスメイトでしょうか？　計画についてより多くの詳細を子
どもに提供しておけばしておくほど，子どもは何が起こるかを予測し，実際
に起こった時にそれを理解することが容易になります。

どのように，どのくらい

ダミアンの両親は，「巻き込まれ」をどのように縮小するかについて，彼
にあまり多くの詳細を与えていません。すでに「誰が」，「いつ」，「何を」の
ところで述べたように，このメッセージは非常に曖昧なものです。詳細な計
画には，起こるであろう変化の具体的な情報がもっとたくさん含まれている
はずです。子どものために計画を立てる時は，できるだけ明確かつ具体的に
するようにしましょう。子どもがどんな質問をするだろうか，また，自分が
もしこの計画を誰かから聞いたとしたら，どんな質問をするか，自問してく
ださい。前もって答えを用意しておくようにしましょう。「巻き込まれ」が

減るのは，子どもにとって大変な事態であるのを忘れないでください。あなたは，子どもにとって大きなストレスや不安の原因となっている子どもの生活の一領域に，変化を加えようとしているのです。あなたがより多くの詳細を提供すればするほど，子どもはその変化と素早く折り合いをつけられるようになります。また，詳細な計画を考え出すのにあなたが知恵を絞り，努力するのを見ることは，親は計画をしっかり把握しているのだと感じさせ，子どもの自信を高めることもできるのです！

サンプルメッセージ2：このメッセージは何が足りないのでしょう？

　ポーラ，あなたが私たちにとってどれほど大切か，私たちがどれほど深くあなたのことを思っているか，あなたは想像もつかないでしょう。私たちはいつもあなたのためにできる限りのことをし，あなたが最高の人生を送れるよう努力してきました。もし私たちが常に正しいことを行ってきたわけではなく，途中で間違いを犯していたとしたら，私たちは申し訳なく思います。私たちは人間であり，誰でも間違いを犯すものです――たとえ親であっても。
　あなたがOCDを発症した時，私たちはとても心配しました。ご存知のように，あなたの叔母と祖母もOCDに苦しんでおり，それが彼らにとっては大きな試練であったことを私たちは知っています。私たちは，あなたの人生が彼らよりも楽であって欲しいと願っています。そのため，あなたを助けるための方法を常に探していますし，助けになることなら世の中のどんなことでもしていきたいと思っています。クララおばさんのように，あなたも細菌や汚れのことを心配していますね。これは，OCDの非常に一般的な症状であり，家族内で起こっている可能性もあります。私たちはOCDに関する多くの本や記事を読み，いくつかの重要な情報を得たので，あなたにお伝えしたいと思います。「家族の『巻き込まれ』」と呼ばれるものが存在しており，子どもがOCDになった場合ほとんどそれが起こるといいます。つまり，親がOCDに同調し，子どもが儀式的行為を行うのを手助けするのです。家族の「巻き込まれ」は悪いことだということが判明しています。私たち自身，家族の「巻き込まれ」をたくさんしてきました。私たちはあなたが尋ねるたびに手を洗い，あなたがいつも切らしてしまうので石鹸をたくさん買い与え，ほとんど毎週

あなたが使い切ってしまうハンドジェルのボトルを与え，私たちが汚れたものを触ったかもしれないからとあなたに頼まれればいつでも私たちの服を取り替えています。これらはすべて，家族の「巻き込まれ」なのです。

　家族の「巻き込まれ」が良いものではないということが判明したので，これからはそれをやめるようにします。だから，もう石鹸やハンドジェルの追加はありませんし，手を洗うこともしません。もう金輪際「巻き込まれ」はしません！　私たちが家族の「巻き込まれ」をしているなと思ったら，私たちがやめることができるように教えてください。私たちは完璧ではないので，おそらくたくさんの間違いを犯すでしょう。でもこれは私たちの計画で，全世界で私たちの小さな娘より大切なものなんてないので，これを行うのです。私たちは心の底からあなたの最善の利益を思い，あなたにふさわしい素晴らしくも美しい人生を送ってほしいと願っているのだと，どうか信じてください。あなたの（完璧ではない），ママとパパより。

　ポーラのご両親が贈ったメッセージについて，どう思われますか？　それは確かに心の底からのものです！　両親のポーラに対する愛を感じないでいることは不可能な内容であり，愛，心配，罪悪感，そして理解してほしいという願望を含む感情に溢れている，非常にオープンで正直な内容です。子どもに率直で正直であることは良いことですが，このメッセージは実際に意図されたとおりに機能するでしょうか？　両親が計画している変化について，明確かつ支援的な方法でポーラに知らせるという，本来の目的を果たしているでしょうか？　あなたは，ポーラが両親からこのメッセージを受け取った時，どう感じると思いますか？　ポーラは，両親が，彼女のOCDのためもたらされた苦しみをあきらかにしたことで，罪の意識を感じるかもしれません。彼女は，OCDが人生にわたっての「大きな試練」となった叔母や祖母と比較されて，恐怖を感じるかもしれません。また，「家族の『巻き込まれ』」を「悪いもの」であると聞いて，それを引き起こしていることにバツの悪さを感じているかもしれません。ポーラは，両親が自分を育てる上で犯した間違いについて謝罪していることに，困惑を感じるかもしれません。あるいは，両親が最善を尽くしていて良い親であると彼女は理解していると，安心させたいと思うかもしれません。彼女は，両親が「『巻き込まれ』をしない」

と言ってきたことで，両親が彼女に何を求めているのか混乱するかもしれません。こうしたものは，大変な量の感情になります。そしてそのいくつかは，子どもが背負うには大きすぎるものです。両親が長い導入部を終える頃には，ポーラは混乱し圧倒されて，両親が自分たちの計画について何を伝えようとしているのかに，集中できないかもしれません。

　では，ポーラが両親のメッセージの中で聞くことができないものについて考えてみましょう。彼女は，強迫観念や強迫的衝動の苦痛に対処する自分の能力に対する明確な自信の表明を，聞いていないのです。自信の表明がなければ，メッセージは受容的でこそあっても，支援的なものにはならないのです。また，ポーラの両親はまた，自分たちがしようとしていることの理論的根拠，つまり「なぜ」を，説明していません。彼らは彼女に，「巻き込まれ」は悪いものだと言いました。しかし，なぜ悪いのか，自分たちの計画の方がどう良いのかは説明していません。悪いというのは感情移入しやすい強い言葉ですが，説明になっていないのです。ポーラが「悪い」という言葉をどのように理解しているかを推測するのは困難です――道徳的なものとして，あるいは現実的なものとしてか。そして，推測する必要がなければもっと良いでしょう。もし両親がポーラに，「巻き込まれ」はOCD克服の助けにならない，あるいはOCDの症状を維持しうる，そして彼女が良くなるよう「巻き込まれ」を減らすことに努める，ということを説明すれば，「なぜ」ははるかに明確になります。

　ポーラはまた，「何を」，「いつ」，「誰が」，「どのように」，「どのくらい」について，はっきり聞いていません。実際，彼女は計画の本体をまったく聞いていないのです！　彼女の両親が「巻き込まれ」を減らすことを意図していることは明らかですが，それは計画ではなく目標（それもかなり漠然としたもの）です。メッセージの「何を」の部分は，どの「巻き込まれ」が計画の焦点であるかを，ポーラに明確に知らせる必要があります。彼女の両親は，多くの「巻き込まれ」（石鹸を余分に買う，ハンドジェルのボトルを何本も用意する，手を洗う，服を着替える）を説明しています。こうした「巻き込まれ」のどれもが計画の良いターゲットになるでしょうが，彼らはどれがターゲットなのか，彼女に明確に伝えていません。彼らは，「もう石鹸やハンドジェルの追加はありませんし，手を洗うこともしません」と言っています。

これはひとつの計画に対して多くの「巻き込まれ」がある形であり，おそらく一度に行える数よりも，多いのです。彼らはまた「もう金輪際『巻き込まれ』はしません！」とも，つけ加えてしまっています。それにより，計画がすべての「巻き込まれ」について適用されるかのように聞こえてしまいます。

　メッセージの「いつ」，「誰が」，「どのように」，「どのくらい」の部分は，特定の「巻き込まれ」を減らすという目標のため，親が行動に加える変更を，できるだけ詳細かつ具体的に落とし込んだものにするべきです。ポーラの両親は，これから行う具体的な手順や変更について，ポーラに何の情報も与えていません。両親は手をまったく洗わなくなるのでしょうか？　もうまったくハンドジェルはなくなるのでしょうか，それとも少しだけになるのでしょうか？　もし少しあるのなら，いくつあるのでしょうか？　石鹸がなくなったら，両親はどうするのでしょうか？　そしてもちろん，彼らが止めることを示唆している他の不特定の「巻き込まれ」については，具体的な計画は見当たりません。明らかに，両親は心から話しています。しかし，娘のOCDに対する強い思いが，ポーラを「巻き込まれ」を減らすプロセスに適応させるのに役立つ，シンプルで明確なメッセージを作るのを邪魔しているのです。

　「巻き込まれ」を減らす計画を子どもに知らせるメッセージを考える時には，シンプルにすることを心がけてください。もし子どもが不安であるため，あなたが罪悪感や悲しみ，心配の気持ちを強く持っているなら，それはまったく自然なことであり，あなたが子どもを深く思っていることを意味します。しかし，そのような感情は，計画に関するメッセージとは切り離して考えるようにしましょう。あなたが言おうとしていることを声に出して言ってみたり，あるいは書き留めて自分に読んで聞かせましょう。そして，メッセージが簡潔で，支援的で，明確で，具体的かどうか自問してみましょう。それを邪魔しているものは，何の役にも立たないものです。

サンプルメッセージ3：良いメッセージの例

　エル，私たちはあなたのことをとても愛しているし，あなたは素晴らしい子だと思っています。レストランでの出来事以来，あなたが喉を詰まらせるのをとても心配していることを私たちは知っています。それは私たち全員に

とって本当に恐ろしい体験でした。そして私たちはあなたが再び窒息することをどれほど恐れているかを知っています。また，あなたは強い人であり，怖い思いをしながらも大丈夫であることも，知っています。あの日以来，私たちはあなたのために食べ物を細かく切ってきましたが，そうすることが，実はあなたの恐怖心を克服する助けにはなっていないことに気づきました。このことを理解した私たちは，より良い手助けをするために，ある変更をすることにしました。これからは，お父さんとお母さんは，もうあなたの食事を切らないことにします。また，食べ物が危険かどうか，喉を詰まらせるかどうかの質問にも答えません。もし聞かれたら，一度だけこの計画を思い出してもらうことにします。その後，もうその話はしません。最初は大変だと思いますが，私たちはあなたを100％信頼しています！　私たちはあなたを愛していますし，きっとすぐに怖さを感じなくなると思います。

　このメッセージの中で，両親が娘の恐怖心がいかに正当なものであるかを認めていることに注目してください。エルと両親は，エルがレストランで喉を詰まらせた時，とても怖い思いをしました。窒息のようなストレスのかかる出来事は，特にその子どもがすでに恐怖や不安のレベルが高い傾向にある場合，子どもに重度の不安の発症を引き起こすことがあります。

　エルのご両親は，メッセージの冒頭で，なんとか支援的な宣言をすることができました。エルの両親は，エルが恐れていることを受け入れ，彼女を責めませんでした！　両親は，受容のメッセージと，子どもに対する自信のメッセージを組み合わせたのです（「受容＋自信＝支援」の式を思い出してください）。彼らはまた，これまでエルに「巻き込まれ」ていたことについて責任を負っており，将来的に「巻き込まれ」を減らすことで彼女を助ける決意を表明しています。エルに責任を負わせていません。そしてこの宣言は，親が子どもに何を期待するかではなく，すべて親が何をするつもりかであることがはっきりしています。

　エルに彼らがしていることについての「なぜ」を伝える，メッセージの支援的で短い冒頭の後に，両親は彼らが減らすことを意図する「巻き込まれ」の明確な説明（何を）と「いつ」（食事の時；示唆されているルールでは，すべての食事時間に適用されるということです。しかしこのことについて親は

もっと具体的にできたでしょう），「誰」（両方の親），そして「どのように」と「どのくらい」（彼らはもはや彼女の食べ物を切ったり，窒息や食べ物の安全に関する質問に答えたりしません）についての詳細を提供しています。彼らはまた，代わりに何をするつもりなのかをエルに伝えました（一度だけ，支援的なリマインドで応答し，その後はそれについて議論しません）。

　最後に，エルの両親は，支援と希望を込めたもうひとつの宣言でメッセージを締めくくっています。彼女への愛情を表現し，両親はやり遂げました！

　このメッセージを伝えるのに，エルの両親はおそらく1分もかからないでしょう。短く，明確に，要点を押さえて伝えれば，これ以上長くはかからないのです。

サンプルメッセージ4：もうひとつの良い，完成度の高いメッセージ

　ジャクソン，あなたをとても誇りに思うわ，あなたは素晴らしい子よ！最近，君がどこかに遅れてしまうこと，特に学校に遅れることを心配している様子を見ました。これは本当に心配なことで，遅刻しないように一生懸命努力していることは私も知っています。しかしまた，あなたが心配事に十分対処できるほど強い子だということも知っています。私は，朝早くからあなたを起こし，30分早く学校に行かせる手伝いをすることであなたを助けているのだと思っていました。でも今は，それがあなたを助けるには間違った方法だったとわかりました。私はあなたを助ける方法についてさらに学びました。そして今から違う方法でやっていこうと思います。いつものように私が起こしている時間（6時30分）にあなたを起こし，普通の時間の7時40分より30分早く7時10分に学校へと出る代わりに，10分早い7時30分に家を出ることにだけ同意します。たとえ7時30分より前に準備ができたとしても，それまでは出発しません。私はこれで，いずれあなたを怒らせてしまうことをわかっていますし，申し訳なくも思います。でも，こうした変更をするのはあなたを罰するためでも私が怒っているからでもないことを知っておいてほしいのです。心配なことはあなたのせいではありません。私はあなたの気分が良くなり，心配が減るようにこの変更を行っているのです。最初はお互い大変かもしれないけれど，私はこれが正しいことだと確信しています

し，できる限りあなたの力になりたいと思っています。あなたは大丈夫にな
ります。そして私たちみなが，すぐに気分が良くなると思います。
　追伸：パパの家にいる朝は，パパが責任を持ってあなたを起こすタイミン
グと出るタイミングを決めます。パパは私の計画を知っていて，なぜそうす
るのかを理解してくれています。

　このメッセージについてどう思われますか？　支援的で，明確で，具体的
でしょうか？　確認してみましょう。受容と自信の公式を用いて，ジャクソ
ンの母親であるリンダは，支援を表現することに成功していることがわかり
ます。彼女はジャクソンに，彼の心配事とそれがいかに難しいかを彼女が受
け入れていることを伝えています。そして，彼の心配事に対処する能力を彼
女が信じていることを伝えています。彼女は，ジャクソンの気分を良くする
ためであること，そしてこれが正しい方法だと信じているからこそ，変化を
起こそうとしていることを伝える，明確な「なぜ」を与えています。彼女は，
ジャクソンに責任を負わせたり，ジャクソンの行動を変える要求をメッセー
ジに含めたりすることは避けました。
　「何を」，「いつ」，「誰が」，「どのように」，「どれくらい」についてはどう
でしょうか？　リンダは，これらの疑問のすべてに明確な答えを与えている
ようです。彼女は息子に，自分が変えようとしている「巻き込まれ」は彼を
早く起こし，学校に早く行くことであると知らせ（何を），その計画はジャ
クソンが彼女の家にいる朝だけに適用され，ジャクソンの父親は別の行動を
選ぶかもしれないこと，そして計画は「今から」有効になることを明確にし
（いつ，誰が），両方の「巻き込まれ」に彼女が行おうとしている具体的な変
更について詳述しています（どのようにして，どのくらい）。
　このメッセージと計画について，さらに注目すべきことが２つあります。
第一に，リンダはジャクソンを特別に早く起こす「巻き込まれ」を完全にや
めることにしましたが，早く家を出る「巻き込まれ」は部分的に減らすだけ
にしました。「巻き込まれ」を完全に止めることも，部分的に減らすことも，
どちらもジャクソンの不安を減らすための良い方法です。しばらく計画を実
行した後，リンダはさらに一歩進んで，早く家を出ないことに決めるかもし
れません。その場合，リンダはもうひとつ支援的なメッセージを作り，ジ

ャクソンが理解し準備ができるよう，新しい計画を説明するだけです。また，7時30分に家を出るのをリンダが合理的な戦略だと判断し，もはや「巻き込まれ」ているのだと思わなくなるか，ジャクソンがこれらの変更の結果，心配をしなくなり，遅れることや早く出ることにこだわらなくなるかによって，次のステップが不要になることもありえます。いずれにせよ，部分的な「巻き込まれ」から始めるのは，良い計画です。もっとも重要なのは，計画を立て，それを明確に説明し，計画に取り組むことなのです。

リンダの計画は，ジャクソンの父親がそれに従わない場合，効果的なものになるのでしょうか？　もしパパが自分の家で「巻き込まれ」を続けたら，リンダが「巻き込まれ」を減らすことの差し支えになるでしょうか？　答えは「イエス（効果的なものになる）」です。あなたがコントロールできる状況では一貫した形で「巻き込まれ」を減らしていれば，あなたのコントロールの及ばないところで「巻き込まれ」が続いている他の状況があったとしても，うまくいく可能性が高いです。ジャクソンは，母親が彼の対処能力を完全に信頼していることを知り，そして朝に「巻き込まれ」がなくても大丈夫であることに気づくことでしょう。たとえ父親がその計画に反対したり，同じことに集中していなくても，ジャクソンの不安はおそらく減少することでしょう。忘れないでください，本書で紹介する方法では，自分が実際にコントロールできることを変えることだけに集中します——ほかの誰にも変更を強制しません。あなたは，子どもの思考や感情，行動を直接コントロールできないことを知っています。そうしたものに挑戦することで無用な争いを引き起こすのではなく，自分自身の行動を改めるのです。そして同じことが，世の中の他のすべての人々にも当てはまります。実際，あなたは彼らの誰もコントロールすることはできません。たとえ自分の意見が正しくても，他人を自分の意見通りに変えさせようとすることは，望むような変化をもたらすよりも，対立を招く可能性が高いのです。もちろん，ジャクソンの母親は，自分が学んだことをジャクソンの父親に説明して，父親に2人が納得できる計画を一緒に立ててくれるかどうか確かめることもできるでしょう。しかしそうしないのであれば，彼女は自分の家の朝のことに集中するのが賢明です。

事前にジャクソンに，この計画は自分の家の朝にしか当てはまらないと伝えておくのも賢い方法です。こうすることで，たとえ父親がその計画に従わ

なかったとしても，計画は完全に一貫したものとなりえます。ジャクソンの計画においての一貫性とは，母親が普通の時間に彼を起こし，10分以上早く学校に行かないということを意味します。もし父親がそうしなかったとしても，その朝は明らかに計画の一部ではないので，計画はまだ完全に一貫したままです。このように，「いつ」，「誰が」という部分を明確にすることは，とても賢明なことなのです。そうすることで，リンダは一貫性のないものを，一貫性のあるものに変えることができるのです。そう考えると，一貫していることと不変であることは違うので，**不変ではなくても一貫している**ことはたくさんあることに気づきます。たとえば，ジャクソンは毎日一貫して学校に通っているでしょうが，週末や祝日は学校に行きません。これは，彼の学校のスケジュールが，一貫性のないもので，予測不可能で，混乱しているということでしょうか？　もちろん，そんなことはありません。ジャクソンは，学校がある日は学校があり，週末にはないことを知っています。それは完全に予測可能であり，ルールは一貫しています。学校の日がどういうわけかランダムになり，ジャクソンが学校があるかどうかわからないまま毎朝目を覚ましたとしたら，それは間違いなく混乱したものと言えます。しかし，明確なルールに従って変化するスケジュールは，一貫したスケジュールであることに変わりはないのです。

書いたメッセージを使うこと

　さて，本書巻末の付録Aにあるワークシート9（お知らせ）を使って，「巻き込まれ」を減らす計画をあなたの子どもに知らせる，自分なりのメッセージを書き出す準備が整いました。書き出したら，自分自身で声に出して読んでみてください（他の人に読んでもらうことも検討してみてください）。明確で支援的な内容になっていますか？　もしちょっと違うかなと思ったら，自信の持てるメッセージになるまで，いくつか変更してみてください（ワークシートをコピーしても良いですし，コンピュータに入力しても良いでしょう）。また，1，2回声に出して読むと，子どもにメッセージを伝える時に，より自然に感じられるようになります。

　メッセージができあがったと思ったら，もう１枚コピーをとることを強くおすすめします。あなたが読めるようにしておくためと，子どもに渡して保管させておくためです。メッセージを読み上げそれを子どもに渡すことは，単に子どもにメッセージを口で伝えるよりも，明確な利点があります。もっとも重要な利点は，書かれた文章を声に出して読むことで，自分の意図する内容を正確に伝えられることです。読み上げるのではなく，話して伝える場合は，あなたは自分が何を言おうとしているのかがわからなくなってしまうものです。混乱したり，ワークシートに書いたことを正確に覚えていなかったりするかもしれません。あるいは，子どもが口を挟んだり質問したりして，あなたの気が散ってしまい，言い回しを違う表現に変えてしまうかもしれません。簡潔で，明瞭で，具体的なメッセージのスタイルが，あなたのいつもの会話のスタイルではない場合，典型的な話し方に戻ってしまうかもしれません。あなたはこのメッセージに多くの考えを盛り込んできました。それが，あなたが何か他のことを言ってしまったら，無駄になってしまうのです。

　書かれたメッセージを使用することは，子どもがあなたが言わなければならないことを聞きたがらない可能性に対処するのにも，役立ちます。子どもにメッセージを聞く気がないのであれば，紙に書いてあることをそのまま読んで去ってしまう方が，その場に２人で座って，関心がない子どもに話して聞かせるよりも，楽なことでしょう。もし，あなたが子どもとコミュニケーションの問題を抱えている場合，あるいは，２人の関係がひときわ緊張してピリピリしている場合には，書き出された発表の紙を読み上げることは，普通の会話を試みてうまくいくことを願うより，はるかに重要かつ優れた手段となります。これは実際，会話ではなく，あなたから子どもへのメッセージであるということを忘れないでください。あなたの子どもからインプットや反応があるかもしれませんが，それはそれでかまいません。大切なのはあなたが子どもに伝えたい情報です。メッセージを読むことで，いつものように会話するよりも，議論や口論に発展する可能性は低くなります。

　また，メッセージを書いたものは，子どもに渡すことができ，あとで子どもが望めば読み返すこともできます。まだ字を読めない子どもでも，あなたの書いたメッセージを取っておきたいと思い，受け取ることを喜ぶこともあります。あなたの子どもは，不安や動揺のために，あなたが聞いてほしいこ

とになかなか集中できないかもしれません。その場合でも，あなたが子ども
にメッセージのコピーを渡しておけば，子どもは落ち着いた時にいつでも読
み返すことができます。もちろん，あなたの子どもはメッセージを読まない
という選択をすることもあるでしょうし，それでもかまいません。たとえ，
子どもが，気に入らない，あるいは動揺させるという理由でメッセージを投
げ捨ててしまっても，問題ありません。あなたは子どもにあなたの計画とそ
れを行う理由を知らせるだけです。そしてあなたの子どもはその瞬間に，子
どもが正しいと思うどんな反応でも自由にできるのです。

　書いたメッセージを子どもに読み上げることに，あなたは奇妙で不思議な
感じがするかもしれません。親子で会話するよりも堅苦しく感じられるかも
しれませんが，それで良いのです。実際，少し普段通りでないか，違ってい
るという感じがするくらいが，この場合ちょうど良いのです。そうすること
で，子どもにも「いつもと違う」ということが伝わります。子どもは，あな
たが本当にいろいろ考えた上で，これまでとは違うことを始めるのだとわか
るからです。形式張ることは，その状況に重要感と，特別なものだと感じさ
せる興奮さえ与えることができます。書かれた発表に対する子どもの反応は
さまざまでしょう。親が時間をかけて，子どもを助けるにはどうすれば良い
か考え，その子のためだけの計画を書いてくれたことを，とても重要なもの
であると子どもが感じることも，珍しくありません。

子どもに計画を伝える際の問題

あなたが子どもと計画を共有する準備が整いました。

- ・あなたは「巻き込まれ」を減らす計画について，どのように子どもに
　知らせるか考えてきました。
- ・あなたは，メッセージが簡潔明瞭で，**支援的な**宣言と計画の「なぜ」，
　「何を」，「いつ」，「誰が」，「どのように」，「どのくらい」を含んでい
　ることを確認しました。
- ・あなたはあなたと子どもの両方が，あなたの言うことに集中できる良

いタイミングを選びました。

・これであなたが考えていることを子どもに知らせる準備が整いました。

　あなたのメッセージを子どもに伝えるのは，それでもなお難しいことになるかもしれません。そのため，いくつかの一般的な問題に備えておくのが良いでしょう。このセクションを読みながら，どのような試練があなたとあなたの子どもにもっとも当てはまりそうかを考え，それらに対処するためのアドバイスを検討してみてください。しかし，物事が思ったように進まなくても心配する必要はありません。重要なのは，あなたが次のステップのために最善を尽くしたこと，そして……あなたは子どもの行動をコントロールできないのです！

子どもが聞きたがらない

　あなたは，子どもがあなたの言うことを聞こうとしないことに気がつくかもしれません。せっかく丁寧で支援的なメッセージのため多大な労力を費やしたのに，この様子では，イラ立たしくがっかりさせられるでしょう。しかし，子どもが話を聞きたがらないからといって，驚かないでください。おそらく子どもは，あなたが以前言ったことを繰り返すつもりであり，それらを二度と聞きたくないと思っているのでしょう。もしあなたが以前にも，子どもに期待している変化や，不安について子どもを責めているようにも聞こえることに，焦点を当てたことがあるとしたら，子どもはこの新しいメッセージを聞くことを特に嫌がるかもしれません。

　あるいは，子どもの不安について話すことが，子どもを不快にしたり不安な気持ちを引き起こしたりするのかもしれません。子どもは，あなたが自分の気に入らない変化を計画しているのではないかと心配しているのかもしれません。子どもの興味の欠如は，あなたのメッセージの内容とはほとんど関係がないかもしれません——たとえば，彼は気分が悪いか，不安とは関係のない理由であなたに腹を立てているのかもしれません。子どもは何か他のことをしたいか，あるいは他のことを話したいと，その時に思っているのかもしれません。

どのような理由であれ，激しい口論になるのは得策ではありません。たとえあなたが議論に勝ち，子どもの注意をとらえたとしても，子どもが自分の意志に反して話を聞かされたように感じれば，子どもがあなたの言わんとすることを聞いて，考えてみようとする可能性は低くなります。(1) 短い話であること，(2) 1分ほどで終わること，(3) 新しいものであることを，はっきりさせるようにします。子どもに，答えや特別なことをするのを求められていないこと，そしてあなたが話そうとすることには多くの考えが入っていることを伝えましょう。それでも子どもに聞く気がないようなら，無理強いしないことです。自分の言いたいことを言って，子どもの前から去ってしまえば良いのです。また，子どもとまったく話すことができないと感じるのであれば，代わりに書き出したメッセージを渡すことも考えてみてください。もし子どもが読まなくても，あなたの計画を実行に移すことができますし，子どもがあなたの行動に戸惑うようであれば，あなたはその時点でメッセージを読むことを申し出て，もう1枚コピーを渡してあげれば良いのです。

子どもが不安になるか，動揺する

子どもがあなたのメッセージの内容に非常に腹を立てているのを見たら，あなたの本能は子どもを一旦止めて，慰めようとするかもしれません。子どもの気分を良くしたいと思い，苦痛を引き起こすようなことは言いたくないのは，自然なことです。でも，慰めるのは計画を伝え終えてからにしましょう。そうすることで，子どもは，あなたが大変なことであるとわかっていても，子どもを助けようと決意していることを知ることができます。計画を伝えるのに時間はかかりませんし，あなたが何をしようとしているのかがわかってから，彼女をなだめる時間ができます。

子どもが動揺しているからといってメッセージを止めることは，あなたが子どもに必要な情報を与えるのを妨げることに加え，2つのデメリットがあります。

1. それはあなたの子どもに，子どもが動揺していると，自分の計画を実行できないと教えることになります。これは良いレッスンではあ

りません。なぜならおそらく，あなたが実際に「巻き込まれ」を減らしている時に，子どもがどれだけ動揺しているかをあなたに見せるために必死になることを意味するからです。あなたが子どもの気持ちを深く考えているにもかかわらず——たとえそれが子どもを不快にさせても——ときにはあなたがベストだと思うことをしなければならないのだと，子どもが理解することが大切なのです。

2. それは支援とはまったく異なることを伝えてしまいます。支援的であるということは，子どもの苦痛に耐える能力に，あなたが自信を持っていることを示すことです。もし子どもが苦痛を感じるからと言ってメッセージを止めるのであれば，それは，本当は子どもがそれに耐えられるとは思っていないことの表れです。そうでなければ，なぜ止めるのでしょうか？

　それでは，深呼吸をして，あなたが言いたいことを言い終えましょう。そしてもし，子どもがまだ動揺していたら，気持ちを和らげてあげましょう。落ち着くまで少し時間がかかるかもしれないことを受け入れ，しかし子どもは最後には必ず落ち着くという自信を持っていましょう。

子どもが怒り始める

　「巻き込まれ」を減らすつもりであることを知らせたことで，子どもがあなたに怒り始めたとしても驚かないでください。怒らないわけがないでしょう？　あなたは，子どもがとても頼りにしているものを取り上げるつもりだと言っているのです。もし誰かがあなたの許可なく，あなたにとってとても大切で，人生の大きな問題に対処するために頼りにしているものを取り上げたら，怒るのではないでしょうか？　もちろん，あなたはその誰かに激怒することでしょう。大切なのは，怒り返さないことです。あなたの子どもがあなたの計画に対して何らかの怒りをもって反応することがいかに自然なことかを思い出せれば，子どもの怒りを不安の自然な発露とみなし，敵対するのではなく共感することが簡単になります。

　第1章で，闘争・逃走という概念を説明したことを思い出してください。

これは私たちが不安になった時に立ち上がる身体的システムを説明したものです。人が恐怖を感じる時，身体はこのシステムを活性化させることで脅威に対処する準備をするのです。闘争・逃走状態の間は，血圧が上がり，心拍数が上がり，呼吸が速くなり，感情が変化します。

　ほとんどの人は，闘争・逃走反応と恐怖という感情を結びつけて考えます。私たちは恐怖を感じることで，体内で生成されるエネルギーのブーストを使って，できるだけ速く逃げ出そうとするのです。しかし，恐怖と逃げ出すことは，反応の半分に過ぎません。逃げ出すのは「逃走」ですが，それでは「闘争」はどうでしょうか？　この急性ストレス反応のシステムが発動すると，逃げるのと同じくらい簡単に戦うようになります。そして戦うように仕向ける感情には，恐怖だけでなく，怒りや憤怒までも含まれます。子どもの怒りは，恐怖と同じくらい強力な不安の表れです。ですから，子どもにあなたの計画を話した時に子どもが怒ってしまったら，「闘争・逃走」の「闘争」の部分を思い出してみてください。「これは子どもの不安な気持ちだ。彼が怒るのは仕方がない」と自分に言い聞かせます。そして，深呼吸をして，落ち着いて，メッセージを伝えるようにしましょう。

　子どもの反応が不適切あるいは滅茶苦茶だと思い，そして子どもの行動に境界線を引くのがあなたの仕事だと考えていたとしても，今は子どもの指導をする時ではありません。あなたが子どもの怒りで計画について話すことから逸れ，子どもの受け入れがたい行動へと焦点を移したら，それは，不安が回避を作り出すことに成功したことになります。あなたは子どもを叱っているつもりかもしれませんが，それはおそらく，子どもが自分を不安にさせるものを避けるのを助けてしまっているのです。あなたの計画を聞くことに，子どもが耐えられるという自信を持ちましょう。事態が落ち着いてから，まだ子どもの無作法に対処する必要があると感じたら，双方が冷静になって「巻き込まれ」に関するメッセージが伝わった時に，対処すれば良いのです。

子どもがあなたと口論する

　子どもは，計画についてあなたの考えを変えようとするかもしれません。そうしないはずがないでしょう？　もし子どもがその計画が気に入らないの

なら，あなたにやめるように説得するのが当然ですよね？　あなたは子ども
の言うことを聞いて，有益な提案があればそれを検討することはできますが，
口論になってはいけません。口論は，2人の人間がお互いの考えを変えよう
とする時に起こります。もしあなたの子どもがあなたの考えを変えたいと思
っているのなら，子どもがあなたを議論に引き込もうとすることは理にかな
っています。しかし，あなたは子どもの心を変える必要はまったくありませ
ん。もしあなたが，子どもを計画に同意させることは不可能であり，その必
要もないことを覚えているなら，口論に巻き込まれることはないでしょう。
あなたが，子どもが同意する必要はなく，あなたは自分が最善と信じる方法
で行動できることを受け入れていれば，口論を止めるのは簡単なことでしょ
う。子どもは口論を続けるかもしれませんが，あなたが言い返す必要はあり
ません。一度だけ，あなたはこれがベストだと思うこと，あなたはこれをす
るつもりだということを伝え，あとは流れにまかせておけば良いのです。あ
なたが議論に参加していないことがわかると，子どもは簡単にやめてくれる
ようになります。

　ここで，子どもとの口論に巻き込まれないためのちょっとしたコツを紹介
します（これは，不安や「巻き込まれ」に関するものだけでなく，他の議論
にも有効です）。あなたの子どもがあなたと卓球をして遊ぼうとしています
が，あなたは遊びたくないと想像してください。子どもはボールを拾い上げ，
あなたに向かって打ちます。あなたは遊びたくないのでボールを投げ返し，
「私は遊ばないよ」と言います。あなたの子どもはまたあなたにボールをぶ
つけ，あなたはそれを拾って，今度は少し怒りながら，すぐに投げ返します。
あなたの子どもはもう一度あなたにボールをぶつけ，あなたはまたそれを投
げ返します。何が起こっているかわかりますか？　あなたは遊びたくないの
で，ボールを投げ返し続けています。でも，あなたが投げ返す限り，子ども
はまたあなたに打ち返すだけです。あなたは卓球をして遊びたくないと言っ
ていますが，結局卓球で遊んでしまっているのです。やりたくないと思って
することで，実はやってしまっているのです。あなたが本当にやりたくない
のなら，どうすれば良いのでしょうか？　一番良いのは，ボールを完全に無
視することです。ボールがあなたに当たって床に転がるのを放っておくので
す。子どもはそれを拾ってまたあなたに当てるかもしれませんが，もしあな

たが，ボールを跳ねて転がったままにし続けていれば，子どもはいつまでも
それを続けることはできないでしょう。ボールは，あなたが口論したくない
時の子どもの言い分のようなものです。あなたが口論を投げ返し続ければ，
おそらく子どもは止めないでしょう。自分に「私は遊ばない。私はボールを，
跳ねて転がったまま放っておくんだ」と言い聞かせると，口論が止まるのが
早くなるのが，あなたにもわかることでしょう。

　子どもがあなたを計画から手を引かせようと説得してきても，反論しては
いけない理由がもうひとつあります。もしあなたが口論を続けるなら，あな
たはおそらく，子どもに説得できる可能性があると感じさせているのです。
あなたが議論を続けているという事実だけで，子どもは議論に勝てるチャン
スがあると思うようになるのです。意外かもしれませんが，親がある問題に
ついて議論を続けていると，たとえ言っていることが一貫して同じであって
も，子どもは通常，答えが変わる可能性があるという意味に受け取ります。
もしあなたがこのことに困惑するようなら，次のようなシナリオを考えてみ
てください。

　　ある日，子どもが学校から帰ってきて，500万円のロレックスの時計を買
　うようにあなたに頼んだとします。もちろん（私の仮定ですが），あなたはそ
　んな時計を買ってあげるつもりはないでしょうから，「もちろん，そんなこ
　とはしません！」と言います。しかし，子どもはロレックスをねだり続けま
　す。あなたはそのことについて彼と議論するつもりがありますか？　おそら
　く違うでしょう。あなたは，それを買うことはないし，そのことについて話
　すのは時間の無駄だとわかっています。おそらく，はっきりとそれはありえ
　ないと伝え，もし彼がねだり続けても，その議論はバカげているので，無視
　するでしょう。子どもは親のことを良く知っていて，あなたがまだ議論をし
　ているということは，あなたが自分の答えに100％の自信は持ててないことを
　意味していると知っているのです──あなたが口で100％だと伝えていたとし
　ても。だから，彼らは頑張り続けるつもりなのです。もしあなたが自分の計
　画について子どもと口論し続けるなら，あなたは子どもに，自分が同意しな
　ければあなたは計画を実行できない（これは正しくありません）という印象
　を与えるだけでなく，子どもが長く口論を続け，正しい言い方を思いつけば，
　あなたの考えが変わる可能性があることを知らせていることになるのです。
　もし子どもがそう思っていたとしたら，子どもが自分で口論をやめる可能性

は低いでしょう。

あなたは子どもに計画を伝えました，では次に何をするのでしょう？

あなたがメッセージを伝えたら，今度はあなたの計画の実行を開始する番です。これからのあなたの使命は，できる限り一貫して計画をやり抜くことです。あなたの「巻き込まれ」計画の実行が一貫していればいるほど，子どもの不安は早く解消されます。あなたはいつも成功するとは限りませんが，挑戦を続けてください。研究によると，子どもの不安に対する支援的な対応を一貫した形で増やし，提供する「巻き込まれ」を減らしていく親は，子どもに直接行う個別の認知行動療法と同じくらい，子どもの不安を減らす力を持っていることがわかっています。次の章からは，計画の実行について述べますが，あなたにはもうその準備は十分できていますよ！

この章で学んだこと

- ・なぜ，計画について子どもに伝えるべきなのか
- ・計画を子どもに伝えるべきタイミングはいつか
- ・メッセージが，簡潔でかつ支援的で，あなたの計画の「なぜ」，「何を」，「いつ」，「誰が」，「どのように」，「どのくらい」を含んでいることを確かめよう
- ・なぜ書き出したメッセージを使うべきなのか
- ・次は何をするのか

第11章

計画に取り組みましょう

記録をつける

　「巻き込まれ」削減の計画を実行に移すにあたって，計画通りに実行できた時，計画を変更する必要があった時，計画を忘れたり何かの理由で実行できなかった時の，記録をつけておくことが重要です。本書巻末の付録Aにあるワークシート 10（「巻き込まれ」ターゲットのモニタリング）を使って，記録をつけ，進捗状況をモニタリングしましょう。どのように進み，どのような困難に遭遇したかを書き留めることで，課題の把握，解決策の立案，計画の実現性を高めるために必要な変更点の洗い出しが，できるようになります。何が起こったかをあとで理解できる程度のワード数で，できるだけ多くの状況を書き出してください。たとえば，テレビの音量が一定にセットされていないと子どもが不安になるため，別の音量にセットすることが計画に含まれていたとしたら，すぐにこのように書き留めておきましょう。「火曜日の午後。両親が遊びに来ていて，その前でケンカしたくない。元の音量レベルにセットした」。あるいは，計画が，社交不安のある子どもの代わりに話すことをしないというもの場合も，記録をつけます。「ファミリーレストランで夕食。M子には注文しなかった。彼女は何ももらわず，R男の料理をシェアした」。

はじめに予想されること

「巻き込まれ」を提供しない計画を最初に実行する時は，大変な事態になります！ 子どもが不安になったり，動揺したり，怒ったりする可能性があることを覚悟してください。あなたは子どもにとって良いことをするのですが，それは子どもにとって大変なことであることを忘れないでください。あなたが冷静でいられれば，子どもも早くバランスを取り戻しやすくなります。

　　ゾーイは大きな音を怖がりました。彼女はすぐに驚いてしまい，うるさい音を聞くのを嫌がるのです。彼女の両親であるジュディとエリックは，突然大きな音がしそうな時に警告することで，ゾーイを助けようとしました。エアコンをつける前や，煙探知機のテストをする時に，ゾーイに伝えるようにしていました。しかし，ゾーイの恐怖は，たとえ事前に警告を受けていたとしても，音に動揺してしまうまでになってしまいました。彼女は風船が割れるのが怖くて誕生日会に出られませんし，兄のサッカーの試合も観客の声がうるさいので見に行けません。ジュディとエリックは，ゾーイを気の毒に思い，彼女がますます多くのことを避けているように見えることを心配しました。「巻き込まれ」マップを作った時，ゾーイの恐怖心や敏感さのために，自分たちがどれほど行動を変えているかに驚きました。話し合いの結果，彼らは，自分たちが慣れ親しんできた「巻き込まれ」の細かなものすべてに気がつきました。彼らは，大きな音が出るため，ゾーイが寝るまで流しのゴミ処理機の電源を入れませんでした。彼らは携帯電話も，大きな音で鳴らないように常にマナーモードにし，振動するだけでも大きな音が出るので，テーブルや机の上に置かないことにまで気をつけていました。エリックは煙探知機をチェックするのが数カ月ぶりであることに気づきました。また彼らは，暑い日でもエアコンを使わないようにしていることにも気づきました。彼らは，「チン」という音がするため，電子レンジを温めが終わる直前に止めていました。彼らは，ゾーイの妹に家では静かに話すようにさせましたが，それはたいていうまくいきませんでした。彼らは，どんなに激しい夫婦喧嘩をしても，声を荒げたり，音を立ててドアを閉めたりすることはないねと，冗談を言い合いました。

　　ジュディとエリックは，流しにゴミがある時はいつでもゴミ処理機を使い，電話の呼び出し音をオンにし，毎週煙探知機をチェックするという，「巻き込

まれ」削減計画を立てました。彼らは，自分たちが何を計画しているのか，なぜそれをするのかを，ゾーイに知らせました。ゾーイはそれに対してあまり多くを語らず，静かな様子で，メッセージを伝えてから1，2時間はひきこもりました。

　ジュディとエリックは，彼らの計画には電話の呼び出し音をオンにすることが含まれていましたが，最初にゴミ処理機と煙探知機で一度か二度練習するまで，それを行うのを待つことにしました。彼らは，計画の最初のステップをいつ行うかを，自分たちで決められるようにしたかったですし，突然電話が鳴って驚くようなことはしたくなかったのです。次の日の夕食後，ジュディは洗い物をしていて，その時が来たことを知りました。彼女はゴミ処理機のスイッチを入れる前にゾーイに計画を思い出させることを考えましたが，すでに伝えているので，そのまま実行することにしました。ゴミ処理機のスイッチを入れ，どうなることかと息を呑みました。近くのリビングで座って本を読んでいたゾーイは，飛び上がりました。彼女は立ち上がり，自分の部屋へ走り込みました。1分もしないうちにゴミ処理機の作動は終わりましたが，ゾーイは自分の部屋にいるままでした。40分後，ジュディが彼女のところへ行くと，まだ部屋にいました。ジュディには，ゾーイが動揺しているのか，怖がっているのか，それとも怒っているのかわかりませんでしたが，ゾーイと対決することを懸念していました。ジュディはドアをそっとノックし，頭を部屋の中に入れました。ゾーイはベッドで本を読んでいました。彼女はジュディを見て，自分の本に戻りました。ジュディは，「私はただ，ゾーイを誇りに思うと言いたいの。あの音はあなたにとって不快なものだったと思います。それにあなたが対処できたことを誇りに思います」と言いました。ゾーイは何も答えず，ジュディは彼女を1人にしました。寝る時間になると，エリックはゾーイに寝る準備をするように言いに行き，彼女と普通に話をすることができました。彼はいつものように冗談を言い，ゾーイは一緒に笑いました。

　次の日の午後，エリックはゾーイに煙探知機の点検をしなければならないと言いました。この時，ゾーイは怒りました。「ダメよ！」と彼女は言いました。「そんなことしちゃダメ。あなたのバカな計画のせいで，わざとやってるんでしょ。私がいなければ，そんなことしないんだから。もうやめて！」。エリックは彼女に，彼は彼女が音が嫌いであると知っているということ，しかし安全は大事であり，彼女なら大丈夫だと思うと話しました。ゾーイは両手で耳を塞ぎ，そしてエリックは家中の煙探知機をテストしました。エリックがテストを終えると，ゾーイは泣いていました。彼女はその日1日，とても動揺したままで，夕食の時もまったく口をききませんでした。夕食後，エリッ

クがゴミ処理機を作動させると，ゾーイは両親に向かって「なんでこんなことをするの？　これから世界中のすべての音を出すつもりなの？」と怒鳴り，再び自分の部屋へ突進しました。

　計画を始めると，最初は変化が新鮮で，慣れないものと感じます。あなたも子どもも，新しいルールを試し，学んでいるのです。あなた方みな，すぐにその変化に慣れ，楽なものになっていきます。子どもが，あなたが自分の計画をやり抜くつもりであることを確信するまでに，数回必要かもしれません。過去に試した計画やルールで，最終的に定着しなかったものがあることでしょう。たとえば，ごほうびシールの表を使ってみたものの，数日後には忘れてしまったという経験はありませんか？　あるいは，子どもに家事の役割を与えたものの，それがうまくいかなかったので，責任を取り下げたことはありませんか？　あるいは，あなた自身のことについて決意したものの，数回実行しただけであきらめたことはありませんか？　子どもは，一度やったことが必ずしも永続的なルールになるとは限らないことを知っています。もし変化が大変なことであるとわかったら，子どもはあなたが以前のやり方に戻ると思っているかもしれません。たとえ子どもが嫌がることがあっても，あなたが一貫してその計画を守っているのを見れば，子どもはその変化がずっと続くものだと理解するものです。

　また，別の理由からも，何度か繰り返すうちに楽になるということが言えます。子どもの不安が解消されていくからです。あなたが「巻き込まれ」を提供しない最初の時は，あなたの子どもは動揺するでしょう。しかし，いったん落ち着くと（必ずそうなります！），子どもは素晴らしい新しい経験——自分で自分を落ち着かせることができるようになるという経験——をしたことになります。この，自分で自分の不安を調整する能力こそが，不安な子どもにもっとも必要なものなのです。あなたは，たった一度だけ「巻き込まれ」をしなかったことで，彼にその味を教えたことになるのです。しかし，一度やったことがすぐに簡単にできるようになるわけではありません。それには練習と繰り返しが必要です。あなたがしばらく計画にしがみつき，あなたの子どもがあなたの助けを借りずに自分を落ち着かせることを繰り返した後，子どもは不安になることを恐れなくなります。そしてそれこそが，不安

を減らすことへの鍵なのです。

支援的であり続ける

「巻き込まれ」ターゲットを一貫して減らす，またはやめさせるための計画を，あなたが実行し続けるには，これまでと同じように支援的な反応をし続けることが重要です。実際，あなたの支援的な宣言は，今やまったく新しいレベルの意味と影響を持つようになっています。「巻き込まれ」を減らしている今，あなたは子どもに，子どもがどれだけ強いかあなたが自信を持っていることを伝えているだけではありません——それを実際に示しているのです！　「巻き込まれ」の提供をしないたびに，あなたはもっとも強力な方法で，「私はあなたを信じています」，「あなたがこれができることを私は知っています」と子どもに伝えているのです。

あなたの子どもは，子どもができないことをするのをあなたが求めているのではないことを知っています。たとえば，子どもはどう自転車に乗れるようになるかを考えてみてください。誰かが，多くの場合母親か父親が，最初は子どもと自転車を補助し，それから手を離します。あなたが自転車を手放すのは，子どもは今はまだ乗り方を知らないけれど，必ず技術を身につけることができると確信しているからです。赤ちゃんを自転車に乗せて，手を離すことはしないでしょう。赤ちゃんが乗れるようになるという確信がないのですから，そんなことはできませんし，赤ちゃんが転んだとしたら，残酷ですし無意味なことです。赤ちゃんがある程度大きい子どもになって，自転車に乗ることを学んだら，ようやく手を離すのです。転ぶ可能性が高いことはわかっていても，転ぶことはもう無意味ではなくなっています。転倒は，新しい能力を身につけるための不快なステップなのです。違いは，転ぶことではなく，この子どもにならできるだろうという，あなたの信念にあります。

あなたが「巻き込まれ」を手放す時，あなたが自転車を手放した時と同じように，子どもが多少の不快感を覚えるかもしれないとわかっているはずです。しかし，子どもの不安に対処する力を信じることで，その不快感は一時的で，価値のあるものになります。また，子どもは，あなたが子どもが対処

できると本当に信じていない限り，「巻き込まれ」を手放すことはないことを理解します。だから，「巻き込まれ」を減らすことで，支援的な宣言がよりリアルなものになるのです。

できるだけ多くの支援的な宣言を伝えるようにしましょう！　子どもが不安を軽減するための内的能力を調整し発達させるにつれて，あなたが不安を感じることの大変さを理解していて，子どもがそれを処理できると信じていることが，子どもにわかるようになります。

ほめる

あなたの行動における「巻き込まれ」の変化に対応していることについて，子どもにたくさんの称賛とポジティブな強化を与えましょう。それにより，あなたが大変な挑戦であることを理解しているのが，子どもに伝わります（これも受容を示す方法です）。またほめることは，あなたが，子どもが不安になることや「巻き込まれ」を求めることを罰するためではなく，子どもを助けるためにこのような変更をしていることを，子どもに思い出させます。結局，親は，罰を完了した時よりも，何か良いことをした時に，子どもをほめる可能性がずっと高いのです。あなたの子どもにたくさんの称賛と励ましを与えることで，あなたが子どもの味方であり，不安が減るよう子どものために戦っていることを，はっきりさせるのです。

子どもが実際に何かをした（あるいはしなかった）ことではなく，あなたが「巻き込まれ」をしないという困難に，対処しやり過ごしたことをほめているのだということを忘れないでください。これはほとんどの場合，子どもにほめるべき何かを見つけられることを意味するのです！　「巻き込まれ」が減ったことにうまく対処——おそらく自分で対処しようと努力したのでしょう——したか，苦情や苦痛の声で対応したかにかかわらず，子どもが困難な状況に対処し，やり過ごしたことについてほめてあげましょう。

また，親以外の人からの称賛も，子どもにとってはとても意味のあるものになります。第12章では，あなたの「巻き込まれ」の変化に対して子どもが困難な反応を示した場合，あなたとあなたの子どもを知る他の人たちが，

あなたが支援的に対処するための助けになってくれることについて書いてあ
ります。しかし，物事が順調に進んでいる時でも，肉親以外の人は，あなた
の子どもに称賛を与えること，子どもが対処している困難を認めること，そ
れを乗り越えたことをほめることにつき，助けになります。祖父母や叔父叔
母，家族ぐるみでつき合いのある友人や遠縁の親戚に，あなたの子どもに手
を差し伸べてもらい，子どもをどんなに誇りに思っているか伝えてもらうこ
とを検討してみましょう。短い電話やメール，あるいは家を訪問した際の短
い言葉は，非常に効果的です。あなたの子どもに，自分のことを心配してく
れている人たちが応援してくれていることが伝わります。そしてこうした追
加の支援が，不安を克服するためにさらに大きな努力をする動機づけになる
のです。

　また，あなたはごほうびを使って，子どもが対処できたことを誇りに思っ
ていると示すこともできます。大きなものよりも，小さな賞品やおやつなど，
ちょっとしたものが好ましいです。小さな記念品やおやつは，現在進行中の
プロセスがまだ前に進んでいることを示しますが，大きな賞品は通常，プロ
セスを完了し，終了に達した時に適しています。また，小さなごほうびにし
ておくことで，よりたくさんのごほうびを与えることができます。ほめる行
為を意味のあるものにするのは，ごほうびの大きさよりも，子どもにごほう
びを与えることで伝えているメッセージなのです。

あなたにとっての成功は，
あなたが「巻き込まれ」ないこと

　自分の行動へ焦点を当て続けましょう。そして子どもの行動がすぐに変わ
ることを期待しないでください。今のところ，成功とは，あなたが「巻き込
まれ」なかったということです。不安を克服するには時間がかかります。今
は，焦点は**あなた**がすることに当てます。あなたが自分の計画にしがみつき，
子どもにたくさん支援を与え，「巻き込まれ」を減らすことです。おそらく
すぐに子どもの不安が良くなっていることがわかるでしょう。しかし，一晩
で変化が起こるとは思わないでください。最初は，子どもの不安が悪化して

いるようにさえ感じるかもしれません。これは，子どもが不安を感じた時に
「巻き込まれ」に頼ることに慣れていて，自分で対処することにまだ慣れて
いないために起こるのです。子どもに時間を与え，子どもに対処する能力が
あることに自信を持ち続けましょう——子どもは，その能力が自分の中にあ
ると発見する機会を必要としているだけです。

　　パーカーは7歳で，エレベーター恐怖を持っています。エレベーターに閉
じ込められた人の話を聞いて以来，どんなに高いフロアに行く時でも，彼は
エレベーターに乗ることが——一歩足を踏み入れることさえ——できなくな
りました。最初はたいした問題ではなかったのですが，彼が高層ビルの6階
にある地元のチェスクラブに通うようになってから，エレベーターへの恐怖
が問題になってきました。彼は上りでも下りでもエレベーターに乗ろうとし
ません。両親は，彼と週に2回，一緒に階段を歩かなければならないことに
イライラしていました。この問題は，パーカーが他の閉所を避けるようになり，
どこにいてもドアを開けておくことにこだわるようになると，さらに大きい
ものになりました。彼の両親であるルーシーとカルロスは，チェスクラブま
で歩いて上がるという「巻き込まれ」をやめることを計画しました。最初は，
彼らはパーカーが本当にクラブを好きで，そこに行きたいと思っていること
を知っていたので，上りの方に焦点を当てたのです。彼らは，帰り道で何が
起こるかについてはあまり自信がなく，そこで立ち往生したり，先生や他の
子どもたちの前で騒ぎを起こしたりするのを避けたかったのです。彼らはパー
カーにこの計画を伝え，彼にとってエレベーターが恐ろしいものであると理
解していること，彼らが彼なら大丈夫と確信していて，道中ずっと一緒にい
てあげることを伝えました。

　　パーカーに計画を伝えてから初めてチェスクラブの建物に着いた時，彼は
まっすぐ階段に向かいました。ルーシーは，パーカーに計画を思い出させ，
エレベーターのボタンを押しました。パーカーは1段目に留まり，母親の横
に来ません。エレベーターが到着すると，ルーシーが乗り込み，パーカーの
ためにドアを押さえましたが，パーカーはまだ来ようとしません。結局，彼
女はパーカーなしで上がっていき，パーカーは階段を使いました。

　　ルーシーは，計画がうまくいかなかったと思いました。彼女はパーカーと
一緒に上がっていくという「巻き込まれ」をしませんでした。しかし彼はエ
レベーターに乗らなかったのです。

　パーカーと母親に起こったことについて，あなたはどう思いますか？　ルーシーの言う通り，計画は失敗したのでしょうか？　成功が，パーカーがエレベーターに乗ることだとすれば，もちろんこれは成功とは言えません。しかし，計画はパーカーがエレベーターに乗ることではありません。**ルーシーがエレベーターに乗らない**ことが計画であり，この基準で言えば，イベントは成功したのです。ルーシーは何とか「巻き込まれ」をせず，パーカーのそばでポジティブかつ支援的で居続けました。パーカーが怖がらなくなり，両親と一緒にエレベーターに乗れるようになることが最終目標とはいえ，それには時間がかかるものです。パーカーがまだエレベーターに乗らないという選択をするのは，結局のところ，エレベーターをまだ怖がっているからだと考えるのが自然です。彼女自身の行動ではなく，パーカーがすることに焦点を当てることで，母親は不満や失望を感じることになります。それを感じると，彼女は自分の計画を持続させることが難しくなります。パーカーの行動の変化がゆっくりとしたものであっても，計画は常に彼女自身が何をするかについてのものであったことを思い出すと，我慢しやすくなるのです。

子どもにとっての成功は，やり過ごすことだけ

　称賛を与えたりごほうびをあげたりするのに，子どもが不安を感じなくなるのを待つ必要はありません。たとえ子どもがまだ苦労している場合でも，あるいはパーカーのように，不安や回避行動が残っていても，対処したことをほめてあげてください。子どもにとって「巻き込まれ」なしで対処するのが難しければ難しいほど，それを行ったことはほめるに値します。

　この段階での子どもの成功を，「巻き込まれ」なしで難しい瞬間をやり過ごすことだと考えると，何か特別なものが得られます。それは，子どもを「強制的に」成功させてしまう力を与えてくれるのです。もし，あなたが「巻き込まれ」をせず，子どもがそれをやり過ごせば，子どもは成功したことになります。この力をうまく使ってください。あなたの子どもが何かの物事で成功することを保証できる力は，そうそう持てるものではありません。多くの場合，子どもの成功とは，子どもが何かをうまくやった時に起こるも

のだと考えられています。たとえば，私たちは，子どもが良い成績をとったり，ゲームに勝ったりすると，「成功した」と言います。しかし，私たちは，子どもがそうしたことをするのを保証できません。私たちができるのは，道具を与え，ベストを尽くすよう励ますことだけです。不安な子どもに「巻き込まれ」をしない時，子どもがしなければならないのは厳しい状況をやり過ごすことだけなので，あなたは子どもが成功することを確信することができます。子どもがそれをどのように行っても，成功するものなのです。

　ドミニクの母親であるアンジェリーナは，彼の分離不安に「巻き込まれ」ていました。彼女は，夜，彼が眠るまで隣にいて，家の中で決して彼を1人にしないようにしていました。ドミニクは12歳で，アンジェリーナは少しの間は一人でいても大丈夫な年齢だと思っていましたが，ドミニクはベビーシッターと一緒に家にいることにさえ同意しませんでした。アンジェリーナがどうしても出かけなければならない時は，アンジェリーナの妹を呼んで来てもらうことにしていました。ドミニクが一緒にいることに同意するのは，妹ただ1人だったからです。もしアンジェリーナが数分でもドミニクを1人にしようとしたり，別のベビーシッターを雇おうとすると，彼は泣きながら彼女にしがみつくのです。彼女は彼の行動を未熟だと思いながらも，どうすればこの問題を解決できるのか，途方に暮れていました。

　アンジェリーナは，夜に1日置きに，10分間だけ外出する計画を立てました。10分では何もできませんが，それ以上長い分離で始めることはできないように感じていました。また，彼女は，週に何度か計画を実践できるようにしたく思っていましたし，長い外出だと実施するのが難しいとわかっていたからです。ドミニクは，彼女がこの計画を話すと，泣いてしまいました。彼は彼女に，できないと言い，もし彼女が彼を愛しているなら，彼を1人にさせないでしょうと言いました。それでもなお，アンジェリーナは毅然としていました。

　その日の夜遅く，アンジェリーナは初めて外出する準備ができました。彼女はドミニクに10分で戻るからと言って，玄関に向かいました。ドミニクはドアに駆け寄り，ドアを塞ごうとしました。アンジェリーナはどうしたら良いかわからず，とにかく出ていこうと思い，なんとか彼の周りを回って行こうとしました。ドミニクは泣きながら，彼女の足にしがみつきました。アンジェリーナはかろうじて家を出ることができました。彼女はドミニクの行動に怒りを感じるとともに，彼を嫌な気持ちにさせてしまったことに罪悪感を覚え

ました。アンジェリーナはその10分間で，2，3回家の周りのブロックを散歩しました。帰宅する頃には彼女の気分は落ち着いていましたが，しかし彼女が家に入った時にドミニクがどんな態度をとるか不安でした。彼女はドアの近くの床に寝そべって泣いている彼を想像しました。また彼女は，彼が怒るのではないか，出て行ったのは彼女がもう自分を愛していないからだと本当に感じるのではないか，と心配になりました。

　アンジェリーナが家に入ると，ドミニクがソファに座っていました。彼はiPadで遊んでいましたが，アンジェリーナには彼がたくさん泣いたのがわかりました。

　帰宅したアンジェリーナはドミニクに何と言ったと思いますか？　あなたならどう言いますか？　ドアに向かう道を塞いだ彼を叱るべきでしょうか？　それとも未熟な行動をしたことに対して叱るべきでしょうか？　このような行動をとるほど不安にさせる状況に彼を追い込んだことについて，彼女は謝罪すべきでしょうか？　外出したとしても彼を愛していると安心させるべきでしょうか？　それとも，起こったことをただ無視して，彼の機嫌が良くなることを願いつつ前に進むべきでしょうか？

　どれをとっても自然な反応ですが，アンジェリーナはここで大きなチャンスを得ました。この状況がいかに困難であったか，ドミニクがどのような振る舞いをしたかに注目するのではなく，アンジェリーナはちょうど今起こった驚くべき出来事に注目することができたのです。ドミニクは10分間，家で1人で過ごしたのです！　彼らの記憶では，ドミニクは初めて恐怖に対処したのです。彼は「巻き込まれ」なしで，10分間をやり抜き，iPadでゲームをするほど自分を落ち着かせることもできたのです。これは大きな前進です。今，ドミニクは，彼の母親が，彼女がいなくても大丈夫なほど彼は強いと思っていることを知っています。そして彼は，母親の助けなしでも落ち着くことができることを知っています。次はまだ簡単ではないかもしれませんが，もう二度と初回を経験する必要はないのです！　ドミニクにとってこの経験がどんな前進であったかを実感したことで，アンジェリーナは，「ドミニク，今のあなたはとても誇らしいわ‼　あなたはやり遂げたのよ！」と言うことができました。自分の計画を貫くことで，アンジェリーナはドミニクの成功を保証したのです。

準備ができたと思うことと，準備ができること

　私は，大学進学を控え，家を出て，大人になることに恐怖を感じている青年，クアンと会ったことがあります。彼は大学を楽しみにしていて，志望校にも合格していたのですが，もうすぐ大学に行くという時になって，足元が冷たくなったように感じたそうです。クアンと何度か会いましたが，彼は「僕にはまだ準備ができていないように思う」と繰り返していました。彼の不安は強く，大学に行くことを考えただけでパニック発作を起こすほどでした。両親のどちらかが，寮の備品購入や衣類の整理などの準備について話すと，彼は完全に圧倒された気分になり，泣き崩れるのでした。結局，クアンはなんとか大学へ行き，1週間もしないうちに家にいるのと同じような感覚になりました。友達もでき，クラブにも入り，授業もきちんとこなしていました。ずっと後になって，私は彼と再び話をしました。彼は，その頃のミーティングで話したことの中で，彼が大学に行くのを助けてくれた言葉をひとつ覚えていると言いました。「あなたは行く準備ができたと感じなくて良い。ただ準備が必要なだけです！」。

　準備ができることと，準備ができたと感じることは，まったく別のことです。大学に慣れ，新しいスケジュールに適応することで，クアンは，実は準備ができていたこと，ただそれを感じていなかったことを知りました。私たちは，実際にやってみるまで，準備ができているのかわからないものなのです。みなさんは，新しい仕事など，新しいことを始める時に不安になったことはありませんか？　あるいは，初めて親になった時，その役割と責任を引き受ける準備ができているかどうか，確信が持てなかったかもしれません。多くの新しい親がそのように感じており，ほとんどの人が一度や二度は自分の準備態勢を疑ったことがあるはずです。準備ができていないと感じることは，実際に準備ができているかどうかを示す良い指標ではありません。それは，何かがあなたをどれだけ不安にさせているかを示しているのに過ぎないのです。もし，完全に準備が整ったと感じるまで誰も何もしなかったら，私たちは何もできないでしょう。

　あなたの子どもは，まだあなたの「巻き込まれ」なしで対処する準備がで

きていないと感じているかもしれません。これは，実際は，まだ準備ができていないというサインではないのです。「巻き込まれ」がないことが子どもを不安にさせているというサインであるだけです。計画を実行し続けるうちに，子どもは，たとえ準備ができていないと感じていても，実際は準備ができていたのだと理解することになります。

もう一歩踏み出すために

　計画を実行し，一貫して取り組んで「巻き込まれ」を減らすことができたら，次のステップに進む時間です。もし，「巻き込まれ」を部分的に減らしているのであれば，次のレベルに上げるべきかもしれません。たとえば，子どもが寝る時に部屋にいる時間を制限しているのであれば，その時間をさらに減らす時期かもしれません。あるいは，心配事の質問に答える回数を制限しているなら，それを完全にやめるか，さらに数を減らす時期かもしれません。もし，すでにひとつの「巻き込まれ」を完全に取り除いたのであれば，別のものを取り上げるべき時かもしれません。いずれにせよ，最初の時と同じプロセスを踏んでください。

- モニターする。すでに「巻き込まれ」を部分的に削減している場合は，どのようにそれが行われたのか記録を確認します。もし，別の「巻き込まれ」を取り上げようと思っているのなら，あなたの全体の「巻き込まれ」マップに戻り，どれが良い「巻き込まれ」ターゲットであるか検討してみてください。頻繁に起こるものを選ぶと，あなたとあなたの子どもが練習する機会をたくさん持てるので，それがベストであることを思い出してください。
- 計画を立てる。計画の詳細を考え抜きます。何の変更を，どのように行うのでしょうか。代わりに何をするのでしょうか？　実行を難しくするような，思いつく課題はありますか？　どんな解決策がありますか？
- 子どもに知らせる。あなたが計画していることを子どもに伝えてく

ださい。支援的な宣言から始めて，あなたの計画の「なぜ」，「何を」，「いつ」，「誰が」，「どのように」，「どれくらい」を伝えているか確認しましょう。

　しかし，すでに計画を実行するにあたって問題を抱えている場合は，どうしたら良いのでしょうか？　第12章と第13章では，「巻き込まれ」を減らすことで親が直面する課題を扱っています。他の親が直面した困難と，それを克服するために使った有用な戦略について，学ぶことができます。

この章で学んだこと

- ・進捗状況を記録すること
- ・「巻き込まれ」ターゲットの削減を開始した際に予想されること
- ・支援的であり続けるための方法
- ・あなたと子ども，それぞれにとっての「成功」の意味
- ・準備ができていると感じることと，準備ができていることの違い
- ・もう一歩踏み出すために

第12章

トラブルシューティング
——難しい子どもの反応に対処する——

あなたが「巻き込まれ」ないことで，
子どもが攻撃的になる

　トリニティは14歳で，毒や危険な化学物質にさらされることに非常に強い恐怖を抱いていました。彼女は食べるものに細心の注意を払い，両親には1つか2つの特定の店からしか食品を買わせず，家の外では何も食べませんでした。ある日彼女は，自分の住んでいる町の空気の質についてのニュースを聞き，「悪い空気」にさらされていることが頭から離れないようになりました。トリニティの両親であるケビンとネバエは，トリニティの恐怖に「巻き込まれ」ることに慣れていましたが，彼女の大気汚染への恐怖は彼らを限界まで追い詰めました。彼らは空気清浄機を買いましたが，それは悪い効果をもたらすことになりました。トリニティが，窓を開けることを許さないようになったのです。トリニティは学校から帰るとすぐに，家中の窓が閉まっているかどうか走り回って確認し，もし誰かが窓を開けていたら怒り出すのです。ケビンとネバエは娘が留守の間，家の中を換気していましたが，娘と喧嘩にならないように，ずっと窓は閉めていたと言っていました。

　彼らの「巻き込まれ」を減らすための計画は，寝室，キッチン，リビングの窓を開けることを含むものでした。彼らは，自分の寝室の窓のコントロールについてはトリニティの好きなようにできるままにすることにしました。それは，彼女が家の他の場所にいるのが怖くてたまらない時に行く場所を与えるためと，自分たちが彼女を不快にさせようとしているのではないことを

彼女に示すことができるようにと考えたからです。

　トリニティにこの計画のメッセージを伝えるのは，とても難しいことでした。ケビンとネバエは，みなが落ち着いている時間を選びましたが，事態は急速に悪化し始めたのです。ケビンはトリニティに，「あなたが空気質や大気汚染のことを心配していることは知っています」と話し始めました。しかし，トリニティが「あなたには何もわからない，あなたは私ではないでしょ」と口を挟んだため，彼はその文章を言い切ることができなかったのです。ケビンはもう一度やってみました。「たしかに，私たちはあなたの不安がどんなものかを正確に知ることはできませんが，大変なものであることは理解しています」。するとまたトリニティがこう言って遮りました。「理解したなんて言わないで！　理解してないんだから，そんなこと言わないで！　いったいなぜここにいるの？　私に何を求めているの？」。

　この時点で，ネバエが割って入りました。「OK，トリニティ，あなたは正しいかもしれないけど，私たちはあなたに言いたいことがあるのよ。私たちはこれから言うことについて長い時間考えたの。お願いだから私たちに言わせてくれない？　そうさせてくれたら，お望み通り私たちは出ていくわ」。トリニティは肩をすくめましたが，黙ったままなので，ネバエは続けました。「私たちは，あなたが恐怖に対処することができると信じています。私たちは，家の窓を開けないことに私たちが協力するのは，あなたの助けにならないし，あなたにとって良くないと信じています。私たちは，あなたにより良い手助けをするために，私たちの行動を変えることにしたのです」。トリニティはベッドから飛び起きて叫びました。「あなたたちは窓を開けない方がいいわよ！　開けちゃだめよ。これが，あなたが何も理解していないことの証明なの。こんなクソな空気では私は息できないわ！　警告するわ，そんなこと考えるだけでもダメよ！」。

　ケビンとネバエはトリニティに意図することが正確に伝わるよう，メッセージの続きを最後まで伝え切ろうとしました。しかし彼らは，彼女がまったく聞いていないと思いました。トリニティは叫んでおり，彼女にしては珍しく，悪態をついていました。彼らは，彼女がこれほど怒っているのを見るのは初めてでした。2人は，メッセージを書いた紙のコピーを彼女の部屋に置き，これからどうなるのか不安になりながら部屋を出ました。トリニティはその

メッセージを受け取り，ベッドの上に大きな赤い×印をつけて，置きました。

翌日，学校から帰宅したトリニティは，急いで家中を見回り，すべての窓をチェックしました。彼女はキッチンとリビングルームの窓が半分開いているのを見て，激怒しました。ネバエはまだ帰宅していませんでしたが，ケビンがいました。トリニティはケビンの方に突進し，「なぜそんなことをしたの！　こんなクソの中で息できないって言ったでしょ！」と怒鳴りました。ケビンは言いました。「トリニティ，大変なのはわかるけど，あなたは大丈夫だよ。そして，今みたいな言葉を使わないでください」。トリニティは怒鳴り返します。「今みたいな言葉？　私を中毒にさせようとしておいて，言葉遣いを気にするの？　クソ，クソ，クソ，クソ！」。ケビンは「やめなさい，トリニティ。あなたが怒ったって，私はそれでもあなたの父親だよ。私たちはそんな話し方は許さないよ」と言いました。しかし，トリニティは完全にコントロール不能になっているようでした。彼女は窓を閉め，怒鳴り続け，悪態をつき続けました。

ケビンは，彼女が彼にこう言うまで，彼女を無視しようと思っていました。「OK，言いたいことはわかったわ。でもこんなことをするのは最後にしてよ。どうかお幸せに！」。ケビンは彼らの計画が一過性のものではないことを，こう言うことで彼女に思い出させました。「ママと私は続けるよ，だってこれは私たちが決めたことだから」。これはトリニティにとって耐えられなくなる最後の負担になったようでした。彼女はわけのわからないことを叫ぶとケビンの書斎に突進し，机から彼の物を払いのけ，床にぶちまけました。ケビンが入ってきて，「トリニティ!!　何してるんだ？　やめなさい！」と言いました。トリニティは棚のひとつに手を伸ばすと，ケビンは手を伸ばして彼女の手を掴みました。その時，彼女は彼を蹴ったのです。ケビンはショックを受け，トリニティ自身も自分の行動に驚いているようでした。彼女は部屋を出て，自分の寝室に行き，ドアをバタンと閉めました。ネバエはその日の午後遅くに帰宅し，彼女もまた，この出来事に愕然としました。両親2人とも，窓を開けたことは間違いだったのではないかと思案することになりました。

　ケビンとネバエは，次に何をすべきなのでしょうか？　「巻き込まれ」を減らす試みは，トリニティが彼女らしくない攻撃的な行動に出るという，穏

やかでない事態を招くことになりました。彼女は両親に叫び，罵倒し，脅し，さらには父親を蹴るという，これまでやったことのない行動に出たのです。当然のことながら，両親は，「巻き込まれ」を続け，窓を閉めっぱなしにすることに同意しなかったのは，間違いだったのではないかと考えました。彼らは，不安な娘を，不安でかつ暴力的な娘にしたくないと思っていました。彼女の行動にどう対処すればいいのでしょうか？　トリニティが，許されない方法で行動した事実を，見過ごすことができるのでしょうか？　そのような行動には，その結果である罰が必要ではないのでしょうか？　そして，もし何らかの結果がないとしたら，彼らは暴力や悪い言葉遣いを容認したことにならないでしょうか？

　もし，あなたの子どもが，あなたの「巻き込まれ」をしない計画に対して，攻撃的な反応を示したとしても，あまり心配しないでください。第1章と第10章で紹介した，「闘争・逃走」の半分である，「闘争」を覚えていますか？トリニティは，どんな状況でも攻撃的に振る舞うような暴力的な女の子に，突然変わってしまったわけではありません。もしあなたの子どもが普段から攻撃的で，それが継続的な問題であるなら，子どもの不安に関する「巻き込まれ」を減らすことは，おそらく攻撃性の問題を解決することにはならないでしょう。しかし，もしあなたの子どもが普段は攻撃的でなく，攻撃的行動をしたとしてもそれが普段からよくある形のものでないなら，あなたが「巻き込まれ」を減らすことで，子どもの性向が変わる（攻撃的な性格になる）可能性は非常に低いです。あなたの子どもは，不安や恐怖を感じさせる方法をとることで子どもの願いを実現させないというあなたの決定に，ただ反応しているだけという可能性がはるかに高いのです。

　「巻き込まれ」を減らす計画を続けても，時間が経つにつれて子どもがより攻撃的になる可能性は低いです。むしろ，その逆です。子どもが攻撃的な行動をとったからといってその計画を止めることは，将来さらに攻撃的な行動をとることにつながる可能性が高いのです。なぜでしょうか？　それは，子どもは攻撃的に行動することが，あなたの行動を形成する効果的な方法であることを学んでしまうためです。暴力や攻撃性こそが自分の思い通りに人を動かす方法であると子どもに教えることは，たぶんあなたが子どもにしたいことではないですよね。

攻撃的な子どもを罰するべきでしょうか？

「巻き込まれ」の変更に攻撃的な反応を示したからといって，子どもを罰することは有益ではありません。罰は，ある行動が繰り返される可能性を低くするために存在します。「巻き込まれ」の削減に対する攻撃的な反応の場合，その目標を達成するために罰は必要ありません。子どもの行動に関係なくあなたが計画を続ければ，子どもは攻撃的に行動してもうまくいかないことを理解するようになります。子どもがあなたの行動の変化に慣れてくれば，それほど強い反応はしなくなります。彼の不安は下がっていき，攻撃性も自ずと収まる可能性が高いのです。

　子どもは，あなたがしたことに反応して攻撃的な行動をとっているのだということを忘れないようにしてください。イライラと不安は，どちらも攻撃性につながります。あなたの子どもは，自分の期待が満たされないから，イライラするのです。そして，ずっと悩まされている不安の問題を抱えているから，当然不安でもあります。子どもが，あなたがこれまでと同じように振る舞ってほしいという期待を持つのは妥当なことであり，そうしてくれないことはイライラを招くわけです。しかし，あなたが何度か続けているうちに，子どもはあなたが「巻き込まれ」てくれるという期待を持たなくなり，あなたが「巻き込まれ」なくてもイライラしなくなってきます。また，新しい状況に慣れ，自分の恐怖の調整が上手になると，不安も少なくなっていきます。そうなれば，たとえあなたから罰を受けなくても，攻撃的な行動をとる可能性は低くなるのです。

　あなたが目標を思い出し，冷静でいられるために使えるフレーズをいくつか紹介しましょう。

・私の子どもがこのような行動をとるのは，不安だからです──私は不安を罰することはしたくありません。
・私の子どもはすぐに慣れます──いつまでもこんなに大変なわけではありません。
・私は不安に焦点を当てます──悪い行動に対してではなく。
・たとえそれが大変でも，私は子どもを助けているのです。

- ・落ち着いていることで，私が今の状況の主導権を握っていることを子どもに示すことができます。
- ・落ち着いていることで，私が子どもの不安を恐れていないことを，子どもに示すことができます。

しかし，次はどうなるでしょう？　子どもは再び攻撃的になるのではないでしょうか？

あなたの子どもが再び攻撃的な行動をとる可能性はありますが，次からのセクションで説明するように，その可能性を低くするためにあなたができることがいくつかあります。

口論に応じない

帰宅したトリニティが窓が開いているのを発見した時の，ケビンとトリニティのやりとりを振り返ってみてください。トリニティは直ちに動揺し，怒りましたが，すぐに父親の書斎に向かって机の上の物を床に落としたわけではありませんし，すぐに暴力的な攻撃性を示したわけではありません。そのような行動に至るまでには，過程がありました。まず，トリニティは父親に自分の怒りを示すために，父親が必ず反応するとわかっている悪い言葉遣いをしました。彼は彼女に対して，「巻き込まれ」をしない計画を思い出させ，悪い言葉を使わないように言いました。次に，トリニティは悪い言葉を何度も繰り返して口論をエスカレートさせ，ケビンは再び彼女を叱責します。トリニティは怒り続け，窓を開けることをもう繰り返さないよう要求すると，ケビンは続けるつもりだと告げ，その時にトリニティは次のステップに進み，彼の書斎を襲ったのです。ケビンが止めに入りましたが，戦いは，被害が拡大しないように彼女を阻止するため彼が割って入ったことと，トリニティが彼を蹴ったことで，最高潮に達してしまいました。

ケビンが何か別の方法をとれば，この事態をより穏便に終わらせることができたのでしょうか？　おそらくそうです！　ケビンには，トリニティに何も反応しないという選択肢もあったでしょう。やりとりの中で何度も，ケビンに，議論に応じないという選択ができたポイントがありました。第10章

で紹介した卓球のたとえと，それでどのように親が遊ばないことを選択したかを思い出してください。トリニティが父親に，もう二度と窓を開けないことを約束するように頼んだ時，彼女は「こうするのは最後にしてよ」と言うことで，はっきりと両親に挑戦しています。しかし，ケビンとネバエはすでにトリニティに自分たちの計画を伝え（そしてそれに基づいて行動する彼らの意志を示し）ており，改めて彼女に思い出させる必要はないのです。その挑戦を受けて立つ代わりに，ケビンはその発言を完全に無視するという選択肢を選ぶこともできたのです。また，トリニティの悪い言葉遣いをその場で取り上げないこともできました。ケビンはおそらく，娘に悪態をつかないように言うのが自分の義務だと感じていたのでしょう。しかし，その瞬間に彼女の言葉遣いを取り上げることで，口論を続けることになっていました。その時に言葉遣いを取り上げないことは，永遠にまったく取り上げないことを意味するわけではありません。もし言葉遣いの問題が重要だと感じたら，「巻き込まれ」についての議論を長引かせない時に，ケビンはいつでもその問題に立ち戻ることができるでしょう。しかしこの場合は，ただ無視して，代わりに彼の焦点を不安に向け続ける選択をするのが，最善だったかもしれません。

　トリニティがケビンの物を床に投げつけた時でさえ，彼の反応はおそらく攻撃性を弱めるどころか，より強めることにつながったのです。彼が書斎に入ってきて，「やめなさい」と言って彼女を叱責した時，彼女はすでに彼の机を攻撃していました。これは結局，彼の狙いとは逆効果で，トリニティはさらに彼の書斎の棚に手を伸ばすことになりました。そして最後の，父親を蹴るという2人にとってショッキングな行動。これは，父親が彼女の腕を掴んで引き止めた時に起きたことでした。

　ここで重要なのは，トリニティの行動をケビンのせいにすることではありません。彼の反応は合理的であり，彼女の行動は彼のせいではありません。しかし，反論しないことを選択すれば，実際に起こった事態よりもエスカレートしたり攻撃的になったりする可能性は小さかったことでしょう。あなたの子どもが攻撃的な反応を示した場合，あなたが反応することが本当に必要なのか，それともその行動を無視することができるのか，自問してみてください。沸点に達する前に，対立が高まっていることに気づくよう意識して，

参加しないことを選択できるようにします。物事がエスカレートする前に撤退することができれば、エスカレートしない可能性が高いのです。

あなたの行動に焦点を当てる

攻撃性が減ることは、子どもの行動ではなく自分自身の行動に焦点を当てることによる、最大の効果のひとつです。「巻き込まれ」を与えることを控えたのであれば、その状況でのあなたの仕事は終わりです。もし、子どもの行動に焦点が当てられているなら、子どもがあなたの期待通りに行動することを確認するまで、あなたはその状況を成功に終わらせることはできないでしょう。そうなると、口論するほかありません。しかし、あなたは子どもに何かをさせようとしているのではないことを忘れないでください。ケビンはトリニティに何かを要求しているわけではないので、反論する必要はないのです。もちろんケビンは、この計画によってトリニティがいずれ空気の質を気にしなくなり、窓を開けるのを恐れないようなることを期待しています。しかし、今のところ、この計画にはトリニティがすることは含まれていません。彼が窓を開けたことで、ケビンは自分がやるべきことを達成しており、トリニティと口論する余地はないのです。トリニティが二度と窓を開けないようにと挑んできた時に、それに対応しない選択肢をとったとしても、その状況における成功の可能性を減らすことはなかったでしょう。

助けを求める

あなたが「巻き込まれ」ない時に、子どもが攻撃的になるのが心配でしたら、他の人の助けを借りることを検討してください。次に計画を実行する時に他の人が周りにいることは、物事が手に負えなくなる可能性を大いに減らすことになります。ほとんどの子どもは、両親やきょうだいだけの前で行動するよりも、他人の前の方がお行儀が良いものです。より多くの人に見られると、より抑制されるというのは、人間の本性なのです。あなたが来てくれるように頼める、友人や親戚、近所の人はいませんか？ 周りに他の人がいると、口論をエスカレートさせないことにも役立つのがわかるでしょう。

他の人の助けを頼むのは気が引けるかもしれません。また、子どもの行動が恥ずかしいとも思うでしょう。それは無理のないことです。それでも、信

頼できる人を思い浮かべてみましょう。そして，あなたと子どもが難しいことに取り組んでおり，彼らが助けになることを説明してみてください。友達から手伝ってほしいと頼まれたら，手伝いたいと思うでしょうか？　それとも，その人が困難を抱えていることで，批判するでしょうか？　ほとんどの人は，喜んで助けるでしょう。彼らはその依頼をうれしく思いますし，子どもが困難を克服するのを助けようとする親を称賛します。あなたは，子どもの不安が減る手助けのために努力することで，称賛に値する行いをしているのです。

「巻き込まれ」を減らす時に，そばにいることができる他の人がいなくても，子どもが攻撃的に反応する時に他の人に手伝ってもらうことはできます。あなたの子どもを知っている誰かに子どもと話をしてもらい，恐怖や不安に対処することがどんなに大変か理解していること，しかし子どもが攻撃的な行動をとったことも知っていることを，伝えてもらってください。あなたの子どもが，批判されたり批難されたりしているわけではないことを示されながら，他の人が子どもの攻撃的な行動を知っていて心配していることを示す支援的なメッセージを受け取れば，子どもが攻撃的な行動を再び繰り返す可能性はずっと低くなるのです。

子どもの動揺を見るのが，拷問のようにつらいです！

子どもが苦しんでいるのを見るのは，とてもつらいことです。あなたは自分の子どもが大好きで，気分良く過ごしてほしいと願っています。しかし今の状態では，あなたがまさに子どもに不快な思いをさせているのですから，これが拷問のように感じられても不思議ではありません。親であるあなたの脳は，子どもの不安のサインを認識し，子どもを守るために行動したいと思うようにプログラムされていることを思い出してください。また不安が，子どもの健全な恐怖のシステムを乗っ取ることと，そうなると健康な生活を邪魔するものと化してしまうことも，思い出してください。同じことが，親であるあなたにも起こりうるのです。子どもがストレスや不安を感じないように助けてあげたいというあなたの健全かつ自然な気持ちが，実は子どもの不

安の軽減を邪魔してしまうことがあるのです。

不安──上がったものは必ず下がる

第11章で出てきたアンジェリーナを覚えていますか？　彼女は分離不安のある子ども，ドミニクを家に置いて，10分間外に出ていました。その10分間は，おそらくアンジェリーナにとって1時間の拷問に思えたことでしょう。しかし，帰宅した時には，息子はすでにかなり落ち着いていて，初めて1人で過ごせたことを称賛できたそうです。子どもの苦痛は，10分では過ぎ去らないかもしれませんが，**それでも必ず過ぎ去ります**。上がったものは必ず下がる，ということわざがあります。子どもの不安レベルが上がり，脳が闘争・逃走システムを作動させた時，身体はまた，その不安レベルを下げようと働いているのです。不安は，上がるよりも下がる方がずっと遅いので，子どもが落ち着きを取り戻すまでしばらく時間がかかるかもしれません。しかし子どもは，必ず落ち着きを取り戻します。

信号機

親が私に，「うちの子のパニック発作は何時間も続くんです」，「うちの子は何時間も何時間も泣いて懇願するんです」と言う時，私の最初の質問は「その時間に，あなたは何をしているんですか？」というものです。ほとんど例外なく，このような親は，子どもが落ち着くように手助けをしているか，親がなぜ「巻き込まれ」ないのかを子どもに説明しようとしています。逆説的に思えますが，あなたが「巻き込まれ」ない時に，子どもの気持ちを落ち着かせるため何かをしてしまうと，実際は，子どもに対処させる場合よりも，子どもの不安のレベルを高く保つことになってしまうのです。その理由は，あなたがしていることが不安を引き起こすためではありません。あなたが助けようとしている限り，子どもはあなたが「巻き込まれ」ないことを受け入れるのが，難しくなるためなのです。

もし，子どもが何度も「巻き込まれ」を求めてくるのであれば，子どもに「ダメ」と言い続けることは，議論を引き延ばし，子どもの不安や不満をより高めてしまう可能性が高いのです。第10章では，子どもに高価なロレ

ックスの時計を買い与えることで口論になる例にとり，口論をしている間は，子どもはあなたの気が変わることもあると信じている可能性が高いことを説明しました。ある行動を止めさせようと思ってしたことが，実は逆の結果になることは不思議に思えます。しかし，実際には，そういうことがよくあります。

　信号機のような，ありふれていて，非常に単純な仕事をしているものを考えてみましょう。信号機は，運転手に「進め」，「止まれ」，「信号が変わるからスピードを落とせ」という指示を出します。赤は「止まれ」，緑は「進め」であることは知っていますが，黄色はどうでしょう？　交差点に差し掛かった時，信号が黄色なら，「通り抜けられないから，スピードを落とせ（そして止まれ）」というメッセージになるはずです。しかし，黄信号を見ても，多くのドライバーがそうしていないことにお気づきでしょう。黄信号の時にスピードを上げるドライバーはよく見かけますが，これは信号のシグナルとはまったく逆の行動です（その結果，赤信号なのに走っているということがよくあります）！　時には，あなたは子どもにひとつのメッセージを与えているつもりでも，実際には，子どもが逆のことを聞いていることがあります。あなたが続けている対応は，黄信号のようなものなのです。もし子どもが，あなたが「巻き込まれ」を提供しないことを受け入れるのに苦労していて，さらに，あなたが「巻き込まれ」るつもりがないことを繰り返し伝えたり，子どもの気分を良くしようと何かをしてあげると，子どもはあなたの反応を「続ける」の信号と解釈し，スローダウンどころかスピードアップしてしまうので，かえって不安を減らすためのプロセスを長びかせ，難しいものにしてしまうのです。

期間限定の実験

　子どもが苦しんでいる姿を見るのはつらいことです。しかしそれは永遠に続くものではありません。「巻き込まれ」を減らす計画が結局うまくいかなかったとしても，いつかはなにか他の方法を試さなければならないでしょう。研究によると，「巻き込まれ」を支援的な方法で減らすことは，子どもの不安を軽減するのに非常に有効です。しかし，もし効果がないのであれば，いつまでも続けることは無意味です。ですから，今やっていることは，期間限

定の実験だと考えてください。しばらくの間，あなたの計画を実践することは可能でしょうか？　一度や二度だけやるのではチャンスはないも同然ですが，1カ月間はできますか？　3週間？　2週間？　ずっとやる必要はないということと，おそらく子どもの不安はすぐに減っていくということを頭に思い浮かべれば，とりあえず今，取り組みやすくなるかもしれません。

あなたの苦痛？　子どもの苦痛？

　あなたが感じている苦痛は，子どもが苦しんでいるからというよりも，あなたが子どものことを心配しているからではないでしょうか？　子どもがまだ小さかった頃，お医者さんに注射を打ちに連れて行った記憶はありませんか？　多くの親は，大変だったので，その体験を鮮明に覚えているはずです。注射針恐怖を持つ親が，自分の赤ちゃんを注射に連れて行くことを想像してみてください。この親は，自分の子どもを恐ろしいものにさらすことに恐怖を感じています。針や注射を世にも恐ろしいものとして見ているので，医者が赤ちゃんに注射をしているというよりも，医者が赤ちゃんをライオンの餌として与えているかのように感じるかもしれません。その親がどのように椅子に座っているか想像してみてください。電気椅子に座っているかのように緊張し，硬直し，赤ちゃんをしっかりと抱きしめていることでしょう。注射を打たれることは客観的に見ても不快なことですし，注射を打たれるすべての赤ちゃんはなんらかの不快感を味わいます。しかしこの体験は，この赤ちゃんが特別だからとか，この注射が普通より痛いからとかではなく，親が何かひどいことをされているように感じるから，よりひどいものになるのです。

　子どもが「巻き込まれ」の不足で，苦痛を感じたり取り乱したりしているようであれば，子どもの不安に対する自分の感情が，どれだけあなたの体験しているものに関係しているのか，自問してみましょう。もし，あなたとあなたのパートナーが一緒に計画を進めているのなら，あるいは，計画に関与していないパートナーがいるのなら，あなたの子どもがどれくらい苦しんでいると思うかを聞いてみてください。同じように見ているでしょうか？　それとも違う見方をしているでしょうか？　どちらが正しいかは別にして，別の見方を聞くだけで，子どもの体験の捉え方が変わるかもしれません。子ども本人に聞いてみることもできます。子どもが落ち着いて動揺がなくなった

ら，その体験がどのくらいひどいと感じるかを聞いてみるのも良いでしょう（子どもが不安でいっぱいの時に聞いてはいけません。その答えは予想がつくし，おそらく正確ではありません）。あなたの子どもが，あなたが思っているほど悪いこととは思っていないことに，驚くかもしれません。

助けを求める

　つらいことを乗り越えるのはどんな時であっても大変なことですが，1人で行うとそれはさらにつらいものになります。あなたが「巻き込まれ」ないことで子どもに多くの苦痛や不快感を与えているのがわかっている場合は，つらい時を乗り切るのを助けてくれる，友人や親戚を頼ってください。家に来てもらったり電話で話したりすることが，あなたの助けになります。

子どもが，あなたが「巻き込まれ」ないと自傷すると脅す

　自傷行為の脅しほど，親を脅かす言葉はありません。子どもが自分を傷つけるというのは，親にとって悪夢です。もしあなたの子どもが，「巻き込まれ」を減らす計画を続けるなら自分を傷つけると脅したとしたら，あなたはおそらく恐怖や心配，そして怒りさえ感じることでしょう。子どもの安全を気にかけているので，怖いと思うのは当然です。また，自分が操られているような気がして腹が立つのも当然です。自分の「巻き込まれ」についての計画を続けるべきかどうか，それが子どもの安全を脅かすことにならないかどうかについても，迷うことになるかもしれません。

　自傷行為の脅威への対処法について読む前に，いくつか知っておくべき重要なことがあります。

1. 児童期や思春期の子どもの自殺や自傷行為についての**宣言**は非常によくある，ありふれたものです。しかしこうした宣言は，自傷的な方法をとるという実際の考えや意図を反映している可能性があります。また，子どもがどんなにつらい思いをしているかを伝えたり，子どもの希望に沿った行動を親に強要したりするために使われるこ

ともあります。

2. 自傷の**念慮**は，思春期以上の青少年によく見られます。自傷行為について考えたり話したりする児童期や思春期の子どものほとんどは，そうするつもりはありません。しかし，場合によっては，その発言は本当の危険を示していることもあります。

3. **自殺企図**や**自殺**は，児童期と思春期の子どもの両方で起こります。自殺は青少年の死因の第1位であり，その割合は近年増加傾向にあります。ですから，自傷行為の脅しをはねのけていいわけではありません。もし，あなたの子どもが自殺や自傷行為をすると脅したのなら，その脅しを真剣に受け止める必要があります。たとえ，子どもがあなたに対して怒っているか，あなたが「巻き込まれ」ないためにこのような発言をしただけで，実際の自傷の危険性が低いとしても，その脅しを真剣に受け止めておくべきです。

　しかし，子どもの脅しを真剣に受け止めるということは，「巻き込まれ」を減らすための計画を，止めなければならないという意味ではありません。子どもの安全確認に最善を尽くすということです。子どもの安全が心配な場合，まず最初にすべきことは，自分で専門家の助けを求めることです。小児科医に相談したり，精神科医に診てもらったりするのも良いでしょう。また，心配が差し迫ったものなら，いつでも病院の救急外来で助けを求めることができます。子どもの危険度を把握するための助けを得たら，子どもの安全を守るために最善を尽くし続けましょう。また，子どもが不安の問題を克服できるよう，手助けを続けることもできます。子どもの不安を軽減することは，自傷行為の現実的な危険性を減らす，前向きなことなのです。

　　ディロンは16歳で，強迫性障害（OCD）に悩まされていました。彼の両親であるモーガンとアンディは，ディロンのOCDに合わせていつも家の中の物を順序立てて並べるという「巻き込まれ」を，減らそうとしていました。彼らは，まず本棚の本を常時アルファベット順に並べることをしないことから始めることにしました。彼らは，そうしてもディロンは，彼らが本棚にランダムに並べた本を「並べ直す」だけだろうとわかっていました。しかし，ディロンがOCDを克服できると彼らが信じていることを示そうと決めたのです。

モーガンとアンディは，ディロンの反応に驚きました。最初の2回は本を並べ直しただけだったのですが，3回目にもう我慢できないからやめてほしいと言いました。そして，台所にあった大きな包丁を手に取り，胸に当てながら「わかりますか？　あなた方が続けるなら，私はこうしなければなりません」と言ったのです。

　モーガンとアンディは驚き，動揺しました。アンディがこの脅しを特に不安に感じたのは，彼の家族に自殺の歴史があったからです。彼の叔父が数年前に自殺し，その息子のアンディのいとこも，自ら命を絶っていました。アンディ自身は自殺念慮を持ったことはありませんでしたが，アンディは家族に自殺の傾向があり，自分の子どもも危険にさらされているのではないかと怖くなりました。ディロンが胸にナイフを突きつけているのを見たことと，親がOCDの症状に「巻き込まれ」なければ自殺すると言うのを聞いたことが，アンディを深く揺さぶったのです。モーガンも心配しましたが，その脅しが実際の自殺の意図を反映したものとは思いませんでした。彼女はディロンが父親の恐怖に気づいていることを知っており，ディロンが「自殺というカード」を使って父親を操っているのだと考えていました。どちらの親も同意したのは，息子が言ったことを無視するわけにはいかないということでした。

　翌日，ディロンが学校から帰宅すると，祖母のコリーンが家にいました。ディロンは祖母の訪問を知らず，彼女と会えたことを喜んでいました。コリーンは温かく彼を迎えましたが，その後，彼女の顔は真剣なものになりました。彼女は，「ディロン。私はあなたがOCDに対処してきたことを知っていますし，あなたがそんな経験をしているのを残念に思います。私はまた，あなたのママとパパから，昨日，あなたがナイフで自分を傷つけると脅したことを聞きました。そういったことを口に出すのはとても深刻なことなので，みんながあなたのことを心配しています。そのことをあなたにわかってほしいのです。私は今日，あなたの両親が戻るまでここにいるつもりです。あなたの安全を見守るためです。そして明日は，あなたのおじいちゃんもここに来ます。私たちはあなたを愛しています。そしてあなたが大丈夫であることを確認していたいのです」。

　ディロンは驚き，少し恥ずかしく感じました。彼は顔を紅潮させ，祖母に「そんなことしなくていいよ」と言いました。コリーンが，なぜ彼は彼女がそこにいる必要がないと思ったのかと尋ねると，彼は，本当には自分を傷つけるつもりはなくて，ただ両親に腹を立てただけだと言いました。コリーンは「それはわかるわ，ディロン，それが聞けて良かった。でも，もし誰かが自分を傷つけると言ったら，それは無視できないことなのです。あまりにも深刻な

ことだから。とにかく念のためここにいることにします」。コリーンは両親が帰ってくるまで 10 分おきにディロンの様子を見に行きました。彼がドアを閉めたらノックをして，彼が大丈夫かどうか確認したいだけよと声をかけました。モーガンとアンディが帰宅すると，ディロンは彼らに，「本当にやるわけじゃないんだから」と言って，祖父に翌日来る必要はないことを伝えるように頼みました。しかし，両親はコリーンが言ったことを繰り返し，彼がいかに重大な脅迫をしたかを説明しました。「あなたの安全を守るのは私たちの責任です。そしてあなたが自分を傷つけると脅すなら，私たちはそれを真剣に受け止めるしかないのです。あなたがただ口にした，何の意味もないことだと思えるような内容ではないのです」。

アンディとモーガンはその日も，本棚の本を無作為に並べるという彼らの計画を続けました。ディロンはその様子を見て不満そうでしたが，自傷の脅しを繰り返すことはありませんでした。翌日の午後，祖父が訪ねてきました。そしてディロンは，また，本当には自分を傷つけるつもりはなかったことを告げました。祖父はディロンを抱きしめて，「ああ，それはわかっているよ。でも，君の両親がそんなことを黙って見過ごすとでも思っていたのかい？そしてディロン，君はきっとすぐにこの OCD に打ち勝つだろう。応援しているよ」と言いました。

モーガンとアンディは，2 つのことを同時に行う方法を見つけたのです。彼らは息子の安全を守るための行動をし，さらに，「巻き込まれ」を減らすことで彼が OCD を克服するための手助けをし続けました。ディロンが，もし両親が本をアルファベット順に並べないと自分を傷つけると脅した時，彼は両親に選択をしなければならないと伝えたのです。「巻き込まれ」を提供することに戻るか，彼が自分を傷つけるかもしれないというリスクを取るかのどちらかを。もし，本当にその 2 つの選択肢しかないのであれば，モーガンとアンディは選択肢が少ないと感じたことでしょう。もちろん，彼らがディロンを危険な目に遭わせることに賛成するわけがありません。しかし，彼らは，その 2 つだけが選択肢ではないことに気づいていました。ディロンを見守るための計画を素早くまとめることは，ディロンの安全を守ることであると同時に，自分たちが発言を真剣に受け止めていることを彼に示すことでもあるのです。それと同時に，両親は「巻き込まれ」を提供しないという彼らの計画も続けることができ，ディロンの OCD の支援をあきらめる必要も

ありませんでした。

　もしあなたの子どもが自分を傷つけると脅した場合，安全を確保するか「巻き込まれ」ないかの二者からひとつを選ぶ必要はありません。子どもの安全を守るために何が必要なのかを自問し，それを実行するのです。また，モーガンやアンディのように，友人や親戚に助けを求め，子どもの無事を見守るのを手伝ってもらうこともできます。もしあなたの子どもが，ディロンのように脅しを撤回したとしても，あなたの安全のための計画を続けるのが賢明でしょう。そうすることで，子どもは実行しない自傷行為の脅しを作ったり撤回することはできないことを学び，将来的に再び脅しを使う可能性を低下させることができます。

　また，子どもと一緒に救急外来を訪れ，子どもが自傷行為をすると脅したので伺ったと説明することもできます。病院は，同じような脅迫をした児童期や思春期の子どもを診察することに慣れており，あなたの子どもが高リスクであると診断することはまずありません。病院へ向かう場合，たとえ子どもが道中で脅しを撤回したとしても，行くべきでしょう。

　さらに，ディロンの脅迫に対する家族の対応で注目すべき点は，それが**支援的な対応**であったことです。彼は脅しをかけたことで，責められたり，批判されたり，罰せられたりしたわけではありません。彼らはみな，ディロンがOCDに対処することがいかに大変であるかを理解しており，怒りではなく愛から彼の横にいるのだということを，はっきり示したのです。ディロンは，彼らが自分を見守らないことを望んでいたかもしれませんが，彼らが彼のことを気にかけているからこそ，見守ってくれていることを知りました。もしディロンにうつや自殺念慮があったとしても，家族からのケアでこれほどまでに大切に包まれることで，自傷行為の危険性は低くなったはずです。

この章で学んだこと

- 子どもの攻撃的な反応への対処
- 子どもの苦悩的な反応への対処
- 子どもによる自傷行為を使った脅しへの対処

第13章

トラブルシューティング
――パートナーと取り組む上での困難への対処――

パートナーと意見が合わない場合

　もし，子どもの不安にどう対応するのがベストかについてパートナーと意見の相違があったり，自分たちの計画を同じ方法や同じ度合いで実行しないことでお互いにイライラしているとしたら，それはどういうことだと思いますか？　あなた方も結局，他の多くの親と同じということです！　あなたはおそらく，2人の親が同じ本の同じページにいて，子育てにおいて統一された一貫性のあるアプローチを子どもに示すべきだと考えています。常にそうであれば素晴らしいことですが，ほとんどの家庭の子育ての現実はそうではありません。一緒に子どもを持つということは，テレパシーで2人の人間がひとつになる「バルカンの精神融合（訳注：アメリカのSFテレビドラマシリーズ『スタートレック』に登場する異星人バルカン民族の能力のひとつ）」のようなものではありません。あなた方は2人の人間で，異なる考えや思い，異なる態度やアプローチ，異なる性格，そして異なる問題への対処法を持っています。ほとんどの親が，お互いのやり方や考え方が違っていることにイライラしているのも，無理はないことなのです。

　しかし，共通していることもあります。たとえば，次のようなことです。

　　・おそらくお2人とも，子どもがうまく対処できるようになること，不安が少なくなること，不安の問題による影響が少ない生活を送れるようになることを望んでおられることでしょう。

・また，あなた方はおそらく，子どもがそうしたことを達成するのを助けたいと思っているでしょう。

　パートナーがあなたの意見に反対したり，違うことをしたりしても，おそらくパートナーもあなたと同じことを望んでいると，心に留めておいてください。こうした理解は，あなたたち2人が前向きでいることに役立ち，激しい口論をより建設的なプロセスに変えることへと導きます。パートナーが何を達成したいのか，何をしようとしているのかを聞いてみると，思ったほど離れていないことに気がつくことでしょう。

　子どもの不安の問題は，両親の神経をイラ立たせることがあり，意見の不一致，フラストレーション，対立を拡大させる可能性があります。あなたが不安な子どもに対処していなかった時にも存在していた（しかし，それほど重要ではなかった）意見や態度の違いが，子どもが不安の問題を持つと，日常的な対立の原因となりえます。それは，家計の管理についての意見の違いが，お金が豊富にある時にはちょっとしたイラ立ちにしかならないのに，経済的に厳しくなると，本当の意味での対立や争いの種になるのとよく似ています。みんなの大切なもののために使う十分なお金がある時は，パートナーの目標のために「無駄遣い」されたお金にも，少しイライラする程度です。しかし，金銭的に余裕がなく，支出が「二者択一の状況」になってしまうと，あらゆる決断に不一致が生じる可能性があります。

　強い不安を持つ子どもの存在は，その両親の間に，不安への対処法についての意見の相違を生むものです。子どもの不安は子どもの人生に大きな影響を与え，親はその問題を深くケアすることなり，意見の相違がより大きな動揺を引き起こすことになります。子どもの不安はまた，両親や他の家族の生活にも影響を与え，不和の度合いをさらに高めてしまうこともあります。子どもの不安が強いと，あなたが「巻き込まれ」やその他の手段で頻繁に対応する必要が出てきます。つまり，不安をどう処理するかについて絶えず多くの決定がなされ，いろいろな方法で物事を行う機会が多いため，意見の相違が前面に出てくることが容易に想像できます。

　また，罪悪感や批難する気持ちも，不安の問題を余計にデリケートな話題にする要因となります。子どもが不安になるのは自分のせいだと思ったり，

パートナーの行動に原因があると思ったりすると，不安について話したり，パートナーと一緒に取り組むことが難しくなります。あるいは，子どもが不安なのはあなたのせいだとパートナーが批難していると感じたら，傷ついたり，怒ったり，憤慨したりしないわけにはいかないでしょう。ですから，本書のステップに一緒に取り組むこと，あるいは一般に不安に対処することは，2人の関係になんらかの緊張をもたらすものなのです。

　私は，何人もの不安に対処している子どもの親に会ってきました。そして私は，そうした親に共通することはあまりないと思うようになりました。不安な子どもを持つ親にはさまざまな人がいます。経済的に裕福な人と苦しんでいる人，高学歴の人とそうでない人，厳しい人と寛容な人，楽しいことが好きな人と真面目な人など，さまざまです。不安な子どもを持つ家庭には，「タイプ」というものが本当にないのです。**しかし，私が何度も見てきたのは，不安な子どもを持つことは，両親が協力し合って物事に取り組む能力に対しての大きな試練であるということです。**これは，親が，協力して取り組む方法を見つけられないということではありません。また，あなたとパートナーの意見が完全に一致しなければ子どもを助けることはできないということでもありません。もしそうだとしたら，ほとんどの親は手助けができないでしょう。別の言い方をすれば，この本のステップが，いつも意見が一致して，一緒に計画を立て，完璧に調和して実行できる親にしか役に立たないとしたら，この本はそう多くの人の役には立たないということになります。幸いなことに，そうではないのです！

　子どもの不安に取り組む上でのあなた方の関係を改善するために，あなたがとれるステップがあります。たとえあなたが，最終的に相手に同意できず，相手の協力なしに行わざるをえないと思ったとしても，**あなたはそれでも子どもを助けることができます。**なのでこれから紹介する提案——他の親が一緒に取り組むことの難しさを克服するのに役立てたこと——を，ぜひ試してみてください。

　　　グレタとルイは，かなりうんざりしていました。息子のポールは8歳で，1
　　年以上前から彼らのベッドで寝ていました。ポールが6歳と7歳の時に，短
　　い期間ですが自分のベッドで寝ていた時期もあったようです。早朝に両親の

部屋に来ることもありましたが，ほとんど彼らのベッドで寝ていました。その後，どんどん早く来るようになり，やがては毎晩，両親のベッドで一晩中過ごすことになりました。グレタとルイは相変わらずポールをポールの部屋に寝かしつけましたが，ポールはベッドで1人でいることを怖がり，数分もしないうちに両親のところへ来てしまうのです。両親がまだベッドにいないと，ポールは泣き出し，両親のどちらかが彼が寝つくまでそばにいてあげなければなりませんでした。彼の部屋に夜間照明もつけてみましたが，効果はありませんでした。友人の1人がホワイトノイズマシンを勧めてくれましたが，これも効果がありませんでした。彼らが何をやっても，ポールは1人でいることができず，彼らがいないと眠れないと言い張りました。グレタがポールと一緒にポールのベッドにいるようにしましたが，しかしポールのベッドは狭く，彼女はこの小さいベッドより，どうせなら自分のベッドでポールと一緒にいたいと思ったのです。

　ポールの不安は，両親の関係にも影響を及ぼしていました。彼らは自分たちの居場所がないように感じ，仕事と3人の子どもの世話で長い1日を過ごした後でも，リラックスして2人だけの時間を過ごすことはできませんでした。また，お互いにイライラすることも多くなっていました。ポールが1人で寝るのを本当に怖いと思っていることはわかっていましたが，それをどうしたら良いのか，2人の考えは違っていました。彼らの毎日は，まるでイライラと不仲のサンドウィッチのようでした。ルイはイライラした気持ちでベッドに横になり，朝起きるとポールがすぐそばにいるので，その気持ちが沸騰してグレタと口論になることもしばしばでした。

　ルイは，親としての仕事はルールを作ることであり，ポールは嫌でもそのルールに従わなければならないと考えていました。ポールをベッドに入れないようにすれば，そのうち慣れるだろうにと思っていました。しかしルイは状況が何も変わらないまま時間が過ぎていくのを，ただ眺めていたのです。「彼が10歳になっても，私たちのベッドで寝てほしいかい？」。彼はグレタに尋ねました。「15歳になったらどうする？」。ルイはポールを彼らの部屋に入れないように何度も試みましたが，グレタがいつもその努力を邪魔しているように感じました。ポールが彼らの部屋に来ると，ルイが自分のベッドに戻るように言った後でも，母親はいつも折れて，ポールが部屋にいるのを許しました。ルイは，グレタがポールの恐怖を克服させないだけでなく，ルイの親としての権威を傷つけているようにも感じていました。

　グレタはルイが理不尽なことを言っていると思っていました。「もちろん，私たちの部屋に来させなくても彼は大丈夫でしょう」。そう彼女は認めました

が，「でも，それはポールに何をもたらすのでしょう？　彼が怖がっていると
わかっていても，私たちが助けようとしないのだと思うでしょう」。グレタは
また，ルイが彼女に不公平だと考えていました。彼女がルイの意見に反対し
ていることを知りながら，ルイがルールを決めてそれに従えというのは，正
しいとは思えないのでした。「私はあなたを傷つけたくない」。彼女はルイに
言いました。「でも，勝手に決めないで。この子には，怖い思いをした時に私
たちを頼ってほしいの。誰も気にかけてくれないと思ってベッドに横になる
ようなことがないようにね」と。しかし，ルイは彼女が代替案を出していな
いと感じたのです。「君が変化に反対だというのはわかるけど，それじゃどう
やって解決すればいいんだい？　私は君と一緒になんとかしようとしてるけ
ど，君は何もしようとしないじゃないか！　だから1年半経った今でもポー
ルは私たちのベッドにいるのだよ。弟のガブリエルは彼の1歳年下だけど，
友達とお泊り会をしている。ポールは私たちがいないベッドで寝ることを嫌
がるから，お泊り会すらできやしない！　私たちのベッドで過ごさせること
で，彼はそうなってしまったんだ」。

パートナーとのより良いコミュニケーションのためのヒント

話すタイミングを選んでいますか？

　ルイとグレタが，2人が納得できる計画をまだ見つけられていないの
は，驚くには当たりません。ポールの不安についての彼らの議論は，ポール
に，そしてお互いに対しもっともイライラしている時に，主に起こるようで
す。朝に目が覚めて，怒りとイライラした気持ちを感じている時に，ルイが
この問題について話したいと思うのは自然なことです。しかし，そのように
感じていることが，おそらくは彼のコミュニケーションを，気持ちが落ち着
いている時よりもずっと敵対的で対立的なものにしているのです。残念なが
ら，朝に非生産的な会話や口論をすることは，親同士が他の時間帯に問題に
ついて話をしたいと思う可能性を低くします。どちらの親も言い争いを楽し
んでおらず，また良い結果も得られていないことから，ルイとグレタはおそ
らくこれ以上口論をしたいと思わないことでしょう。そのため彼らは，自分
たちがそれほど動揺しておらず，問題を心の外に置くことができる別の時間
に，その話をするのを避けているのです。しかし，これでは，悪循環が続い

てしまいます。次にどちらかがその問題を無視できないほどイライラしている時に、またその問題を持ち出し、そしておそらくまた非生産的な口論をすることになるからです。このような親が一緒に計画を立てないまま、1年以上経過してしまったとしても不思議ではありません。

　もしあなたが、子どもの不安についてパートナーに話すのが難しいと感じているなら、**どんな時**に話すべきかを考えてみましょう。

- 怒っている時、動揺している時、ストレスを感じている時に、そのような議論をしていませんか？　あるいは、その場ですぐに対応しなければならないというプレッシャーを感じている時ではありませんか？　もしそうなら、あまり生産的な会話にはならないでしょう。
- もしかしたら、もう1人が反対するような反応を起こした時に、この話を始めていませんか？　それは、計画を立てるための会話ではなく、誰が正しくて誰が間違っているかという口論になる可能性が高いです。

　問題について話すのは、どちらにもプレッシャーがなく、不満や動揺を感じていない時にしてください。問題について話すと、さらにそうした気持ちが高まるものです。しかし落ち着いた気持ちで始めると、生産的な会話ができる可能性が高くなります。ルイとグレタのように、本当に必要な時以外は、問題について話すのを避けたいと思うかもしれません。話し合う時間をわざわざ設けることで、負担が増えるように感じるかもしれません。しかし、それでも試してみてください。より生産的な会話をするのに役立ったのなら、その努力も価値があったと感じることでしょう。

批難を避ける

　子どもの不安の原因や、まだ不安を克服できていない理由を、どちらかの親が行っている何かに求めるのは簡単です。でも、現実的には、それはおそらく間違いです！　子どもが不安を抱えている時、ほとんどのケースでは、それは親が何かしているか、していないかのためでは**ありません**（もちろん、極端に否定的な子育ては、子どもに有害です。たとえば、虐待やネグレクトは、子どもの不安やその他の問題にもつながる可能性があります。し

かし，不安な子どもを持つ親は，通常，虐待やネグレクトをしていません）。第1章で述べたように，あなたの不安な子どもは，あなたのコントロールの及ばない生物学的およびその他の要因によって，高いレベルの不安を持ちやすくなっていると考えられるのです。ですから，パートナーを責めたり，辱めたりするような，無駄なことはしないようにしましょう。不安について話す際に，あなたがパートナーのミスから子どもを「救おう」としていることが伝わると，パートナーは批難されていると感じ，防衛的になったり，あなたを批難し返したりする可能性が高くなります。そうすると，生産的な会話ができる可能性はぐっと下がります。ルイがグレタに，ポールの不安のせいでお泊り会への参加ができないのだと言い，「私たちのベッドで過ごさせることで，彼はそうなってしまったのです」と言うと，暗に，グレタがルイの計画に従おうとしないことが，ポールがまだ不安な理由であると言ってしまっているのです。ルイがグレタに，15歳になってもポールがベッドで寝ていることを望んでいるのかと問うた時，ルイは彼女の選択が今後何年にもわたってポールの将来性を損ねる可能性があることを示唆しているのです。これだけ責められたら，グレタがルイと一緒に計画を立てようという気持ちにならないのは当然です。同様に，ポールをベッドに入れないというルイの計画について，グレタが「それは彼に何をもたらすのでしょう？」と尋ねる時，彼女はルイの計画が有害でポールにダメージを与えるものだと示唆しているように見えます。これはおそらく，ルイに，彼女と協力的に取り組みたくないと感じさせます。たとえ自分自身に矛先を向けているとしても，批難は不正確で役に立たないものです。そして自分を批難することは，親が生産的に協力して取り組むことを難しくしてしまいます。

でも，家族の「巻き込まれ」は悪いことですよね？

あなたのパートナーが「巻き込まれ」ないようにするのが，自分の仕事のような気がしていませんか？　ここまで読んでいただいた方は，家族の「巻き込まれ」が，子どもの不安の克服において役立たないものであることをご存じと思います。もちろんこれは，家族の「巻き込まれ」が子どもの不安の原因であることを意味しません。結局のところ，もし子どもが不安でなかったら，おそらく「巻き込まれ」ることはなかったのではないでしょうか？

家族の「巻き込まれ」は，親が不安に対応する方法ですが，不安を引き起こすものではありません。「巻き込まれ」についての重要な点は，それが子どもを不安にさせるものではなく——あるいは不安を抱かせ続けるものでもなく——「巻き込まれ」を減らすことによって，子どもの不安が**減る**ということなのです。もし「巻き込まれ」が長期的に子どもの不安に寄与するとしても，それは子どもの不安の経過に影響を与えるたくさんの要因のひとつということに過ぎません。あなたが自分の「巻き込まれ」に気づくようになったら，それを減らすことに取り組んで，支援に置き換える努力をすることは，あなたにとって有益なことです。しかし，パートナーが「巻き込まれ」ているのを捕まえるのは，あなたの仕事ではありません。不安な子どもに「巻き込まれ」ることは，ほとんどすべての親がすることだということを，忘れないでください。

敬意を持ちましょう

　私たちが人から言われたことにどう反応するかは，その人が何を言ったかと同じくらい，どう言ったかということで決まります。何かについて長い間議論し，何が何でも自分の主張を通そうと決意していたのに，後になってその全体についてそれほどこだわっていなかったと気づくようなことがありませんか？　あるいは，ある時は自分のミスや間違った行動を猛烈に否定するのに，ある時はその誤りを認め，笑い飛ばすことさえ簡単にできるということがありますよね。こうしたことはなぜ起こるのでしょうか？　それは，その時の気分と関係がある場合もあれば（だからこそ，話すのに適切なタイミングを選ぶことが重要なのです），あなたの，他の人の話の受け取り方と関係があります。たとえば，

- ・彼らはあなたを尊敬しているのでしょうか，それとも貶めているのでしょうか？
- ・彼らはあなたの意見を気にしているでしょうか，それとも彼ら自身の意見だけ気にしているのでしょうか？
- ・彼らは自分たちの方があなたよりよく知っていると思い込んでいるように見えないでしょうか？

　このような感情を抱くと，人は「口論モード」になってしまいます。口論モードになっている時，私たちの焦点は相手の主張を聞いたり考えたりすることではなく，自分が議論に勝つことを確認することに置かれます。口論モードになっている時は，相手の話を聞くのは，相手の考えを理解するためではなく，自分が挑戦し反論できるような弱い点を見つけるためなのです。楽しみのために話している時は口論モードでも良いのですが，子どもをどうしたら助けられるかを考えている時は，口論モードではうまくいかないのです。相手が自分の意見を大切にしていなかったり，考えていないことがわかると，イライラします。そして無意味に思えるので，会話を完全に終わらせたくなるでしょう。

　もし，子どもの不安についてパートナーとする会話が，このようなイライラ感を帯びてきたり，パートナーが口論モードで話していると感じたら，相手の考えを大切にし，相手の意見を尊重していることを示すようにしてください。自分が一番よく知っていると思い込んでいないことを示せば，パートナーはもっと喜んであなたの言うことを考慮するようになるかもしれません。

焦点を当て続けましょう

　パートナー間で意見の相違がある場合，ひとつのことに焦点を当て続けるのは難しいものです。親の2人には一緒に取り組まなければならないことがたくさんあり，それぞれの行動が相手に与える影響も大きいので，物事がお互いへと波及しがちです。あることについての議論が，他の多くの論点や不満についての話に変わっていきます。しかし，このことは不幸な結果をもたらします。どんな会話であっても**すべての**問題が解決されることはまずないため，楽しくない感情か怒りを残さないままに，話し合いを終えることが非常に難しいのです。

　　　たとえば，歯が痛くて歯医者に行った時，その日のうちに体調が悪くなったとします。歯科医は歯の問題の対処に素晴らしい仕事を行ったのかもしれませんが，あなたにはまだ嫌な気持ちが残ることになります。それは，歯医者に行ったことが無駄だったということでしょうか？　または歯科医は十分に良い仕事をしなかったということでしょうか？　もちろんそうではありません。歯科医はあなたのすべての問題ではなく，ひとつの問題を解決しただ

けです。もし，あなたが歯の問題だけに焦点を当てた場合，あなたはそれを
ケアできたことに喜びを感じることでしょう。しかし一度に全体に焦点を当
てて「でも，まだ調子が悪いんだよなぁ」と考えてしまうと，あなたは問題
が残っていることに落胆してしまうことでしょう。

　このような「そうだけど，でも」という考え方は，親の間の会話でよく起
こります。あなたがある問題について話している時に，「……たしかにそれ
はそうだけど，他のことはどうなの？」という形です。すべての問題に対す
る解決策を持っていない限り，ひとつの問題に対する解決策を見つけること
には，意味がないと思えることもあります。しかしこれは真実ではありませ
ん。合意できる良い計画をひとつ持つことは，それ自体が大きな前進です。
そしてそれに基づいて行動することができれば，将来より多くの問題のため
――一度にひとつずつですが――他の計画にも合意できる可能性が高くなり
ます。
　不安な子どもを助ける方法についての会話は，不安の問題に焦点を当てた
まま行いましょう。あなたの子どもを不安にさせるすべてについてではな
く，不安のあるひとつの領域にだけ焦点を当て続けるようにしましょう。他
のことはさておいて，ただひとつの問題に集中することができれば，そのひ
とつの具体的な計画を考え出すことが容易になるかもしれません。ひとつの
問題に焦点を合わせ続けることは，実際には思ったより難しい場合があるの
で，注意してください。他の何かが会話に混ざり合ってきた時，「そうだけ
ど，でも」の瞬間に，耳をすますようにしてください。あるひとつのことを
行うのがたいしたことではないと思わせてしまう，落とし穴なのです。

支援には2つの意味があります

　グレタとルイでは，彼らの息子が1人で寝ることに不安を感じていること
に対しての意見に，かなり隔たりがあるようです。グレタは，ポールが両親
から理解され慰められていると感じ，両親が自分の味方であり助けようとし
てくれていると知ることが重要だと感じています。ルイは，子どもが恐怖を
克服し，1人で夜を過ごせるようになることが必要だという考えに固執して
います。2人とも，ポールは必要なものを十分に得ていないと感じています。

グレタにとってそれは理解と手助けであり，ルイにとっては親との境界線と自分で対処するための激励です。最初は，この両親が共通認識を見出したり，双方の目的を反映した計画を立てたりすることは，ほとんど望めないように思えるかもしれません。

　不安な子どもを支援することは，実際には２つのことを意味するのを思い出してください。支援は，親が不安な子どもに，受容と自信の両方を示すことで起こります。このケースのそれぞれの親が何をしようとしているのかを考えると，どちらも支援的な対応における重要かつ必要な側面を進めていることが明らかになります。どちらの親も，もう一方の親が求めている支援の要素なしには，本当の意味で支援的になることができないのです。

- ・ポールの能力に対する自信がなければ──それはルイがポールに自力で対処するのを期待していることに反映されています──グレタはポールの恐怖を受容し，承認することはできても，本当の意味で支援的になることはできないのです。
- ・子どもが純粋に不安で，夜１人でベッドに横たわるのはとてもつらいことなのだというグレタの理解に反映されている受容がなければ，ルイは支援のための完全なレシピを提供することはできません。

　両親がポールに伝えようとしているメッセージをまとめてこそ，完全に支援的なメッセージになるのです。グレタとルイは，自分たちが対立に陥り，互いに抵抗し，最終的には互いを弱体化させていると考えています。しかし，実際には，ポールは両親から両方の成分を必要としていて，両親も支援的なメッセージを作成するためにお互いを必要としているのです。

　もし，あなたとあなたのパートナーが，不安な子どもへの対応について意見がわかれたり，どのように行動するかについての計画に合意できない場合，２人の間で支援的なメッセージを分けてしまっていないか検討してみてください。子どもの不安について２人の親が意見を異にする時，それは，それぞれが支援を構成する組み合わせの成分のひとつに焦点を当てているためであることが非常に多いのです。あなたのパートナーが何を目指しているのか，あなた自身に問いかけてみてください。もっと良いのは，パートナーに尋ね

ることです！　その答えは，おそらく，あなたのパートナーが，子どもの気分を悪くさせようとしているのでも，子どもがもっと不安なままでいるように仕向けているのでもないでしょう。パートナーが間違った方向に進んでいると思ったり，あなたの指示に従わずに頑固で強情だなと思ったら，パートナーがやろうとしていることは，子どもが恐怖を克服するために必要な重要な支援のピースかもしれないと考えてみてください。

仕事を交換してみましょう

　それぞれの親が支援のひとつの要素だけに集中してしまった場合，もう一方の，同じくらい重要な支援的メッセージの要素に再びつながる時間を取ることが有効です。あなたとあなたのパートナーは，「仕事の交換」を試してみるべきです——それぞれが短い期間，お互いが果たしていた役割を引き受けるのです。もしあなたが，子どもが受け入れられ理解されていると感じることを助けるのに焦点を当ててきた親なら，怖いと感じたり，心配したり，不安になったりしても子どもは対処できるとあなたが自信を持っていることを示すことに，焦点を当てる時間を取ってみてください。不安に直面しても子どもは強く，無力ではないとあなたが信じていることを子どもに示す練習をしましょう。また，あなたが引き受けている仕事が，子どもに自分の恐怖に対処させ，つらいからといって物事を避けないようにすることに焦点を当てている親の役であるなら，子どもに，不安を感じるのは大変なことだという理解を示す時間を取るようにしてください。不安な気持ちが子どもをどれだけ不快にさせているか，あなたが理解していることを子どもに伝えてください。以下は，仕事の交換の練習について，親から寄せられた質問です。

受容するということは，子どもが対処を回避し続けるのに同意す
　ることを意味しませんか？

　そうではありません。受容は，あなたの子どもが経験している困難を理解し，認めることを意味します。何かが困難であることを受容することは，その何かが起こるべきではないと同意することとはまったく異なります。たとえあなたが対処することの重要性に焦点を当てていたとしても，それが大変なことであるとあなたが認識しているのを，子どもに示すことができます。

自信を持つということは受容を減らすことを意味しませんか？

いいえ。子どもへの自信とは，子どもが不安に耐えられるとあなたが信じていることを子どもに示すことを意味します。それは，彼が何をするか，しないかについての自信ではありません（忘れないでください。それはあなたが決められることではなく，あなたの計画の焦点を当てるところでもありません）。自信とは，子どもが不安からくる苦痛に耐えられるとあなたが信じていること，そして，子どもが不安，恐怖，心配を感じることがあっても大丈夫だとあなたがわかっていることを意味します。

一晩ですべての態度を変えるのでしょうか？

その必要はありません！　仕事を交換するのは，1日か2日の短い時間だけです。子どもが不安を持つひとつのケースだけに試してみて，普段通りと違う行動をとれば，とても有効であることがわかるでしょう。また，役割を交換すると，あなたは自分が信じていることと反対のことをするのではないと気づくことでしょう。あなたが受容に焦点を当てていたのであれば，あなたは子どもの力や能力を信じていることを子どもに知ってほしいと思うことでしょう。そして，もしあなたが自信に焦点を当てていたのなら，あなたはおそらく，子どもにとって不安は簡単なことではないことをよく理解しており，あなたがそれを知ってっていることを子どもにわかってもらいたいと思うことでしょう。

こちらの反応の変化に子どもが戸惑うことはないでしょうか？

そうかもしれませんが，大丈夫です。もし子どもが混乱したら，それは子どもが予測していたのと違うことをあなたがしているということです。それは悪いことではありません。**違うこと**をせずに，**より良いこと**をするのは，文字通り不可能なことなのですから。あなた方が仕事を交換するのは，子どもを混乱させるためではありませんが，もし変化によって子どもが驚くことがあっても，それはかまいません。このようなことをする理由は，すべてあなた方のためなのです。役割を交換し，自信だけを示す代わりに受容を引き受け，あるいは受容だけを示す代わりに自信を表すことで，あなたはおそらく重要だとわかっていながら，一貫して別の側面を示す必要性によって失っ

ていた支援の要素に，再びつながる機会を持つことができるのです。

　一方の親が，自分だけが自信を示しているように感じると，そうしなければ誰も示さないように思うため，自分は自信だけを示さなければならないかのように感じ始めることがあります。また逆に，パートナーが自分の子どもに受容を示さないと感じると，そうしなければ自分の子どもは誰からも受容を得られないので，自分はできるかぎり受容だけを示さなければならないと感じるようになるでしょう。短期間でも仕事を交換することで，もうひとつの支援の要素に触れ合うことができます。あなた方2人はどちらも，自分のパートナーが，持ち合わせていないと思っていた支援を提供する能力を持っていることを知る機会を得るのです。このように役割を逆転させることが，支援的な計画を2人で考えつき，その実行に同意することに役立つのだと気づくことでしょう。

グレタとルイが一晩だけ仕事を交換したらどうなるでしょう？

　もし，ルイが一晩だけ，ポールが怖がっている時，気分が良くなるように手助けすることに力を注ぐと決め，グレタがポールが自分のベッドで過ごせるようにすることを目標にしたら，それはどうなるでしょうか。母親が自分を抱きしめて迎えてくれることに慣れているポールは，おそらくまっすぐ母親の方のベッドサイドに来るでしょう。しかし，もしこの夜，グレタが彼にこう言ったとしたらどうでしょう。「あなたがどれほど怖いかわかります。でも，あなたは自分のベッドの中にいるべきだし，それで大丈夫だと思います。さあ，あなたをベッドに連れていきましょう」。ルイは体を起こして，「ポール，待って，まずハグさせて。あなたに気持ち良くなってほしいんだ」と言うことができます。ポールが自分のベッドで眠れるようになるかどうかはともかく，この試みは両親に大きな影響を与えることができるはずです。ルイにとって，ポールを抱きしめて慰める機会は，非常に有意義で，感動的な瞬間でさえあるかもしれません。グレタにとっては，自分がポールを信頼していることを息子に示すことで，ポールを別の角度から見ることができるようになるかもしれません。そしてもっとも重要なことは，両親ともに，この交換によって，パートナーが達成しようとしている重要な目標に再びつな

がることができるかもしれないということです。一晩か二晩，役割を交換することで，両方の親が協力して取り組みやすくなり，最終的には彼らがお互い子どものために最善を尽くそうとしていることを認めるようになるかもしれません。

あなたが同意できる計画はありますか？

　第8章であなたは，「巻き込まれ」を減らすための良いターゲットになる事項について読みました。しかし，これらのポイントをすべて抑えたターゲットであっても，それがあなたとパートナーの意見の相違を引き起こすのであれば，あまり良いものとは言えません。頻度が少ないとか，あなたの意見では生活への差支えが大きくないとかの理由で，理想的とはいえない「巻き込まれ」ターゲットでも，2人が同意できるものであれば，実は良いターゲットである可能性があります。もし，ベストだと思ったターゲットについて共同計画を立てることができなかったら，もっと同意できるものが他にないかどうか確認してみてください。あなたはいつでも他の「巻き込まれ」に戻って，焦点を当てることができます。共同してことに当たる時，あなたの子どもは，もっとよくなるはずです。なぜなら，両親が支援的な方法で一緒に「巻き込まれ」を減らすことができるのですから。そのため，ある特定の「巻き込まれ」の計画を立てることに固執しすぎないようにしましょう。また，自分の意見よりも相手の意見を反映したターゲットに取り組むなど，柔軟に対応するようにしましょう。

コントロールできることに集中する

　今はもう，あなたがコントロールできないことではなく，コントロールできることに焦点を当てることが，この本で繰り返される原則であることに，あなたも気づいたことでしょう。あなたは子どもの行動をコントロールすることはできませんが，本書では，それをコントロールしなくても，子どもを助けられることを示しました。あなたはまた，パートナーの行動をコントロ

ールすることはできません。そして，もう一度言いますが，子どもを助ける
ためには，それができるようになる必要もないのです。この章のすべての提
案を試しても，現段階では2人が協力して取り組む方法はないという結論に
達したなら，たとえパートナーが協力しなくても，パートナーの決断を尊重
し，自分自身の「巻き込まれ」を変えることに集中した方が良いでしょう。
これは，2人の親が一緒に子育てをしている場合でも，2人の親が一緒にお
らず，それぞれが別々に子育てをしている場合でも同じことです。

　あなたが，今はあなた自身の行動に焦点を当てた方が良いと判断し，1人
でやっていくことを受け入れたとしても，それでもなお，あなたはパートナ
ーを尊重することができます。あなたの決断は対立的であったり，論争的で
ある必要はないのです。あなたは，何をしようとしているかをパートナーに
伝え，理由を説明し，2人が不一致を選んだことを受け入れることができま
す。重要なのは，たとえもう一方の親が違った見方をしたり，子どもの不安
に違う方法で対応し続けたりしても，あなたが行う変更はそれでも子どもの
不安を改善することができるということです。あなたの計画はあなただけに
適用されることを，あなたのメッセージで子どもに伝えてください――パー
トナーがしていることと，それが良いか悪いかについての意見を述べること
なしに。そして，自分の計画をやり抜くためにベストを尽くしてください。
あなたのパートナーは，あなたの計画が役に立っていることに気づき，考え
を変えるかもしれません。あるいは，違う行動を取り続けるかもしれません。
いずれにせよ，相手の決断を尊重し，パートナーに同じことをするのを求め
ることなしにあなたは行っているのだと，パートナーに知らせるようにしま
しょう。そうすれば，同様に，パートナーもあなたの意見を尊重する可能性
が高くなります。

この章で学んだこと

- ・パートナーとのコミュニケーションを改善する方法
- ・あなたとパートナーの意見がまとまらない時にすること
- ・2人が合意できる計画があるかどうかを判断する方法

第14章

まとめと次の展開

よくやりとげました！

　子育ては大変なものですが，不安を持つ子どもの子育ては特に大変です。もしあなたがこの本に取り組んできて，（保護的であったり要求的であったりではなく）支援的でありつつ，「巻き込まれ」を認識する方法についてのさまざまな提案に従い，「巻き込まれ」を減らすための計画を作り，実行したなら……よくできました！　私はあなたを称賛します。この称賛を私は，心の底からあなたにお伝えしたいです。私は，子どもが幸せで健康的な生活を送り，不安に邪魔されることなく，不安が引き起こす障害から解放されるよう取り組むことに，時間と労力を費やす決意と献身を持った親御さんは，心から素晴らしいと思うのです。

　本書で紹介されているステップが，子どもの不安を取り除くという目的を達成できていれば幸いです。不安から完全に解放される人などいません（また，そうなるべきでもありません）し，本書の目的は，子どもの生活から不安を完全に取り除くことではありません。またあなたが，子どもの不安に対処する能力がとても大きなものであることを実感し，そして，子どももそのことに気づいたことを望みます。もしそうなら，あなたが成し遂げたことは，子どもへの大きな贈り物です。それは子どもが生きている限り，子どもの人生を改善し続ける贈り物なのです。

　もしあなたが，子どもの不安は部分的に改善されたが，まだ重大かつ障害となる不安に対処していると感じられる場合，考えられる次のステップをい

くつか検討してみてください。あなたは，追加の「巻き込まれ」ターゲットを選び，この新しい領域で計画を立て「巻き込まれ」を徐々に減らすというステップに取り組み続ける必要があるでしょう。またあなたは，追加の治療や戦略を試すことを検討しても良いでしょう。第2章では，認知行動療法（CBT）や精神科の薬物療法など，小児期の不安に対する，エビデンスに基づく治療法のいくつかについて簡単に説明しました。本書巻末の付録Bには，エビデンスに基づく治療法について詳しく知り，また，あなたの地域で熟練した治療者を見つけるための資料を掲載しています。あなたの地域のセラピストや精神科医と会って，可能性について話し合うことを検討してみてください。CBTは，子どもの側からの意欲と動機づけを必要とするため，この治療法が誰にでも合うとは限りません。しかし少なくとも子どもがその可能性を探ることに前向きであれば，非常に効果的であるということを忘れないでください。

　本書で紹介されている方法に一生懸命取り組んでも，子どもの不安にあまり効果がなかったと感じた場合にも，CBTと同じことが言えます。すべての子どもに有効な治療法はないのです。そして，タイミングも重要です。本書に取り組み続けて効果がなかったとしても，自分を責めたり，イライラしたり，落胆したりしないでください。たとえ今はあまり変わっていないように見えても，あなたが行った変更があなたの子どもを助け，これからも助け続ける可能性があります。あなたが子どもを受容し信じていることを，子どもが知ることは，たとえ不安のレベルが高いままであっても重要で影響力の強いことなのです。

支援を継続する

　もし子どもの不安が改善され，子どもの対処を助ける特別な計画の必要なしに日常生活に戻りつつある場合でも，子どもの不安に対して支援的な態度を保ち続けることが重要です。あなたはおそらく，今後も，子どもがなんらかの試練に苦しむたくさんの状況に直面することでしょう。これらの試練の中には，不安に関連するものもあれば，そうでないものもありますが，ほと

んどの場合，支援的な態度が役に立ちます。あなたが，子どもが感じていることを受け入れ，認めることを示すと同時に，子どもが困難に対処し多少の不快感に耐えられることに自信を示すと，まず間違ったことにはなりません。

　特に不安に関連した試練については，あなたが言葉や行動で示す支援的な態度が，将来不安がエスカレートしたり，再び大きな問題になるほど成長したりするのを防ぎます。本書を通じて実践した支援的な宣言を使うことは，子どもへの注意信号として機能することになり，子どもに自律的に対処する必要性を思い出させ，あなたがあまり役に立たない「巻き込まれ」を提供することに逆戻りするリスクを減らします。

　不安が高まりやすい傾向や特質を持つ子どもは，一生の間に何度も，典型的な不安よりも大きな不安を経験する可能性が高いことを，忘れないでください。あなたは，不安について話したり，それにどう対処するかについての，独自の「家庭内の言語」を持っていることでしょう。それによって，あなたの子どもの不安が高まる兆候に気をつけて，不安に支援的な方法で対応する準備をしておきましょう。家族のストレスが高まっている時期，新しい家や学校へ移るなどの変わり目，子どもの人生で起こった喪失，社会的なストレス要因などは，すべて，治療がうまくいった後でも不安を増大させる原因となります。また，特定のストレス要因や誘因がなくても，子どもの不安が大きくなったように見えることがあります。どのような理由であれ，子どもが不安を再発させているようであれば，親による支援的な対応が有効となるものです。

「巻き込まれ」ているか気づく

　今や，あなたも「巻き込まれ」の専門家です！　これは素晴らしいことです。なぜなら，あなたが「巻き込まれ」の古いパターンに戻ったり，新しい「巻き込まれ」を生み出しつつあったりしたら，簡単に気づくことができるからです。「巻き込まれ」や不安についてよく知っている親でも，ふと気がつくと，新しい「巻き込まれ」を引き受けてしまっていることがあります。それは簡単に起こることもあれば，気づくのに時間がかかることもあります。

もし，「巻き込まれ」が増えてきたことに気づいたら，どうすれば良いかわかりますよね！　イライラしないでください！　その代わり，支援的になり，自分自身の行動に焦点を当て，「巻き込まれ」を減らしましょう。

　不安になったことで子どもに腹を立てることは，決して助けにはならず，あまり意味がないことです。しかし，あなたは子どもが不安を感じなくなるよう一生懸命に手助けしてきたのですから，昔のパターンが忍び寄っていることに気づいた時，少しイラ立ちを感じても当然でしょう。でも，前向きに考えましょう。あなたが一度は「巻き込まれ」と子どもの不安を減らすのに成功したのなら，もう一度行うのはかなり簡単です。支援的な宣言や「巻き込まれ」の計画は，あなたとあなたの子どもの両方にとってより身近なものになっていますし，それほど困難なものではなくなっています。そして，1度目の時は手に入れられなかったものを，あなたは手にしているのです。あなたには，過去にそれをやってうまくいったという知識があるのです！　子どもはまだ，あなたが「巻き込まれ」ないとイライラするかもしれませんが，しかし子どもは，過去にあなたがこの方法で助けてくれたこと，そして計画を立てたらあなたがそれをやり抜くことも知っているのです。

　「巻き込まれ」の再発に気づくための素晴らしいツールは，月に一度の確認です。本書のワークシートを使って，数週間ごとに自分の日常生活をすばやく調査し，新しい，あるいは長引く「巻き込まれ」を把握することができるのです。あなた1人で確認するもよし，パートナーと一緒にするもよし，子どもと一緒にするもよしです。実際，「巻き込まれ」の専門家になったのは，あなただけではありません。あなたの子どももそうなっているのです。中には，親が「巻き込まれ」をし始めたことに気づくと，親に指摘する子どもさえいます。この指摘は，明示の形をとることもあれば，ヒントのような形をとることもあります。

　　　ライラは11歳で，両親のシャーリーとテレンスは，彼女の不安による「巻き込まれ」を削減するために懸命に取り組んでいました。彼らは2つの別の「巻き込まれ」計画に取り組んできました。ひとつは，火災や洪水のような怖いものが出てこないか前もって映画をスクリーニングするのをやめること，もうつは，ライラが近所でサイレンを聞くたびに地元のニュースをチェックしてあげるのをやめることです。この2つの計画が功を奏し，ライラの災害や

大惨事に対する不安はかなり薄らぎました。

　平穏な日常が戻って数カ月，その間ライラはめったに不安が高まることはなかったようでした。しかし，ある日学校から帰ってくると，とても動揺していました。クラスメイトがクラスで，祖母の家が大嵐で水浸しになったという恐ろしい話をしたのです。その話は，彼女の祖母が洪水で死にかけた様子を克明に詳細まで描写したものでした。ライラはシャーリーにその話をし，最後にこう言いました。「天気予報のチャンネルを見て，ここにも嵐が来るかどうか教えてほしいの。でも，あなたはたぶんやってくれない，そうでしょ？」。

　シャーリーは，1回だけ天気予報のチャンネルをチェックすることはそれほどたいしたことではないだろうという気持ちだったのかもしれません。ライラはこれまで，とてもうまくやっていました。そして彼女が明らかにナーバスで，非常にドラマチックな話を聞いたばかりの時に，彼女を一度だけ助けるのは本当に悪いことなのでしょうか？　一度だけ確認するのなら，問題はないでしょう？　実際，問題はないのかもしれません。しかし，ライラの視点から物事を考えてみてください。ライラは，久しぶりに自分の不安や心配に直面し，母親がどう反応するか待っているのです。この出来事は，ニュースをチェックすることで，ライラを「助ける」機会です。しかし，それは同時に，彼女がいかに強く，有能であるかを彼女に思い出させる絶好の機会でもあります。ニュースをチェックしないことで，シャーリーは娘に，不安に対処することは誰もが時々やらなければならないことであり，ライラにはそれができると完全に確信していることを思い出させることができるのです。

　さて，ライラの最後の言葉についてどう思われますか？　彼女の言葉（「でも，あなたはたぶんやってくれない，そうでしょ？」）は，母親が自分を助けてくれないということのイライラか，泣き言による告発として聞くことができます。しかし同じ言葉を，ライラが母親に対して，「私たちは，それが今の私に必要なことではないと，お互いにわかっているよね？」という，知識と強さを示した言葉として聞くこともできます。実際，シャーリーがライラのためにニュースを確認したとしても，ライラは喜ぶというより，失望したと感じる可能性が高いです。彼女は大きな嵐が来ないことを知れば，きっと安心するでしょう。しかし彼女は，母親が強さと自信に関する支援的なメ

ッセージに固執しなかったことに，失望することもありうるのです。そして
重要なのは，ライラがすぐにまた不安になり，母親にもっと「巻き込まれ」
を求める可能性が高くなることです。もしシャーリーが支援的な宣言で反応
したら，ライラは安心することはないかもしれません。しかし母親のライラ
に対する自信が，ライラに多少不安な思考や感情が戻ってきても，揺るがな
いことを知ることができるのです。

　不安を克服し心配を感じることが少なくなってきた子どもにとって，新た
な不安な思考が現れることは，親にとってと同じ程度に，子どもを大いに落
胆させるものです。子どもは，これは本当には良くなっていないという意味
なのか，また振り出しに戻ってしまったのか，とナーバスになるでしょう。
これからも不安な瞬間はあるのだからと，穏やかで支援的に対応することが，
物事の見通しを保ち，不安が大きくなるのを防ぐのにとても有効です。

　あなたは常に，あなたが，子どもが自分を見るための鏡であることを忘れ
ないでください。あなたは，親であったら誰しもが，行うことに憧れ，達成
したことを誇りに思うことを成し遂げたのです。そう，あなたは子どもに，
子どもが強く，有能で，愛されているんだという見方を示したのです。もし，
子どもがあなたに，そのような見方を示す機会をどんどん与えてくれるのな
ら，それは決して悪いことではありませんよね！

付録**A**

ワークシート類

　この付録には，本書で紹介されているすべてのワークシートが含まれています。この本に取り組むにつれ複数枚必要になるかもしれませんので，ご自由に追加コピーを取ってください。

ワークシート 番号	ワークシートタイトル	ワークシート が含まれる章
1	不安は子どもにどのような影響を与えていますか？	第1章
2	子育ての罠	第4章
3	あなたと子どもの不安	第5章
4	「巻き込まれ」リスト	第6章
5	「巻き込まれ」マップ	第6章
6	あなたが言うこと	第7章
7	支援的な宣言	第7章
8	あなたの計画	第9章
9	お知らせ	第10章
10	「巻き込まれ」ターゲットのモニタリング	第11章

ワークシート1
不安は子どもにどのような影響を与えていますか？

　このワークシートを使って，4つの領域（身体，思考，感情，行動）それ
ぞれにおいて，不安があなたの子どもに影響を与えている主な形について，
あなたが気づいたものを書き出してください。

不安は子どもの身体にどのような影響を与えていますか	不安は子どもの思考にどのような影響を与えていますか
例）子どもは不安な時，心拍数が上がる	例）子どもはいつも最悪のシナリオを考えてしまう
不安は子どもの感情にどのような影響を与えていますか	不安は子どもの行動にどのような影響を与えていますか
例）子どもは不安な時に気難しくなる	例）子どもは学校の授業で発言しない

ワークシート2
子育ての罠

　このワークシートを使って，あなたが子どもに言うこと，あるいは子どもの不安について言うことのうち，**保護的**または**要求的**なことを書き出してみてください。

保護的
例）私たちはこれがあなたにとって負担が大きすぎるとわかっています
例）あなたはストレスをうまく処理できません

要求的
例）あなたの年齢相応に振る舞うようにしなさい
例）そこまで怖いものじゃないよ

ワークシート 3
あなたと子どもの不安

　ここにある質問に対する答えを書き出すことで，あなたが子どもに「巻き込まれ」ている形を考える上での有益な情報が得られます。もし，あなたがパートナーと一緒に暮らしているのなら，一緒にこのことについて話し合うと良いでしょう。

子どもの不安に，あなたはどれだけ時間を奪われていますか？

この子のために，きょうだいと比べて，何か違うことをしていますか？

もしあなたの子どもに不安や恐怖がなかったら，どんな違ったことをしていたでしょうか？

ワークシート4
「巻き込まれ」リスト

　このページに，あなたが気づいた「巻き込まれ」を書き出してください。できるだけ多くのものを考えてみてください。ただし，いくつか抜けていても気にしないでくださいね！

どのように「巻き込まれ」ていますか？

ワークシート5
「巻き込まれ」マップ

1日に発生した「巻き込まれ」をすべて書き出してください。スペースがなくなった場合は別の紙を使用してください。

時間帯	何が起こるのか？	誰が関与しているのか？	頻度（回数）
	例）ママは朝食に「特別」な料理を出す		1回×1日
朝 （起床、着替え、朝食、登校）			
午後 （昼食、学校からの送迎、宿題、放課後の活動、社会活動）			
夕方 （夕食、家族の時間、就寝前）			
就寝時間 （就寝準備、お風呂、就寝）			
夜間			
週末			

ワークシート6
あなたが言うこと

　このワークシートを使って，子どもが不安な時にかける言葉を書き出します。そして，それが支援の2つの要素である「受容」と「自信」を含んでいるかどうか確認しましょう。

あなたが言うこと	受　容	自　信
例）力を出してやり遂げるだけよ		○
例）私はこれがあなたにとってとても難しいことだと理解しています	○	

ワークシート 7

支援的な宣言

あなたが普段言っていることを、支援の2つの要素である「受容」と「自信」を含む支援的な宣言に変えてみましょう。

昔の宣言	受容	自信	新しい宣言	受容	自信
(例) 力を出してやり遂げるだけよ		○	大変だけど、あなたにはやり遂げる力がある！	○	○
(例) 私はこれがあなたにとって大変なことだと理解してます	○		私はこれがあなたにとってどんなに大変か理解してます。だけど私はあなたが大丈夫ってわかってます	○	○

ワークシート8
あなたの計画

　このワークシートを使って，「巻き込まれ」を減らすための計画を書き込んでください。あなたの計画の「何を」，「いつ」，「誰が」，「どのように」，「どれくらい」についてのできる限りの詳細と，代わりに何をするかを含むようにしてください。

あなたの計画

何を

いつ

誰が

どのように，どれくらい

代わりに何をするか

ワークシート9
お知らせ

このワークシートを使って,「巻き込まれ」削減計画について知らせるために,あなたが子どもに与えるメッセージを書き出してください。メッセージは簡潔,支援的,かつ具体的にしてください。そしてあなたの計画の「何を」「いつ」「誰が」「どのように」「どれくらい」を含むようにしてください。

このワークシートは余分にコピーしておいても良いですし,紙でなくコンピュータで取り組んでもかまいません。

ワークシート 10
「巻き込まれ」ターゲットのモニタリング

　このワークシートを使って,「巻き込まれ」ターゲットの削減の進捗を記録し, モニタリングしてください。計画を実行したそれぞれの機会の日付と時間を書き, 何をしたか, どうだったか, どんな困難があったかを簡単に記述してください。このワークシートは余分にコピーしておいても良いですし, 紙でなくコンピュータで取り組んでもかまいません。

日付	時間	状況：何が起こりましたか？　あなたは何をしましたか？　どのようになりましたか？　何か問題はありましたか？

付録**B**

資料類

多くの資料が，子どもの不安や強迫性障害に関する優れた情報を提供しています。資料には，専門家のケアを見つけるのに役立つ本，ウェブサイト，およびその他のツールが含まれます。以下は，そうした資料のごく一部のリストです。

親のための本

Freeing Your Child From Anxiety: Practical Strategies to Overcome Fears, Worries, and Phobias and Be Prepared for Life— From Toddlers to Teens. Author: Tamar Chansky
Freeing Your Child From Obsessive-Compulsive Disorder. Author: Tamar Chansky
Anxiety Relief for Kids. Author: Bridget Flynn Walker
Helping Your Anxious Child. Authors: Ron Rapee, Ann Wignall, Susan Spence, Heidi Lyneham, Vanessa Cobham

子どものための本

What to Do When You Worry Too Much: A Kid's Guide to Overcoming Anxiety. Author: Dawn Huebner（だいじょうぶ自分でできる心配の追いはらい方ワークブック．上田勢子訳，明石書店，2009 年）
Outsmarting Worry: An Older Kid's Guide to Managing Anxiety. Author: Dawn Huebner
The Anxiety Workbook for Teens. Author: Lisa Schab
Guts (a graphic novel about fear of throwing up). Author: Raina Telgemeier
Rewire Your Anxious Brain. Authors: Catherine Pittman and Elizabeth Karle
The Thought That Counts: A Firsthand Account of One Teenager's Experience with Obsessive- Compulsive Disorder. Author: Jared Kant, with Martin Franklin and Linda Wasmer Andrews

情報のあるウェブサイトと専門家を見つけるためのツール

Anxiety Disorders Association of America: www.adaa.org
International OCD Foundation: www.ocfoundation.org
Association for Behavioral and Cognitive Therapies: www.abct.org
The approach to reducing family accommodation described in this book is called SPACE.
On this website you can find a list of therapists trained in providing SPACE to parents and participate in a forum for parents of anxious children: www.spacetreatment.net

監訳者あとがき

　保護者のみなさん，ここまで読み通してくださったことに深く感謝いたします。おそらく，本書をお読みになったみなさんのお子さんも，さまざまな不安の問題を抱えておられ，そのために子育てには途轍_{とてつ}もない苦労があることでしょう。そんなみなさんは，藁にもすがる思いで本書を手に取ったのではないでしょうか。

　子どもの不安の問題はとてもよくある問題です。けっしてみなさんのお子さんだけが問題を抱えているのではありません。学校に関すること，友達関係に関すること，さまざまな領域で子どもは不安を訴えます。保護者のみなさんにとってはかけがえのないお子さんです。なんとか彼ら・彼女らの不安を減らしてあげようと，四苦八苦してきたのではないでしょうか。その中で知らず知らずのうちに，「巻き込まれ」が生まれてくるのです。どの保護者にとっても，「巻き込まれ」は，言われないと気がつかない，もしくは気がついてもやめられなかったものでしょう。

　この「巻き込まれ」という行為について，本書を通じて深く理解できたと思います。子どもの不安を減らしていくためにも，家族の「巻き込まれ」を理解し，うまくコントロールしていかなくてはなりません。この子どもの不安を基点とした「巻き込まれ」に対する理論とスキルは，認知行動療法の考え方を基礎にして組み立てられています。身体，認知，感情，行動という領域に分けて，こころの仕組みを理解していくプロセスは，みなさんがこれまで経験したことがない体験だったのではないでしょうか。

　本書を読み通した今は，車の運転習得のプロセスで例えれば，あくまで教

習所で習い，試験を受けて，免許をもらったばかりの状態です。ですので，本書を読み一度実践したとしても，すぐに子どもの不安が減らないかもしれないし，場合によっては不安が増大するかもしれません。その際に大事なことは，子どものこころの仕組みとそれに呼応する保護者としての自分自身の行動を，客観的に理解することではないでしょうか。子どもの不安を減らそうと一生懸命になりすぎることで，視野が狭くなってしまうことは，どんな親でもあることです。常にちょっと他人事のように客観的な視点を持てると，いいのかもしれませんね。運転免許のように，これから毎日毎日，何年も繰り返し運転していくことで，誰もがそのスキルを向上させていくのです。ですから，これからも本書を何度も読み返し，実践して，わが子と自分の行動を客観的に理解して，子どもの不安とその「巻き込まれ」に対して，どんどんチャレンジしていきましょう。

　繰り返しますが，子どもの不安はこの年代にとってとてもポピュラーな問題です。どんな子どもでも少なからず抱えているものです。本書を読破されたみなさんはもう十分理解していると思いますが，子どもの不安は「子育て論」や「愛情論」で説明することはできません。よくある「もっと愛情を注いでやってください」などの助言は，役に立ちません。私たち保護者が，子どもの不安を支え，子どもの健全な情緒発達を活性化し社会参加と自立を促していくためのスキルが，本書には詰まっています。客観的でエビデンスに基づいたスキルを身につけ，不安でいっぱいの子どもたちのこころを自由に羽ばたかせていきましょう。

2022 年 6 月

宇佐美政英

索 引

著者について

イーライ・R・レボウィッツ（Eli Lebowitz, PhD）

米エール大学子ども研究センター准教授。不安障害克服プログラムであるSPACEプログラムの
開発者。子どもの不安に関する数多くのプロジェクトに携わっている。専門書，一般書問わず，
不安のためのペアレンティングの著作が多数ある。

監訳者略歴

堀越 勝（ほりこし・まさる）

臨床心理士。国立精神・神経医療研究センター認知行動療法センター特命部長，武蔵野大学客員
教授，慶應義塾大学医学部非常勤講師。

1993年米国南カリフォルニア大学修了，1995年米国バイオラ大学大学院卒業（博士：Ph.D.
in Clinical Psychology），1997年米国ハーバード大学医学部精神科ポストドックフェロー（1997
年から米国ケンブリッジ病院行動医学プログラム），1999年米国マサチューセッツ総合病院マク
レーン病院強迫性障害研究所（ハーバード大学医学部精神科上級研究員），2000年米国マサチュ
ーセッツ総合病院マクレーン病院サイバーメディシン研究所，2002年筑波大学大学院人間総合科
学研究科心理学類（専任講師），2008年駿河台大学心理学部大学院心理学研究科（教授），2010
年国立精神・神経医療研究センター認知行動療法センター（研修指導部長），2015年国立精神・
神経医療研究センター認知行動療法センターセンター長。2021年に同センター長を定年退官し，
現職。専門：行動医学，認知行動療法，精神療法。

主な著書として『感情の「みかた」』（いきいき株式会社出版局，2015年），『ケアする人
の対話スキルABCD』（日本看護協会出版会，2015年），『精神療法の基本』（共著，医学書
院，2012年），『精神療法の実践』（共著，医学書院，2020年），『スーパービジョンで磨く
認知行動療法』（共著，創元社，2020年），『こころを癒すノート』（共著，創元社，2012年）
ほか多数。

宇佐美 政英（うさみ・まさひで）

児童精神科医。国立研究開発法人国立国際医療研究センター国府台病院子どものこころ総合診療
センター長，児童精神科診療科長，心理指導室室長，臨床相談室室長。

1973年生まれ。山梨医科大学医学部卒業。山梨医科大学精神神経科を経て，2001年から国立精
神・神経センター国府台病院児童精神科に勤務。2013年に北里大学大学院医療系研究科発達精神
医学を卒業。2016年より国立研究開発法人国立国際医療研究センター国府台病院児童精神科診
療科長，心理室長，臨床研究相談室長。2019年より現職。日本児童青年精神医学会認定医・代議
員，子どものこころ専門医指導医，厚生労働省認知行動療法研修事業認定スーパーバイザー。

監訳書に『子どもの「やり抜く力」を育むワークブック』（岩崎学術出版社，2021年）がある。

訳者略歴

板垣 琴瑛

臨床心理士，公認心理師。国立国際医療研究センター国府台病院心理指導室。

2015年に明治学院大学心理学部を卒業し，2017年に明治学院大学大学院心理学研究科心理学専攻
博士前期課程臨床心理学コースを修了。その後，埼玉県越谷児童相談所，明治学院大学心理臨床
センターで勤務し，2018年から現職。

吉田 雪乃
臨床心理士，公認心理師。国立国際医療研究センター国府台病院心理指導室。
2017年に明治大学文学部心理社会学科臨床心理学専攻を卒業し，2019年に明治大学大学院文学研究科臨床人間学専攻臨床心理学専修を修了。その後，2019年から現職。

行方 沙織
臨床心理士，公認心理師。国立国際医療研究センター国府台病院心理指導室。
2016年に聖徳大学児童学部児童心理コースを卒業し，2018年に帝京平成大学大学院臨床心理学研究科を修了。その後，東大和市教育相談室で勤務し，2019年から現職。

串田 未央
臨床心理士，公認心理師。国立国際医療研究センター国府台病院心理指導室。
2011年に上智大学総合人間科学部心理学科を卒業し，2016年に上智大学大学院総合人間科学研究科心理学専攻を修了。その後，埼玉医科大学等で勤務しながら2018年から現職。

武富 啓生
臨床心理士，公認心理師。明治学院大学心理臨床センター／国立国際医療研究センター国府台病院心理指導室。
2019年に明治学院大学心理学部を卒業し，2021年に明治学院大学大学院心理学研究科心理学専攻博士前期課程臨床心理学コースを修了。その後，2021年から現職。

「巻き込まれ」に気づいて子どもを不安から解放しよう！
——親のための子どもの不安治療プログラム——

ISBN 978-4-7533-1202-3

堀越勝・宇佐美政英 監訳

2022 年 7 月 19 日　初版第 1 刷発行

印刷・製本 ㈱太平印刷社

———————

発行 ㈱岩崎学術出版社　〒 101-0062 東京都千代田区神田駿河台 3-6-1
発行者　杉田 啓三
電話 03（5577）6817　FAX 03（5577）6837

子どもの「やり抜く力」を育むワークブック
──認知療法のスキルで身につく成長型マインドセットとレジリエンス
I・ネボルジーン著　大野裕／宇佐美政英監訳
お子さんが「やり抜く力」「生き抜く力」を身につけるために

レジリエンス
──人生の危機を乗り越えるための科学と10の処方箋
S.M.サウスウィック他著　森下愛訳　西大輔／森下博文監訳
トラウマを乗り越えられたのはなぜか？　裏打ちするエビデンスを紹介

「心の力」の鍛え方
──精神科医が武道から学んだ人生のコツ
大野裕著
武道から学んだ，ストレスに負けない心を身につける方法

認知行動療法による子どもの強迫性障害治療プログラム
──OCDをやっつけろ!
J.S.マーチ／K.ミュール著　原井宏明／岡嶋美代訳
児童思春期OCDの治療マニュアルの決定版

子どものためのトラウマフォーカスト認知行動療法
──さまざまな臨床現場におけるTF-CBT実践ガイド
J.A.コーエン他編　亀岡智美／紀平省悟／白川美也子監訳
TF-CBTの具体的な工夫と理論的根拠を豊富な実例とともに紹介

不登校の認知行動療法 保護者向けワークブック
C.A.カーニー／A.M.アルバーノ著　佐藤容子／佐藤寛監訳
不登校を理解し解決する保護者のためのワークブック

不登校の認知行動療法 セラピストマニュアル
C.A.カーニー／A.M.アルバーノ著　佐藤容子／佐藤寛監訳
不登校への機能分析的アプローチのためのセラピストマニュアル

◎価格は小社ホームページ（http://www.iwasaki-ap.co.jp/）でご確認ください。